U0881614

鹭鸣湖文库

经济犯罪对策研究书系

国外经济犯罪研究译丛

江西省经济犯罪侦查与防控技术协同创新中心资助项目

英国金融犯罪治理研究
(第二版)

The Law Relating to Financial Crime in the United Kingdom, 2nd edition

[英] 凯伦·哈里森 (Karen Harrison)
[英] 尼古拉斯·莱德 (Nicholas Ryder) 著

鲍 韵 陈画栋 万 凯 蒋涵羽 译

CPPSUP 中国人民公安大学出版社
全国百佳图书出版单位

著作权合同登记号 图字：01-2020-2504
图书在版编目（CIP）数据

英国金融犯罪治理研究：第二版/（英）凯伦·哈里森，（英）尼古拉斯·莱德著；鲍韵等译．--北京：中国人民公安大学出版社，2024.11．--（鹭鸣湖文库）．
ISBN 978-7-5653-4910-2
Ⅰ．D956.122.8
中国国家版本馆 CIP 数据核字第 2024JP0434 号

The Law Relating to Financial Crime in the United Kingdom，2nd edition
By Karen Harrison and Nicholas Ryder/ISBN 9781472464255

英国金融犯罪治理研究（第二版）
[英]凯伦·哈里森(Karen Harrison)　[英]尼古拉斯·莱德(Nicholas Ryder)　著
鲍　韵　陈画栋　万　凯　蒋涵羽　译

策划编辑：刘长青
责任编辑：李玮煜
责任印制：周振东

出版发行：中国人民公安大学出版社
地　　址：北京市西城区木樨地南里
邮政编码：100038
经　　销：新华书店
印　　刷：北京市泰锐印刷有限责任公司

版　　次：2024 年 11 月第 1 版
印　　次：2024 年 11 月第 1 次
印　　张：17.5
开　　本：787 毫米×1092 毫米　1/16
字　　数：280 千字

书　　号：ISBN 978-7-5653-4910-2
定　　价：80.00 元

网　　址：www.cppsup.com.cn　www.porclub.com.cn
电子邮箱：zbs@cppsup.com　zbs@cppsu.edu.cn

营销中心电话：010-83903991
读者服务部电话（门市）：010-83903257
警官读者俱乐部电话（网购、邮购）：010-83901775
法律分社电话：010-83905745

总　序

——鹭鸣湖畔的沉思

鹭鸣湖位于江西警察学院院内，湖水平静湛蓝，像一面镜子。湖边樟树在水中的倒影衬托宁静，灰白拱桥横跨湖面颇显庄重，清晨有白鹭在湖中游弋嬉戏，划出涟漪层层，“跳波自相溅，白鹭惊复下”。我们工作生活在美丽的鹭鸣湖畔，同时身处一个波澜壮阔的伟大时代。改革开放以来的中国正在进行着人类历史上最为宏大而独特的实践创新，需要我们各自从专业的视角进行思考，以汇聚成为推动时代前进的力量。

2015 年，江西警察学院经济犯罪侦查与防控技术协同创新中心获批江西省人民政府协同创新项目，鹭鸣湖文库（以下简称“文库”）是该中心开展学术交流合作、展示学术成果的重要平台，也是我们从专业视角对时代发展面临的问题进行思考的记录。

文库以我国经济犯罪对策体系构建为主轴，围绕教学、科研、人才培养与社会服务，集聚志同道合的优秀人才，建立一个开放交流、协作配合、共同攻关的平台。文库既资助团队成员的学术成果出版，也为对中心课题有研究、愿意纳入文库的非团队人员的学术成果提供资助。文库将围绕四大专题（经济犯罪对策研究、社会治理与社会稳定研究、公安学基础理论与警务实战问题研究、公安高等教育改革与人才培养研究）打造四大书系。

一、经济犯罪对策研究书系

当前，经济犯罪已经成为主流犯罪形态之一。要有效地防范与控制经济犯罪活动，提出科学有效的对策，必须弄清经济犯罪活动发生的原因与条件，进而把握经济犯罪活动的规律。因此，很有必要对我国经济犯罪的历史发展，尤其是改革开放以来经济犯罪的历史、现状进行全方位、深入系统地研究。

1. 经济转型与经济犯罪研究。随着改革开放政策的推进，我国走过了一条从计划经济—计划经济为主、市场调节为辅—有计划的商品经济—社会主义市场经济的经济转型之路，现在正朝着不断完善和发展社会主义市场经济体制的方向前进。每一个阶段的经济犯罪都会打上时代的烙印，通过对每一个阶段的经济犯罪个案与类案的分析，可以发现经济政策调整中产生经济犯罪的漏洞与问题，掌握经济犯罪演变的规律，从而为科学有效地规制新经济行为提供对策建议。

2. 腐败与经济犯罪研究。社会主义市场经济是与社会主义基本制度相结合的，市场在国家宏观调控下对资源配置起决定性作用的经济体制。研究腐败与经济犯罪的关系，可以从反面厘清政府公权力与市场的关系，通过建立对公权力规制的制度体系为市场主体提供公平竞争的法治环境。

3. 互联网条件下各种新经济业态与经济犯罪研究。信息技术与互联网的迅猛发展给人类社会带来了前所未有的变革，催生了各种新的业态，如电子商务、互联网金融及各领域的网络化。技术手段常常比社会规则发展得更快，这种天然的滞后往往给社会带来相当大的风险与危害，尤其是打着“创新”的旗号出现的各种网络经济犯罪更具迷惑性。网络经济犯罪可以归纳为以网络为对象、以网络为工具、以网络为空间的犯罪。通过分析网络经济犯罪产生、发展的原因和条件，探寻预防控制相关犯罪的有效对策。

4. 经济犯罪比较研究。在全球经济一体化的背景下，我国作为实行市场经济的发展中大国，对国际经济危机和经济犯罪具有易感性。经济犯罪是市场经济发展过程中消极因素的综合反映，在实行市场经济的国家和地区，经济犯罪的手段、方法具有共性。加强对市场经济发达国家经济犯罪及其对策的研究，通过借鉴发达国家经济犯罪的对策、理念和方法，充实和丰富我国经济犯罪学的内涵，构建具有中国特色的经济犯罪学体系。

二、社会治理与社会稳定研究书系

我国已经进入实现中华民族伟大复兴的关键阶段，处于可以大有作为的重要战略机遇期，同时也面临着诸多矛盾叠加、风险隐患增多的严峻挑战。为更加充分地适应战略机遇期的深刻变化，更加有效地应对各种风险和挑战，必须加强和创新社会治理，不断完善中国特色社会主义治理体系，不断提高社会治理的科学化、系统化、法治化、智能化水平，努力建设更高水平的平安中国。为此，要加强以下课题的研究：

1. 总体国家安全观研究。在习近平总书记总体国家安全观的指引下，总结我国国家安全领域的实践与经验，探寻国家安全活动的规律，建立具有中国特色的国家安全学理论体系。

2. 中国特色社会主义社会治理体系研究。研究如何从我国国情出发，发挥制度优势，遵循社会运行规律，把握时代特征，以共治善治为基本目标，以科学化、系统化、法治化、智能化为重要支撑，进一步完善和发展中国特色社会主义社会治理体系。

3. 社会治安综合治理研究。研究如何全面总结我国社会治安综合治理的实践经验，进一步健全社会治安综合治理体制机制，推动平安中国建设向纵深发展，为建设更高水平的平安中国提供理论指导。

4. 社会治安预测预警预防研究。研究如何以提高预测预警预防各类风险能力为核心，把专项治理和系统治理、综合治理、依法治理、源头治理结合起来，提高对各类风险的发现、防范、化解、管控能力，进一步增强社会治安综合治理实效。

5. 基层社会治理研究。研究如何对基层社会治理的鲜活经验与个案进行学理分析，为构建全民共建共治共享新格局提供理论指导。

6. 社会治理学理论研究。在社会治理实践中如何坚持以人民为中心，全面把握人民群众向往更加美好的生活对社会治理提出的新要求，处理好活力与秩序、维权与维稳、民主与专政的关系，把社会治理作为一门科学来研究。构建具有中国特色的社会治理学理论框架，把握具有中国特色的社会运行与社会治理规律，为确保人民安居乐业、社会既生机勃勃又和谐稳定、国家长治久安提供科学系统的理论指导。

三、公安学基础理论与警务实战问题研究书系

2011年3月，公安学和公安技术同时被国务院学位委员会、教育部批准新增为一级学科，这在我国公安教育历史上具有开创性、标志性的里程碑意义。后又有中国人民公安大学的公安学入选世界一流学科建设的喜讯，体现了国家教育主管部门对公安学学科建设的充分认可，更为重要的是反映了党中央和国务院对关系国家安全和重大利益的公安学学科的高度期许和重视。我们应该清醒地看到公安学学科建设的现状与国家的期待还有一定程度的差距。公安学作为一级学科与其相邻的法学、政治学、社会学、军事学、经济学等在学科的内涵建设上仍有相当大的差距。这种差距表现在：学科基础理论研究薄弱，应用研究相对滞后，比较研究零散，开放的学术研究共同体尚未形成，研究方法单一陈旧，对策咨询建议缺乏前瞻性，难以引起决策层持续关注。公安学的学科建设可谓任重道远，本书系围绕公安学基础理论研究，着重开展并支持以下几个方面的研究：

1. 公安学基本范畴研究。公安学作为研究国家公共安全和警察活

动规律的一门科学，要把握并厘清以下基本范畴及其关系：公共安全与公共秩序，警察与公安机关人民警察，警察权与人权，公民自由与公共秩序，警察权、警察活动与法治，警察活动与中国共产党的领导（人民警察的人民性与党性），民主与专政等。通过对上述范畴的研究建立公安学中国特色的话语体系和理论体系。

2. 国家公共安全与警察活动的基本规律与特殊规律研究。公共安全事关每个社会成员的切身利益，直接反映人民群众的幸福感和满意度，也是国家改革发展的重要保障。我国的公共安全具有系统性、汇聚性、压缩性、持续性等特点。公共安全的系统性，即与公共安全相关的方方面面是相互联系的一个整体，政治、经济、文化、科技、军事、网络、生态等安全问题都可能成为影响公共安全的问题；汇聚性，是指上述各个领域的安全问题严重化都可能汇聚成破坏社会公共安全和影响社会秩序的问题；压缩性，是指我国改革开放以来用几十年时间走过发达国家一两百年的现代化进程，这种发展奇迹也意味着发达国家在不同历史发展阶段渐次出现的各种社会矛盾和社会问题在我国几乎同时出现，具有高度的时空压缩性，这些社会矛盾和社会问题多样、多发且复杂，同时关联性、敏感性极强，极易成为影响公共安全和社会稳定的重大事件；持续性，是指维护公共安全是一个持续的过程，总是处在正在进行的状态，不可能一劳永逸，实现社会秩序与公共安全的可持续性，不但要治标也要治本，不但要有现实的应对措施也要有后续的对策手段，不但要着眼于眼前也要立足于长远。

这就需要把握公共安全活动的规律性，建立公共安全学。科学研究的任务在于揭示规律，发现规律的作用机制，并且适应规律的要求制定行动的规则与指南，即建立公共安全学的学理框架，也就是学术分析的逻辑结构。换言之，规律的理论表达方式，通常包含假设（约束条件）与推理（结论）两部分，公共安全学的学理框架是建立在对经验事实与抽象的基本范畴进行学理分析基础之上的逻辑推导体系。

警察是维护公共安全和社会秩序的主体力量，国家往往把最严厉的社会管理手段赋予警察机关，警察活动作为与国家（政府）与生俱来、休戚与共的社会历史现象是有其共性规律的。警察学的研究就是要揭示警察活动的基本规律，这就要从历史长河的纵向比较研究与同时代不同国家警察活动的横向比较研究的视角来探索与分析，需要把握警察与国家、警察与政治、警察与社会等的本质联系。

3. 警务实战问题研究。警务实战问题的研究包括三个层次：一是警务运行的体制机制问题，如何建设与中国特色社会主义法治体系相适应的现代警务运行机制和执法权力运行机制？如何建立符合公安机关性质任务的公安机关管理体制？如何建立体现人民警察职业特点、有别于其他公务员的人民警察管理制度？这就需要对正在进行的全面深化公安改革的实践进行学理分析和系统总结。二是警种实战研究，对公安机关各专业警种的战略战术进行研究，既要研究各警种的单兵作战，更要研究信息化条件下的各警种合成作战。三是以案件为导向开展对策研究。只有聆听时代的声音，回应时代的呼唤，认真研究解决国家安全和公共安全重大而紧迫的问题，才能真正把握历史脉络与时代特征，找到发展规律，推动公安学理论的创新发展。

四、公安高等教育改革与人才培养研究书系

公安高等教育是国家高等教育体系和公安工作的重要组成部分，是公安队伍建设的源头与基础。经过多年的改革与发展，我国的公安高等教育已形成包括专科、本科、硕士学位授权点、博士学位授权点在内的多层次人才培养体系，已发展成为培养规模大、层次完备、功能齐全的警察教育体系。公安高等教育既是一个研究领域，也是一门学科，属于高等教育学的一个分支。本书系开拓并支持以下几个方面的研究：

1. 公安高等教育的规律与特色研究。公安高等教育既要遵循高等教育和人才成长的一般规律，又要突出公安机关人民警察的职业特色，公安院校如何坚持政治建警、政治建校的办学方针？公安院校如何树立科学的质量观，形成以正规化、专业化、职业化、实战化为导向的人才培养机制？如何深化公安高等教育综合改革、创新教育理念、完善招录培养和管理评价机制？通过对公安高等教育规律与特色的探索与研究，为公安高等教育的发展提供政策与立法建议，为建立公安高等教育学的理论体系奠定基础。

2. 公安院校治理研究。公安院校是典型的多方面相关者，省属公安本科院校一般实行教育行政主管部门与公安厅（局）双重领导，以公安厅（局）为主的管理体制。在政策影响与资源配置方面还涉及人力资源社会保障、财政、发展改革委员会等政府诸多部门多方参与的共同治理。因此，公安院校既有内部治理问题，也有外部治理问题。外部治理会影响内部治理的有效运行，无论内部还是外部都要依法治理。这里所说的“法”包括两个部分：一是外部规定，主要是全国人民代表大会及其常委会通过的一系列法律，如《教育法》《教师法》《高等教育法》《人民警察法》等，还有国务院及教育部、公安部通过的条例规章。二是公安院校依据上位法制定的以高校章程为核心的校内规章制度体系。通过章程规定“党委领导、校长负责、教授治学、民主管理”的公安院校内部治理结构，通过具体规章制度形成有利于人才培养，有利于发展学术与实务研究的氛围机制，形成党委统揽全局，行政管理、教职工代表大会、学术委员会及相关委员会（教授委员会、学位委员会、教学指导委员会）相互配合、相互制约的有效工作机制，以促进公安院校治理机制更加完善。

3. 公安专业教材体系研究。这里要处理好公安学科体系与教材体系的关系，专业课程体系、专业教材体系与警务实战体系的关系。以实战需求、理论研究和技术进步为动力，优化现有公安专业教材体系，大力加强实战案例教材、实验教材和数字化教材建设，组织编写新兴领域相关专业课程教材，构建理论教学、实验实训和实战案例相结合的公安专业特色教材体系。

问题是时代的声音，也是理论创新的起点与动力。当代中国正经历着历史上最为广泛而深刻的社会变革，也正在进行着人类历史上最为宏大而独特的实践创新。这种前无古人的伟大实践，必将给理论创新、学术繁荣提供强大动力和广阔空间。这是一个需要理论而且一定能够产生理论的时代，这是一个需要思想而且一定能够产生思想的时代。我们不能辜负这个时代。自古以来，中国知识分子就有“为天地立心，为生民立命，为往圣继绝学，为万世开太平”的志向和传统。一切有理想、有抱负的哲学社会科学工作者都应该立时代之潮头、通古今之变化、发思想之先声，积极为党和人民述学立论、建言献策，担负起历史赋予的光荣使命。

我相信我们一定会不辱使命！

以此为序。

教育部高等学校公安学类专业

第一届教学指导委员会副主任委员　程小白

2017年10月16日

译者序

《英国金融犯罪治理研究（第二版）》是一部系统梳理英国金融犯罪治理体系的专业著作。选择翻译此书，源于两方面的考虑：一方面，英国作为老牌金融市场国家，在洗钱、诈骗、内幕交易、市场滥用等金融犯罪领域建立了完善的治理体系、积累了丰富的实践经验。尤其是2008年金融危机后，英国对金融监管体系进行了一系列改革，这些制度调整对理解现代金融犯罪治理的内在逻辑颇具启发性。另一方面，国内学界对英国金融犯罪治理的系统性研究仍存在一些不足。原著以立法演进为脉络，结合英国金融机构改革与司法实践案例，为我国研究者提供了较为完整的域外治理图景参考。

相较于本书的第一版，第二版着重梳理了英国金融监管制度的演进脉络，补充了避税和逃税这一金融犯罪领域的重要立法和政策发展，同时梳理了金融监管机构的改革——国家犯罪局（NCA）的成立、金融行为监管局（FCA）对原金融服务管理局（FSA）职能的承接，以及引入第四项反洗钱指令等制度调整。这些内容并非单纯的知识罗列，而是融入了对金融市场运行逻辑的分析，将法律规制与经济治理的关联性阐释得较为透彻。

本书的特色在于兼具规范分析与实践导向：既从《犯罪所得法》《反贿赂法》等核心立法出发，拆解金融犯罪的构成要件与追责机制；又结合金融行为监管局的执法案例、国家犯罪局的跨部门协作模式，展现英国金融犯罪治理体系的实际运作。这种“立法—监管—司法”三位一体的研究框架，对我国完善金融风险防控体系具有借鉴意义；同时，英国通过机构整合与制度创新提升治理效能的经验，可为我国相关政策制定提供思路参考。

本书是江西省经济犯罪侦查与防控技术协同创新中心组织和资助的“鹭鸣湖文库”之“经济犯罪对策研究书系”之一，是国家社科基金项目“基于大数据的金融犯罪预警与风险治理研究”（项目编号：18BFX096）的阶段性研究成果之一，也是江西省教育厅科技重点项目“网络金融洗钱犯罪风险及预警”（项目编号：GJJ212202）的课题成果。希望本书能为国内金融犯罪研究提供一份扎实的域外资料，也期待借此推动更多关于金融治理现代化的学术探讨。

本书的翻译分工如下：

鲍韵负责本书第一章至第八章翻译初稿的统筹、最终译稿的校对、译者序的撰写，同时负责联络出版和资助工作。陈画栋负责本书第六章至第七章的翻译校对工作。万凯负责本书全文的初译工作。蒋涵羽负责目录的翻译、图表的绘制和全书脚注的翻译整理及校对工作。江西警察学院经济犯罪侦查系在校生程日延和冯雨涛也参与了部分脚注的翻译整理工作。

译者序

感谢江西警察学院程小白教授对本译著的支持和指导。感谢江西警察学院经济犯罪侦查系以及中国人民公安大学出版社的支持与帮助。

译者

2024 年 11 月

《英国金融犯罪治理研究（第二版）》作者简介与相关评价

作者简介：

凯伦·哈里森，赫尔大学高级法律讲师。她的教学和研究主题集中在刑法学和危险罪犯的量刑和管理，并在这些研究领域发表了大量文章。

尼古拉斯·莱德，西英格兰大学布里斯托法学院金融犯罪学教授。他从事刑法、金融犯罪和信贷等领域的教学和研究，并在这些领域和相关领域发表了大量文章。

读者对第一版的评论：

这本书写得很好，研究得很好，在学术上很有启发性。它是可以让你一次读完的难得的好书之一。对英国任何金融犯罪方面法律感兴趣的人来说，这是一本必备读物。

——《学生法学杂志》

这是一本兼具时效性与紧迫性的书。金融犯罪是一个日益显著的问题，不容忽视。作者的行文兼顾逻辑缜密性与表达通俗性，内容涉及诈骗、内幕交易和市场滥用等问题。我强烈推荐这本书给那些对这些问题有兴趣的学生和实践者。

——乔纳森·费舍尔，英国伦敦政治经济学院

凯伦·哈里森和尼古拉斯·莱德为未来完善金融犯罪相关法律体系提供了前瞻性的见解和建议，为深化我们对这一日益重要的法律领域的认知作出了重要贡献。在此感谢两位作者的努力，这本书值得业界广泛研读。

——罗曼·托马西奇，南澳大利亚大学和英国杜伦大学法学院

这本书在更广泛且更具现实意义的背景下，从实务角度全面探讨了金融犯罪问题。它不仅为读者提供了实质性的建议，更将实体法置于相关的监管和执法环境中进行阐释。这本书的研究成果对关注金融机构诚信保护、致力于将欺诈者绳之以法的人来说，是一个重要的工具！

——巴里·莱德，英国有组织和经济犯罪国际文献中心

ABBREVIATIONS 缩写

AML（Anti-Money Laundering）反洗钱

BEPS（Base Erosion and Profit Shifting）税基侵蚀和利润转移

CIOT（Chartered Institute of Taxation）特许税务学会

CJA（Criminal Justice Act）刑事审判法案

CMA（Competition and Markets Authority）竞争与市场管理局

CPS（Crown Prosecution Service）皇家检察署

CTF（Counter-Terrorist Financing）反恐怖主义融资

DPA（Deferred Prosecution Agreement）延期起诉协议

DPP（Director of Public Prosecutions）检察长

DTI（Department of Trade and Industry）贸易和工业部

ECA（Economic Crime Agency）经济犯罪署

ECHR（European Convention on Human Rights）欧洲人权公约

EEC（European Economic Community）欧洲经济共同体

EU（European Union）欧盟

FATF（Financial Action Task Force）金融行动特别工作组

FBI（Federal Bureau of Investigation）联邦调查局

FCA（Financial Conduct Authority）金融行为监管局

FIU（Financial Intelligence Unit）金融情报机构

FSA（Financial Services Authority）金融服务管理局

FSMA（Financial Services and Markets Act）金融服务和市场法

FTT（First-Tier Tribunal）税务初审法庭

GDP（Gross Domestic Product）国内生产总值

HMRC（HM Revenue and Customs）税务海关总署

ICT（Information and Communication Technology）信息和通信技术

IMF（International Monetary Fund）国际货币基金组织

ISA（Individual Saving Account）个人储蓄账户

JMLSG（Joint Money Laundering Steering Group）联合反洗钱指导小组

LIBOR（London Interbank Offered Rate）伦敦银行同业拆借利率

MAD（Market Abuse Directive）市场滥用指令

MAR（Market Abuse Regulation）市场滥用条例

MIB（Marketing of Investment Boards）投资营销委员会

MLRO（Money Laundering Reporting Officer）反洗钱报告官

NCA（National Crime Agency）国家犯罪局

NFA（National Fraud Authority）国家诈骗管理局

NFIB（National Fraud Intelligence Bureau）国家诈骗情报局

OECD（Organisation for Economic Co-operation and Development）经济合作与发展组织

OFT（Office of Fair Trading）公平交易办公室

PCSU（Public and Commercial Services Union）公共及商业服务工会

P&O（Peninsular & Oriental Steam Navigation Company）半岛东方轮船公司

POCA（Proceeds of Crime Act）犯罪所得法

PRA（Prudential Regulation Authority）审慎监管局

SAR（Suspicious Activity Report）可疑活动报告

SCPO（Serious Crime Prevention Order）严重犯罪预防令

SEC（Security & Exchange Commission）美国证券交易委员会

SFO（Serious Fraud Office）诈骗重案办公室

SIB（Securities and Investment Board）证券和投资委员会

SOCA（Serious Organised Crime Agency）严重有组织犯罪监察局

SRO（Self-Regulating Organisation）自律监管机构

STR（Suspicious Transaction Reporting）可疑交易报告

SYSC（Senior Management Arrangements，Systems and Controls）高级管理安排、系统和控制

UK（United Kingdom）英国

UN（United Nations）联合国

UNODC（United Nations Office on Drugs and Crime）联合国毒品和犯罪问题办公室

US（United States）美国

USA（United States of America）美利坚合众国

VAT（Value Added Tax）增值税

目　录

第一章　本书介绍

第一节　介绍

这本书的第二版为我们提供了一个理想且独特的机会，以重新审视英国金融犯罪领域的几个重要的立法和政策发展。它还将第一版没有涉及的金融犯罪领域包括在内，即避税和逃税，以此来扩展这本书的范围。此外，这一新版本包含了英国金融领域诸多重要的变化，包括成立国家犯罪局（NCA）、废除金融服务管理局（FSA）、成立金融行为监管局（FCA）、引入第四项反洗钱指令、增加对市场操纵者使用金融制裁的措施，以及 2013 年《犯罪和法院法》引入的延期起诉协议。自 2007 年 8 月金融危机爆发以来，由于应对和解决金融犯罪的承诺未能实现，英国政治局势充满不确定性。这些措施正是在这样的政治背景下实施的。

第二节　什么是金融犯罪?

“金融犯罪”这一名词经过长期使用，现已成为约定俗成的法律术语，然而，它并没有一个“国际公认的定义”[①]。对于诸如欺诈、洗钱和市场滥用等具体犯罪行为，相关定义颇为丰富。但对于“金融犯罪”和“金融滥用”这两个表述，其定义则较为模糊。然而，对于一本讲述金融犯罪的书来说，尝试对“金融犯罪”进行界定是至关重要的。因此，本书从 1940 年艾德文·萨瑟兰教授对“白领犯罪”给出的开创性定义说起。[②] 他将白领犯罪定义为“受人尊敬且具有较高社会地位的人在其职业生涯中所犯罪行”。[③] 在《白领犯罪》这篇极具启发性的论文中，萨瑟兰指出，现在的白领罪犯，比那些“强盗大亨”更狡猾且更具欺骗性，他们的代表人物是商业巨头、金融界和工程界的领袖，以及许多地位稍低的追随者。他们的犯罪行为在对土地局、铁路局、保险业、军火商、银行、证券交易所、石油化工业、房地产业、重组委员会等的调查中一再被证明。[④]

这一定义的核心要义在于：白领犯罪是由社会地位高的人构成的。[⑤] 这一观点得到了肯帕的支持。他指出，白领犯罪是指“利用职业权威和权力地位，或仅仅利用企业内部一切可利用的机会，以此牟

---

① 国际货币基金组织，《金融系统滥用、金融犯罪和洗钱——背景文件》，2001 年。

② 艾德文·萨瑟兰，《白领犯罪》（1940 年），载《美国社会评论》，第 5 卷第 1 期，1。

③ 这一观点得到了戈特·沙尔克的支持，他认为，“社会中经济上最贫困的群体并非唯一会实施犯罪的群体，一些特权阶层的成员也会参与犯罪。这种犯罪的类型有别于弱势阶层的犯罪，通常是律师帮助犯罪客户洗钱、高管贿赂公职人员以获取利益、会计操纵资产负债表以避税等。”P. 戈特·沙尔克，《涉及白领犯罪的行政岗位》（2011 年），载《洗钱控制期刊》，第 14 卷第 4 期，302。

④ 艾德文·萨瑟兰，《白领犯罪》（1940 年），载《美国社会评论》，第 5 卷第 1 期，2。

⑤ M. 本森和 S. 辛普森，《白领犯罪：一个观察机会（犯罪学与司法系列）》（罗特吉出版社：伦敦，2009）。

取个人或公司利益的非法行为”。[①] 尽管萨瑟兰的定义具有开创性，但在学术界，它仍然“备受争议”。[②] 例如，布克曼认为，萨瑟兰的定义过于狭隘；[③] 伯德伽甚至认为，“在过去的100年里，没有人能明确界定白领犯罪”。[④] 白领犯罪所涵盖的范围可能比金融犯罪更广。金融犯罪可以被归类为白领犯罪的一种形式，即一种通常由有身份、有社会地位的人犯下的罪行。[⑤] 白领犯罪也可被称为“金融犯罪”“经济犯罪”“非法金融”，其犯罪形式包括洗钱、内幕交易、诈骗和市场操纵等。

在英格兰和威尔士，金融犯罪包括“任何涉及金融诈骗的行为；金融市场中的不当行为，或滥用与金融市场相关的信息；私自处理犯罪所得等”。[⑥] 具体来讲，它可以包括洗钱和恐怖主义融资等活动。英国金融服务管理局给出了类似的定义，称其为“任何涉及洗钱、诈骗或市场滥用的犯罪”。[⑦] 欧盟委员会似乎没有对该术语给出过实际定义，但从已颁布的涉及金融犯罪的立法和指令来看，似乎只涉及洗钱和恐怖主义融资领域。[⑧] 美国联邦调查局对金融犯罪的定义更为广范，包括公司诈骗、商品和证券欺诈、抵押贷款诈骗、医疗保健诈骗、金

---

① M. 肯帕，《在加拿大打击白领犯罪：维护受害者的庇护者的诉求和市场的完整性》（2010年），载《金融犯罪期刊》，第17卷第2期，252。

② 更为详细的讨论见G·朱丽安，《金融犯罪伴随的核心问题》（2012年），载《北爱尔兰法律季度》，第63卷第4期，495-508。

③ 布克曼，《企业和白领犯罪的核心犯罪的趋同与使命》（2008年），载《迪迫尔商业与商法杂志》，第6期，355。

④ E. 伯德伽，《白领犯罪：来自未来的一封信》（2007年），载《俄亥俄州犯罪法律期刊》，第5期，247-255。

⑤ B. 亨特，《白领罪犯和停止犯罪：污名，被堵塞的路径和重置》，发表于赫尔大学的论文，2010年。

⑥ 《金融服务和市场法》，2000年，S. 6（3）。

⑦ 金融服务管理局，《与金融犯罪作斗争》，http：//www. fsa. gov. uk/about/what/financial_ crime，2012年3月21日。

⑧ 欧盟委员会，《金融犯罪》，http：//ec. europa. eu/internal_ market/company/fubabcuak-crune/index_ en. htm，2012年3月21日。

融机构诈骗、保险诈骗、大规模营销诈骗和洗钱等。[①] 国际货币基金组织（IMF）指出，它"可以指任何会导致经济损失的非暴力犯罪"。[②] 因此，金融犯罪可以包括逃税、洗钱和金融诈骗。该组织进一步指出，如果损失涉及金融机构，那么也可以使用"金融部门犯罪"这一术语。[③]

学术界也对"金融犯罪"的定义作出了阐释。例如，戈特·沙尔克认为，它是"侵犯财产的犯罪，涉及非法侵占他人财产和利益"，同时它通常是"由利益驱动的，获取和控制属于他人的财产的行为"。[④] 皮克特将金融犯罪定义为"利用欺骗手段牟取非法利益，通常涉及背信及隐瞒活动的真实性质"，它包括诈骗、内幕交易、挪用公款、逃税、身份盗窃、网络攻击和洗钱等。

金融滥用是另一个术语，但有时与金融犯罪同义，其在英国被定义为：金融或物质滥用，包括盗窃，诈骗，剥削，滥用或挪用财产、资产或利润，以及与遗嘱、财产继承或金融交易相关的胁迫行为。[⑤] 因此，它可能包括以下罪行：盗窃、伪造、滥用职位诈骗、虚假陈述诈骗、未披露信息诈骗和勒索。[⑥] 国际货币基金组织也对金融滥用的

---

① （美国）联邦调查局，《面向大众的金融犯罪报告》，http：//www.fbi.gov/stats-services/publications/financial-crimes-report-2010-2011/financial-crimes-report-2010-2011#Finacial，2012 年 3 月 21 日。

② 国际货币基金组织，《金融系统滥用、金融犯罪和洗钱——背景文件》，2001 年。

③ M. 本森和 S. 辛普森，《白领犯罪：一个观察机会（犯罪学与司法系列）》（罗特吉出版社：伦敦，2009）。

④ P. 戈特·沙尔克，《金融犯罪的分类》（2010 年），载《金融犯罪期刊》，第 17 卷第 4 期，441-458.

⑤ 伦敦市警察局，《评论：抵制成年人金融犯罪》（社会保护机构：伦敦，2011 年 11 月 2 号）。

⑥ 艾德文·萨瑟兰，《白领犯罪》（1940 年），载《美国社会评论》，第 5 卷第 1 期，2。

含义作了界定，但表述相当宽泛。这是因为该组织认为，其含义会因不同场合和不同司法管辖区而有所差异，就像金融犯罪一词的含义一样在不同环境中会产生变化。例如，英国政府以前曾将洗钱、贩毒、非法资本外逃、逃税和诈骗列入“金融滥用”范围；而美国国务院认为，金融犯罪包括洗钱、逃税和恐怖主义融资。① 世界各地不同的司法管辖区对犯罪构成的定义也有所不同。有些国家会将某些犯罪行为定为刑事犯罪，而其他国家则不会。

认识到这一区别，国际货币基金组织将金融滥用定义为“有可能损害金融系统的金融活动，以及利用税收和监管体系的漏洞而做出违法犯罪行为的相关活动”。②

除“金融犯罪”之外，还有一个与之并用或被用来替代它的术语——“非法金融活动”，该术语曾被英国财政部使用。③

其他相关术语如“金融罪犯”，也有与之相似的在实践中更常见的术语，包括“白领罪犯”和“实施了公司犯罪的罪犯”，不过正如克罗尔所说的，这些术语的定义也存在问题。④ 例如，虽然我们可能经常将白领罪犯视为具有较高社会地位、受人尊重、有权力的、属于管理层的人，但情况并非总是如此。又如，许多公司犯罪涉及员工在贸易和商业过程中的犯罪行为，但他们的犯罪行为还会涉及其他安全问题。⑤ 然而，这些并非本书所关注的犯罪类型或犯罪者。就本书而言，金融罪犯将被定义为实施了金融犯罪，且在企业或公司中拥有一定地位（管理阶层地位）的人。

---

① 国际货币基金组织，《金融系统滥用、金融犯罪和洗钱——背景文件》，2001年。

② 国际货币基金组织，《金融系统滥用、金融犯罪和洗钱——背景文件》，2001年。

③ N. 莱德，《21世纪金融犯罪》（爱德华·伊戈：查尔特曼，2011年）。

④ H. 克罗尔，《谁是白领罪犯?》（1989年）。

⑤ H. 克罗尔，《谁是白领罪犯?》（1989年）。

第三节　金融犯罪的规模

尽管联合国（UN）、金融行动特别工作组（FATF）和国际货币基金组织等国家及国际机构都做过统计研究，但要精确量化全球每日发生的金融犯罪的实际规模几乎是不可能的。部分原因在于，在试图将这类统计数据综合起来时，常常遇到许多方法上的困难，因此会有相当一部分犯罪行为未被发现，因而未被报告。[①] 所以，目前只能针对个别金融犯罪进行估算。[②]

例如，在英国，2012 年至 2013 年期间，国家诈骗管理局（NFA）估计，诈骗给英国经济带来的损失近 520 亿英镑。[③] 这一数字尽管相比 2011 年 12 月的 730 亿英镑的创纪录高位有所下降，[④] 但较 2010 年 11 月的 384 亿英镑仍大幅增长[⑤]。2012 年至 2013 年的数据可以细分为公共部门损失 206 亿英镑（涉及税收、福利和税收抵免以及政府相关的诈骗行为）、私营部门损失 213 亿英镑（涵盖金融服务、专业服务、建筑和工程、自然资源、零售、批发和分销以及制造业）、英国个人损失 91 亿英镑（涉及大规模营销诈骗、租赁诈骗和在线票务诈骗）、

① N. 莱德，《21 世纪金融犯罪》（爱德华 · 伊戈：查尔德曼，2011 年）。

② 虽然下文仅列举了一些例子，但本书后面章节对每一项金融犯罪的规模都作了更全面的评估。

③ 国家诈骗管理局，《2013 年度欺诈指数》（国家诈骗管理局：伦敦，2013 年）。

④ 国家诈骗管理局，《2012 年度欺诈指数》（国家诈骗管理局：伦敦，2012 年）。

⑤ 国家诈骗管理局，《2011 年度欺诈指数》（国家诈骗管理局：伦敦，2011 年）。

慈善部门损失1.473亿英镑（包括身份诈骗，银行诈骗和网络相关诈骗）。① 根据欧盟委员会的一份研究报告，在欧盟（EU），诈骗造成的损失占国内生产总值（GDP）的0.2%至2%不等，像巴林银行（Barings）、德崇证券（Drexel）、住友商事（Sumitomo）和大和银行（Daiwa）等臭名昭著的案例，每个案例涉及的损失都超过10亿美元。例如，国际商业信贷银行（BCCI）和子午线银行（Meridien）的诈骗事件，给一些国家的储户造成了巨大损失，严重破坏了部分非洲小国的银行体系。②

在洗钱方面，金融行动特别工作组依据20世纪80年代末欧洲和美国部分贩毒非法所得的相关信息（当时欧美每年约1200亿美元），对全球贩毒非法所得进行估算。本书推断，在假设其中50%至70%非法所得将被洗钱的基础上，洗钱的数额占全球GDP的2%左右。仅在金融行动特别工作组的一个成员国，一年内就起诉了1233起洗钱案件，涉案总额达16亿美元。此外，澳大利亚的一项研究显示，从1995年开始，该国洗钱数额近30亿美元，约占国内生产总值的0.75%。但实际上，洗钱的真实规模被严重低估了。③ 因此，联合国毒品和犯罪问题办公室（UNODC）在2009年指出，每年洗钱的数额相当于全球国内生产总值（GDP）的3.6%，约为1.6万亿美元。④ 毒品和犯罪问题办公室的这一估算低于沃克（Walker）于1995年所做2.85万亿美

① 国家诈骗管理局，《2013年度欺诈指数》（国家诈骗管理局：伦敦，2013年）。

② 国际货币基金组织，《金融系统滥用、金融犯罪和洗钱——背景文件》，2001年。

③ 国际货币基金组织，《金融系统滥用、金融犯罪和洗钱——背景文件》，2001年。

④ 《非法资金有多少?》（联合国毒品和犯罪问题办公室，2011年），见 http://www.unodc.org/unodc/en/frontpage/2011/October/illicit-money_ -how-much-is-out-there.html，最后访问日期：2014年11月13日。

元的初步估算。[①] 这两个数据都深受国际货币基金组织 1998 年提供的一项关于洗钱规模估算的影响。在这方面，国际货币基金组织估算的洗钱规模占全球 GDP 的 2%—5%，即 1.5 万亿美元。[②] 然而，非常重要的一点是，无论是从全球范围看还是仅针对单个国家来看，估算洗钱规模的方法都存在严重缺陷。由于没有可供研究人员利用的数据，想要确定洗钱规模难度极大。这被称为“影子经济”或一个国家的“未记录经济活动”。[③] 因此，英国洗钱的规模无法计算，各个机构所估算的数据也不尽相同。例如，英国金融服务管理局报告称，2010 年的洗钱数额在 230 亿英镑至 570 亿英镑之间。[④] 这一数字与哈维提供的估计数字相似，哈维认为这一数字在 190 亿至 480 亿英镑之间。[⑤]

与诈骗和洗钱涉及的巨额资金不同，恐怖主义融资大多涉及金额较小。一些学术评论员将此称为“廉价恐怖主义”。[⑥] 关于资助恐怖主义行为估算费用的讨论必须大体参照 2001 年 9 月 11 日纽约和华盛顿

---

① J. 沃克，《关于澳大利亚境内和通过澳大利亚洗钱程度的估计》，为澳大利亚交易报告和分析中心编写的文件，1995 年 9 月，约翰 · 沃克咨询服务。

② 国际货币基金组织，《洗钱：国际反措施的重要性——国际货币基金组织总裁米歇尔 · 康德苏的讲话》，1998 年 2 月 10 日，见 http：//www. imf. org/external/np/speeches/1998/021098. htm，2015 年 3 月 19 日。必须指出，国际货币基金组织提供的这一估计数受到了一些评论者的批评。例如，B. 昂格尔和 D. 范德林斯，《反洗钱研究手册》（爱德华 · 埃尔加：切尔滕纳姆，2013 年，224-231）。

③ 有关影子经济的更详细评论，请参阅 S. 史密斯，《英国影子经济》（克拉兰新闻社：伦敦，1986）。

④ 金融服务管理局，《什么是金融犯罪》，载 http：//www. fsa. gov. uk/pages/About/What/financial_ crime/money_ laundering/faqs/index. shtml，2010 年 6 月 2 日。

⑤ J. 哈维，《洗钱政策评估》（2005 年），载《洗钱控制杂志》，第 8 卷第 4 期，39-345、340。

⑥ N. 莱德和 U. 特克森，《保卫家园的银行：道德和可疑活动报告的关系》（2013 年），载《当代法律问题（关于法律、道德和反恐怖主义的特别问题）》第 12 卷第 4 期，311-347；N. 莱德，《虚假的安全感？分析美利坚合众国和联合王国防止恐怖主义融资的立法方法》（2007 年），载《商业法杂志》，11 月，821-850。

恐怖袭击的影响。有人认为，“9·11恐怖袭击事件”所花费的金额估计在40万美元至50万美元之间。[①] 这一观点得到了一些评论员的支持。例如，劳文（Lowe）认为，“恐怖分子确实用相对少量的资金来发动破坏性很强的袭击，即使是像‘9·11恐怖袭击事件’这样影响极大的恐怖活动，花费也不会超过50万美元”[②]。

与金融犯罪相关的额外损害，往往包括因监管框架漏洞而引发的金融滥用行为所造成的损害。这可能导致金融危机或削弱人们对一国金融体系的信心。这种损害几乎无法量化，同时，在估算逃税、有害税收竞争和腐败行为带来的影响方面也存在着类似的困难。[③]

第四节 金融犯罪监管的重要性

尽管金融犯罪会被认为没有受害者，但事实并非如此。正如金融行动特别工作组所解释的，“犯罪收益具有腐蚀并最终破坏社区甚至是整个国家经济稳定的力量”。[④] 一个国家金融机构的完整性可能会被那些有组织的犯罪分子所侵蚀。这些犯罪分子试图将其非法利润最大化，以便能够过上所谓的“奢华生活”。[⑤] 而且正如瓦伊西林加姆（Vaithilingam）和奈尔（Nair）进一步解释的那样，这种行为还会削

---

① 美国恐怖袭击国家委员会，《9/11委员会报告》（诺顿和公司：New York，2004，172）。

② P. 劳文，《伪造：将有组织犯罪与资助恐怖主义联系起来》（2006年），载《金融犯罪杂志》，第13卷第2期，255。

③ 国际货币基金组织，《金融系统滥用、金融犯罪和洗钱——背景文件》，2001年。

④ 金融行动特别工作组，《2003—2004年洗钱和资助恐怖主义类型报告》（金融行动特别工作组：巴黎，2004年）。

⑤ N. 莱德，《21世纪的金融犯罪》（爱德华·埃尔加：切尔滕纳姆，2011年）。

弱在全球金融交易中扮演主要角色的金融体系。[①] 此外，正如莱德（Ryder）所说，正是因为恐怖分子需要金钱和资源去实施非法活动，所以金融犯罪的影响最终会威胁到国家安全。[②] 国际货币基金组织还指出，金融体系遭到滥用可能会损害银行的稳健运营，带来潜在的巨额财政负担，削弱吸引外国投资的能力，并加剧国际资本流动和汇率的波动。金融系统滥用、金融犯罪和洗钱还可能扭曲资源分配和财富分配。[③]

可以肯定的是，金融犯罪会对各国经济产生不利影响。例如，斯坎伦指出，2005 年 7 月 7 日和 7 月 21 日在伦敦发生的炸弹袭击及其对伦敦交通系统的破坏，使英国政府损失了超过 30 亿英镑。[④] 除此之外，若一个国家声誉受损，可能会给其带来更多的经济损失，这一影响也会阻碍企业在该国开展金融交易。

金融犯罪的影响在个人层面也有所体现，与公共部门和私营部门的损失相比，虽然个人遭受的损失相对较小，但它们仍然可能对特定个人产生重大影响。这可能包括减少家庭世代之间的财富流动，以及由此导致政府遗产税收入的流失。同时，这也切实影响到公共财政。例如，金融犯罪的受害者可能因自己无法支付养老护理费用而需依赖国家资助。此外，如果犯罪是由专业人士（如律师或金融从业者）实施的，则可能会损害个人和相关机构的声誉，正如国际货币基金组织所强调的那样，最终可能导致整个金融体系的削弱。[⑤]

---

① N. 莱德，《21 世纪的金融犯罪》（爱德华·埃尔加：切尔滕纳姆，2011 年）。

② N. 莱德，《21 世纪的金融犯罪》（爱德华·埃尔加：切尔滕纳姆，2011 年）。

③ 国际货币基金组织，《金融系统滥用、金融犯罪和洗钱——背景文件》，2001 年。

④ G. 斯坎伦，《金融犯罪对良好商业的影响：展望未来——新旧威胁》（2006 年），载《金融犯罪杂志》，第 13 卷第 2 期，164。

⑤ 国际货币基金组织，《金融系统滥用、金融犯罪和洗钱——背景文件》，2001 年。

因此，金融犯罪的影响不容小觑，其严重性不亚于人身侵害。例如，迪姆（Deem）认为金融犯罪的受害者所遭受的痛苦与暴力犯罪的受害者一样多。[①] 斯巴尔克（Haslebacher）指出，麦克斯韦养老金诈骗案的受害者经历了愤怒、恐惧、压力、焦虑和抑郁等负面情绪。[②] 许多受害者认为，上述事件会加快他们的死亡速度。[③]

鉴于金融犯罪涉及的金额巨大，特别是已发生的这些具有广泛影响的案件也可能只是冰山一角，英国必须建立行之有效的金融监管制度和立法来预防和减少此类犯罪活动的实施。因此，本书研究了英国现有的金融监管程序、制度和立法，对其有效性进行评估，并探讨其潜在的改革方向。不仅要对英国与金融犯罪相关的法律进行评析，而且要以一种创新的、全面的方式呈现这些内容。

第五节　内容概述

本书内容分为八章。第二章至第六章涉及洗钱、诈骗、内幕交易、市场滥用以及贿赂和腐败等个人金融犯罪。第七章介绍和讨论了本书的一个新领域，即避税和逃税。每一章都有相似的结构。在对具体犯罪行为进行总体介绍后，阐述该犯罪行为的定义，包括相关的犯罪行为、犯罪意图以及抗辩要素，最后探讨所涉及的金融犯罪的规模。如前文所述，犯罪规模通常难以量化，不过本书尝试通过收集一系列国际和国内的相关文件来进行这项工作。在此基础上，每一章都会探讨

① D. 迪姆，《实地报告：与被遗忘的个人金融犯罪受害者合作的观察》（2000年），载《虐待和忽视老年人杂志》，第12卷2期，33。

② B. 斯巴尔克，《知识消费者？公司欺诈及其危害影响》，简报4（犯罪和司法研究中心，2007年）。

③ B. 斯巴尔克，《探索金融犯罪的影响：研究麦克斯韦丑闻对麦克斯韦养老金领取者的影响》（1999年），载《国际受害者研究评论》，第6期，213。

政策背景问题，从犯罪的起源，到现有的控制手段，并对预防此类犯罪行为的金融机构和监管机构进行详细评估。此外，本书还将分析这些机构是否真正实现了所列目标。每一章都探讨了适用于各类金融犯罪的量刑选择和政策，列举量刑实例，并详细阐述了英国如何追回犯罪所得。最后，本书还讨论了这些方案的有效性。本书的最后一章，即第八章，将书中的主题结合在一起，并提出一些对未来的建议。本书的根本目的不仅是激发读者更多的思考和讨论，还希望能够为21世纪金融犯罪的监管和预防提供前进的方向。

第二章　洗钱

第一节　介绍

洗钱可以被定义为犯罪分子将犯罪所得（赃款）伪装或转化为合法资金的过程。从这个意义上说，“犯罪分子”一词可以包括毒贩、窃贼、诈骗分子、人口贩卖者、走私者、恐怖分子、敲诈勒索者、偷税逃税者和非法军火商，但也可以包括律师、会计师、金融专家及其他中介人员。洗钱通常是通过将资金放入金融系统，在不同的金融产品和银行账户之间进行转移来实现的。[①] 鉴于洗钱的严重性和威胁性，英国对这一罪行采取了积极的打击政策，并成为全球反洗钱斗争的重要成员。因此，本章的重点是介绍英国的反洗钱举措，并尝试量化洗钱问题的严重程度。此外，本章将探讨将洗钱定为犯罪及制定相关监管政策的背景，并对所涉金融机构和监管机构进行评估。最后，本章将探讨如何追讨赃款，并对量刑选择及司法实践进行简要分析。

① 金融服务管理局，《常见问题》（金融服务管理局，2011 年）。

第二节　洗钱的过程

洗钱行为的目的一般是为所涉个人或群体牟利，将犯罪所得的赃款转变为干净且无法追查的资金。它是大多数犯罪团伙和贩毒集团掩盖其犯罪所得的过程。这一过程极为关键，它使他们能够在不暴露资金来源的情况下享受其非法收益。因此，洗钱是一种犯罪行为，其核心在于隐瞒或掩饰犯罪所得，以避免其非法收益的来源即非法活动被发现。为了实现这一目的，洗钱行为涉及三个可识别的阶段：放置、分层和整合。第一阶段为放置，洗钱者将犯罪所得的非法资金放入金融系统。[①] 例如，将大额资金分成较小金额，然后将其分散存入多个银行账户，以规避金融机构向相关监管机构提交反洗钱报告的风险。这一过程通常被称为“拆分洗钱法”，犯罪分子在金融机构存款的金额一般低于金融机构需提交可疑活动报告（Suspicious Activity Report，SAR）的金额[②]。第二阶段为分层，洗钱者通过一系列复杂的交易，使非法资金远离其原始来源，进一步模糊资金流向。最后一个阶段是整合。在这一阶段，资金重新进入经济体系，成为看似合法的财富。然而，这一被广泛接受的洗钱三阶段模型并非没有争议。例如，霍普顿（Hopton）认为，在使用电子资金流和银行系统的情况下，传统的

---

① 关于有组织罪犯如何在分层过程的放置阶段隐藏其犯罪所得的评论，见 J. 西默尔，《洗钱与资产伪装技术》（2008 年），载《洗钱控制杂志》，第 11 卷第 1 期，15-24。

② 关于拆分洗钱和洗钱的更详细和深入的讨论，见 S. 斯沃林，《拆分洗钱（蓝精灵）、洗钱和联邦刑法：构建交易的犯罪》（1989 年），载《佛罗里达法律评论》，第 41 卷，287-339。

洗钱程序将不适用[①]。此外，康宁斯维尔德（Konningsweld）也对传统的洗钱模式提出了质疑，他认为整合阶段可以被“合法化”和“投资”所替代，从而建立一个四阶段模型[②]。在英国，较常见的洗钱手段包括快递现金、资金转移系统、现金密集型业务、空壳公司、高价值资产和房地产交易[③]。其他手段还包括投资幌子公司、大量奢侈消费，以及将大量现金转移到国外司法管辖区等[④]。英国国家犯罪局（NCA）认为，英国境内有相当一部分犯罪所得被转移到海外进行洗钱。这既是用来隐藏非法收益，也是用来购买犯罪活动所需的物资。阿拉伯联合酋长国、西班牙以及远东和东南亚地区对洗钱者来说都具有很大的吸引力[⑤]。

一项很有趣的发现是，英国最常见的洗钱手段之一就是滥用银行系统，西奈（Sinai）将军通过统计犯罪分子利用英国银行进行洗钱的案例而佐证了这一发现。此外，英国因其金融市场的规模、复杂程度和声誉而被视为“对洗钱者具有吸引力的国家”[⑥]。

---

① 道格·霍普顿，《洗钱：所有企业的简明指南》（高尔：法纳姆，2009 年，3）。

② J. 康宁斯维尔德，《洗钱——“见山不是山”：重新思考洗钱过程的阶段，以使执法更有效》，载 B. 昂格尔和 D. 范德林德，《洗钱问题研究手册》（爱德华·埃尔加：切尔滕纳姆，2014 年，435）。

③ 《反洗钱和打击资助恐怖主义行为第三次相互评价报告》，（英国金融行动特别工作组：巴黎，2007 年，15）。

④ 国家刑事情报局，《英国威胁评估》（国家刑事情报局，2007 年，53）。

⑤ 国家犯罪局，《洗钱》，http://www.nationalcrimeagency.gov.uk/crime-threats/money-laundering,2015 年 6 月 16 日。

⑥ 美国国务院，《国务院国际麻醉品和法律执行事务局麻醉品管制战略报告》第二卷《洗钱和金融犯罪》（美国国务院：华盛顿特区，2010 年，223）。

第三节 什么是洗钱罪?

洗钱罪载于2002年《犯罪所得法》（POCA）第7部分。该法于2002年7月24日获得皇家批准，适用于2003年2月23日或之后的洗钱活动[①]。该法包括三项洗钱罪的主要罪行：（1）在管辖范围内隐瞒、掩饰、转换、转移或移除管辖区内的犯罪财产[②]；（2）明知或怀疑某项安排有助于为他人获取、保留、使用或控制犯罪财产，仍参与其中[③]；（3）获取、使用或拥有犯罪财产[④]。参与共谋，企图实施、协助、怂恿、教唆或促成上述任何一项行为也是犯罪。上述三项罪行适用于任何人，不论他们是否在受监管部门（包括银行、保险公司、信贷机构、金融机构、律师事务所等）工作，或从事相关业务（包括赌场经营、房地产代理和破产管理）。其他罪行，主要集中在供述方面，包括未供述对洗钱的怀疑或了解[⑤]，未将上述供述转达给获授权人[⑥]，不当披露某人因涉嫌洗钱而正受到调查（泄密）[⑦]，以及作出可能影响调查的供述[⑧]。鉴于前三项罪行是主要的犯罪行为，本章将对其进行更详细的分析。

---

① R. 佛斯顿，《2002年POCA下的洗钱犯罪》，载W. 布莱尔和R. 布伦特，《银行和金融犯罪——污染货币的国际法》(牛津大学出版社：牛津，2010年，157)。

② 2002年《犯罪所得法》，第327条。

③ 2002年《犯罪所得法》，第328条。

④ 2002年《犯罪所得法》，第329条。

⑤ 2002年《犯罪所得法》，第330条。

⑥ 2002年《犯罪所得法》，第331条和第332条。

⑦ 2002年《犯罪所得法》，第333A条。

⑧ 2002年《犯罪所得法》，第342条。

一、隐藏、掩饰、转换、转移或移除管辖区内的犯罪财产——2002年《犯罪所得法》第327条

2002年《犯罪所得法》第327条规定了三项核心洗钱罪行中的第一项，即如果某人隐瞒、掩饰、转换、转移或移除英格兰、威尔士、苏格兰或北爱尔兰的犯罪财产，即构成犯罪。这还包括隐瞒或掩饰财产的性质、来源、位置、流向、所有权或处置方式[①]。就本法而言，财产包括货币、不动产、动产、可继承财产或可移动财产、诉讼财产以及其他无形或非物质财产[②]。被视为犯罪财产的前提是：（1）它是某人从犯罪行为中获得的利益（无论是全部还是部分利益，无论是直接还是间接利益）；（2）被指控的罪犯知道或怀疑它构成或代表了这样一种利益[③]。对犯罪性质财产的这种认定存在一定争议，争议点主要在于其范围包含了世界任何地方的财产[④]。此外，福斯顿（Forston）认为，前提（2）是一种“人为含义”，其取决于处理财产的人的主观认知，而不是完全基于财产本身的客观属性[⑤]。哈德逊（Hudson）认为，犯罪性质的财产有两个具体要求。第一，犯罪财产构成利益；第二，被告对这一事实存在怀疑或知情[⑥]。

---

① 2002年《犯罪所得法》，第327（3）条。

② 2002年《犯罪所得法》，第340（9）条。

③ 2002年《犯罪所得法》，第340（3）条。关于这一解释的批判性讨论见宾利和费舍尔，《2002年PCOA规定的犯罪财产——是时候厘清法律了》（2009年），载《阿奇博德新闻》，第2期，7-9。

④ 2002年《犯罪所得法》，第340（9）条。

⑤ R. 福斯顿，《2002年POCA下的洗钱犯罪》，载W. 布莱尔和R. 布伦特，《银行和金融犯罪——污染货币的国际法》（牛津大学出版社：牛津，2010年，163-164）。

⑥ A. 哈德逊，《金融定律》（斯威特和马克斯韦尔：伦敦，2009年，345）。

《犯罪所得法》普遍适用“利益”这一广义词汇[①]。根据该法第340（5）条，“如果某人因某行为或与该行为有关的活动而获得财产，则视为他从该行为中获益”[②]，“利益”不仅包括罪犯因某犯罪行为或与某犯罪行为有关的活动而直接获得的财产，而且包括罪犯从中获得的任何金钱上的好处[③]。因此，“利益”包括三个关键概念：

第一，任何收益都须与犯罪行为直接相关。《犯罪所得法》第340条的范围极为广泛，任何人都有可能获得利益，而不仅限于实施犯罪的行为人。事实上，该法甚至指出，在评估一项犯罪是否已经发生时，“实施该行为的人”“从中受益的人”“该行为是否发生在该法通过之前或之后”，均无关紧要[④]。

第二，所涉犯罪活动必须产生收益。这并不意味着一定是经济利益，还可能包括为提高生活水平或从非法活动中获得的利润[⑤]。它还可以包括任何形式的收益[⑥]——只要某人知道或怀疑给予他们的东西构成或代表此类收益，则该人即构成犯罪[⑦]。这意味着“利益”可以涵盖以替代性财产形式实现的收益。这将使该条款的适用范围进一步扩大。

---

① R. 福斯顿，《2002年POCA下的洗钱犯罪》，载W. 布莱尔和R. 布伦特，《银行和金融犯罪——污染货币的国际法》（牛津大学出版社：牛津，2010年，163-164）。

② 有关此短语的更详细的解释，请参见R诉鲁伯顿［2006］英格兰和威尔士上诉法庭747、R诉加布里埃尔［2006］英格兰和威尔士上诉法庭229和R诉IK［2007］英格兰和威尔士上诉法庭491。

③ R. 福斯顿，《2002年POCA下的洗钱犯罪》，载W. 布莱尔和R. 布伦特，《银行和金融犯罪——污染货币的国际法》（牛津大学出版社：牛津，2010年，163）。

④ 2002年《犯罪所得法》，第340（3）条。

⑤ A. 哈德逊，《金融定律》（斯威特和马克斯韦尔：伦敦，2009年，345）。

⑥ A. 哈德逊，《金融定律》（斯威特和马克斯韦尔：伦敦，2009年，344）。

⑦ 2002年《犯罪所得法》，第340（3）（b）条。

第三，必须证明财产或利益源自犯罪行为，即根据英国法律构成刑事犯罪的所有行为，以及若发生在英国境内则构成犯罪的行为[①]。同时，只要洗钱行为发生在2002年《犯罪所得法》生效之后，即使相关犯罪行为发生在该法生效之前，也不影响其定罪[②]。

二、明知或怀疑某项安排有助于为他人获取、保留、使用或控制犯罪财产，仍参与其中——2002年《犯罪所得法》第328条

2002年《犯罪所得法》第328条规定，“如果某人参与或卷入一项安排，而他知道或怀疑该安排（不论以何种方式）有助于由他人或代表他人获取、保留、使用或控制刑事财产，则该人构成犯罪[③]”。检方不仅必须证明某人参与一项他们知道或怀疑会使另一人更容易获取、保留、使用或控制犯罪财产的安排[④]，而且有关的人也知道或怀疑该财产构成或代表了犯罪行为的利益。该犯罪行为可以通过多种方式实施，并涵盖了第三方处理犯罪所得资金的情形。因此，福斯顿（Forston）认为，“这一罪行对于那些处理或为第三方处理金钱及其他类型财产的人来说，具有相当大的影响”[⑤]。若要对犯下这一罪行的人定

① 2002年《犯罪所得法》，第340（2）条。

② 皇家检察署，《2002年犯罪所得法第7部分——洗钱犯罪》，见http：//www. cps. gov. uk/legal/p_ to_ r/proceeds_ of_ crime_ money_ laundering/，2011年7月6日。

③ 2002年《犯罪所得法》，第328（1）条。

④ 本条修订和更新了1994年《毒品贩运法》第50条和1988年《刑事司法法》第93A条、1995年《（合并）（苏格兰）刑法》第38条和1996年《犯罪收益（北爱尔兰）令》第46条。

⑤ R. 福斯顿，《2002年POCA下的洗钱犯罪》，载W. 布莱尔和R. 布伦特《银行和金融犯罪——污染货币的国际法》（牛津大学出版社：牛津，2010年，181）。

罪，那么对“犯罪财产”的定义则成为核心要素，同时，“知情”和“怀疑”的概念也至关重要。虽然“知情”是一个相当直截了当的概念，但“怀疑”的含义却引发了不确定性和焦虑，特别是在确定何种程度的怀疑才符合犯罪构成的要件时。例如，哈维（Harvey）指出，“怀疑本身是一个广泛的概念，没有客观的定义：怀疑是个人的、主观的，远远没有基于确凿证据的证明”①。也许正是由于这种主观性，为了明确其含义，法院将怀疑定义为“超越纯粹猜测且基于一定事实基础”，例如，虽不一定达到确信的程度，但至少延伸到猜测之上；而且，尽管产生怀疑所需的事实基础比形成确信所需的事实基础要少，但它仍然必须建立在一定基础之上②。在R诉DA席尔瓦案中，朗摩尔法官（Longmore LJ）认为，在此背景下，“怀疑”一词及其附属词的核心要素在于，被告必须认为相关事实存在的可能性高于幻想，仅仅是一种模糊的不安感是不够的。然而，2002年《犯罪所得法》并不要求这种怀疑必须是“明确的”“具有针对性的具体事实”，或“有合理依据的”③。

此外，霍普勋爵（LordHope）在R诉赛尔（阿卜杜勒拉赫曼）案中指出，应假设这个人已经产生怀疑，否则他就不会考虑做法律规定的事情。为了公平起见，通过引入客观测试以确保怀疑有合理的依据。也就是说，仅凭主观测试（实际的怀疑）是不够的，还必须满足客观测试（存在合理的依据）④。

---

① J. 哈维，《金融机构因洗钱条例而产生的合规和报告问题：初步成本效益研究》（2004年），载《洗钱控制杂志》，第7卷第4期，333-346。

② 金融服务委员会，《指导说明——防止金融系统被用于洗钱或资助恐怖主义活动的控制系统》（金融服务委员会，2011年，8月1日）。

③ R诉DA席尔瓦［2006］英格兰和威尔士上诉法庭，1654。本案涉及1988年《刑事司法法》对“怀疑”一词的解释。关于本案的更详细讨论见G. 布朗和T. 埃文斯，《影响：要求报告可疑活动的反洗钱规定的广度和深度》（2008年），载《国际银行法》。

④ R诉赛尔（阿卜杜勒拉赫曼）［2006］英国上议院报告，第52段。

此外，根据上诉法院在K诉国家Westminster银行、英国税务海关总署（HMRC）、英国严重有组织犯罪局（SOCA）一案中的判决[①]，“怀疑”在民法中的解释与在刑法中的解释相同。因此，在适用判例法时，司法实践中形成了所谓“超越纯粹猜测可能性”的检验标准[②]。因此，哈德逊（Hudson）认为，“被告必须有实际的主观怀疑，且该怀疑必须基于客观合理依据，同时财产也必须用于犯罪目的”[③]。

2002年《犯罪所得法》第328条也引发了对“安排”一词定义的问题，特别是对于那些法律从业者而言。例如，在P诉P[④]案中，高等法院的巴特·斯洛斯（Butler-Sloss）女士认为，如果法律从业者在离婚诉讼中代理客户，则必须对夫妻双方的财务状况进行详细调查，任何异常情况，如超额索取的福利金或未申报的增值税交易，都要求律师暂停诉讼程序，向有关机构披露信息，并等待进一步指示。这使柯林斯（Collins）和肯尼迪（Kennedy）注意到，“若专业人士未能及时报告可疑洗钱活动，将面临大规模刑事追责风险”[⑤]。然而在第二年，鲍曼诉费尔斯案的上诉法院判决对此作出了澄清[⑥]，即明确否定了先前P诉P案的裁判要旨。在本案中，判决涉及两个重要问题。首先，作为上诉的核心争议焦点，“2002年《犯罪所得法》第328条是否适用于司法程序的常规运作，包括为推进司法程序和判决执行而采取的任何步骤”[⑦]。上诉法院在其判决中明确表示，对该法第328条的

---

① ［2006］英格兰和威尔士上诉法院民事庭，1039。

② 金融服务委员会，《指导说明——防止金融系统被用于洗钱或资助恐怖主义活动的控制系统》（金融服务委员会，2011年，8月1日）。

③ A. 哈德逊，《金融定律》（斯威特和马克斯韦尔：赫布登布里奇，2009年，350）。

④ P诉P［2004］范姆，1。

⑤ J. 柯林斯和A. 肯尼迪，《骗子，他的妻子和她的律师》（2003年），载《税收》，11月，136。

⑥ ［2005］英格兰和威尔士上诉法院民事庭226。

⑦ ［2005］英格兰和威尔士上诉法院民事庭226，第52段。

解释并不影响司法程序。可以说，法院通过解释“安排”的含义，得出了这一决定。布洛克法官（Brooke LJ）表示，“有充分的理由对这一概念进行限制性理解”[①]，并指出“就普通表达而言，无论立法机关赋予‘安排’一词何种内涵，均难以涵盖司法程序的正当实施”[②]。正当司法活动（包括但不限于申请禁令救济、推进诉讼程序、依判决分割资产、替代性争议解决及申请资产冻结令等）均不构成该法第328条下的“安排”。

三、获取、使用或拥有犯罪财产——2002年《犯罪所得法》第329条

2002年《犯罪所得法》中的第三项核心洗钱罪名在第329条第1款[③]。本条规定，任何人如获取、使用或拥有犯罪财产，即属犯罪。就本罪构成要件而言，“拥有”指的是实际占有。要判定一个人犯此罪，必须证明其处理的财产属于犯罪财产，并且该财产构成一种收益。此外，检方还必须证明被告知道或怀疑该财产是犯罪行为所得。

四、辩护理由

如果一个人“根据2002年《犯罪所得法》第338条进行授权披露（在作出第1款所述的作为前进行披露），并获得了适当的同意”，

---

① ［2005］英格兰和威尔士上诉法院民事庭226，第63段。

② ［2005］英格兰和威尔士上诉法院民事庭226，第64段。

③ 这统一并取代了1994年《毒品贩运法》第51条和1988年《刑事司法法》第93B条。

则该人不构成该法第 327 条的罪行[①]。这称作同意抗辩[②]，被告在获得适当同意后，可以继续进行原本可能因法律限制而无法进行的行为。所谓授权披露，是指“被指控的人向警察、海关官员或指定官员披露特定财产属于犯罪收益的行为”[③]。抗辩也适用于被告本打算进行披露但有合理理由未予披露的情况，即合理理由抗辩。此外，如果满足以下条件，也不构成犯罪：

1. 被告知道或有合理理由相信相关犯罪行为发生在英国境外的某一国家或地区。

2. 相关犯罪行为：

（1）在发生时并不违反该国家或地区当时适用的刑法规定；

（2）不属于国务大臣通过行政命令特别列明的禁止性行为[④]。

最后，仅适用于存款机构，如果“（a）该机构在管理其账户的过程中实施该行为，以及（b）相关犯罪收益的价值低于该法第 339A 条为该行为确定的阈值数额”，则该机构不构成犯罪[⑤]。这一阈值目前设定为 250 英镑，并且自 2005 年 7 月 1 日以来一直保持在这一水平。对于该法第 328 条和第 329 条的罪行，也有类似的抗辩。

除上述抗辩理由外，2002 年《犯罪所得法》第 329 条第 2 款（c）项特别针对第 329 条罪名设定了“充分对价抗辩”制度。这一抗辩适用于那些因日常消费品和（或）服务而接受赃款的人。在这种情况下，收款人没有义务询问资金的来源[⑥]。提供专业服务并收取费用（除非服务费用严重超付）的顾问也可以依赖这一抗辩，但如果被告

---

① 2002 年《犯罪所得法》，第 372（2）条。

② 胡思尼·塔伊布诉汇丰银行［2004］英格兰和威尔士上诉法院 1529。

③ 2002 年《犯罪所得法》，第 338（1）条。

④ 2002 年《犯罪所得法》，第 372（2A）条。

⑤ 2002 年《犯罪所得法》，第 372（2C）条。

⑥ 2002 年《犯罪所得法》，第 327 条。

知道或怀疑该付款将帮助另一方实施犯罪行为，则不适用。如果出现这种情况，则该人将被视为没有支付适当的报酬[①]。受监管行业的员工如果能证明雇主在反洗钱培训方面的不足，也可以提出抗辩。

第四节　洗钱犯罪的规模

由于洗钱活动的隐秘性，很难准确衡量这一问题的真实规模，以前的许多尝试基本上都没有成功[②]。如上文所述，有组织犯罪分子洗钱方式多样化，进一步增加了该问题的复杂性。尽管存在这些困难，仍有人声称洗钱是全球最大的黑色产业之一。国际货币基金组织（IMF）1998 年的一项评估表明，洗钱金额相当于全球国内生产总值（GDP）的 2%到 5%。[③]。此外，斯帕莱克（Spalek）还声称，洗钱金额大约为每年 5000 亿美元[④]；梅兰姆（Maylam）认为，这一数字可能高达 1.5 万亿美元[⑤]，而沃克（Walker）估计，实际上可能接近 2.85 万亿美元[⑥]。联合国毒品和犯罪问题办公室（UNODC）同意国际货币基金组织关于洗钱金额占全球国内生产总值（GDP）2%-5%的观点，

---

① 皇家检察署，《2002 年犯罪所得法第 7 部分——洗钱罪》，http://www.cps.gov.uk/legal/p_to_r/proceeds_of_crime_money_laundering/，2011 年 7 月 6 日。

② 关于这一点的精彩讨论，见 B. 昂格尔，《洗钱的规模和影响》（爱德华・埃尔加：切尔滕纳姆，2007 年）。

③ 金融服务管理局，《常见问题》（金融服务管理局：伦敦，2011 年），http://www.fsa.gov.uk/pages/About/What/financial_crime/money_laundering/faqs/index.shtml，2011 年 6 月 6 日。

④ R. 斯帕莱克，《监管、白领犯罪和国际信贷和商业银行》（2001 年），载《霍华德刑事司法杂志》，第 40 期，166-179，167。

⑤ S. 梅兰姆，《在英国起诉洗钱》（2002 年），载《金融犯罪杂志》，第 10 期，157-158。

⑥ J. 沃克，《模拟全球洗钱流动：一些发现》，http://www.johnwalkercrimetrendsanalysis.com.au/ML%20method.htm，2011 年 6 月 6 日。

通过估算，洗钱金额高达每年8000亿美元到2万亿美元[①]。此外，联合国毒品和犯罪问题办公室报告，2009年，犯罪分子洗钱的估计数额为1.6万亿美元，或占全球GDP的2.7%[②]。该报告补充，这仍然与国际货币基金组织最初的“共识范围”相一致[③]。但英国的数据完全不同。尽管英国财政部公布“每年有100亿英镑的非法资金通过监管部门”[④] 但人们仍旧认为，英国每年洗钱的金额在190亿英镑到480亿英镑之间[⑤]。耶德（Yeandle）等人估计，洗钱金额约为250亿英镑[⑥]，而透明国际（Transparency International）则认为，每年的洗钱金额接近480亿英镑[⑦]。这些数据是根据1999年英国海关和消费税评估得出的，现在估计将达到230亿英镑至570亿英镑[⑧]。不过，如果我们将国际货币基金组织估计的洗钱金额占国内生产总值（GDP）的2%至5%

---

① 联合国毒品和犯罪问题办事处，《洗钱和全球化》http：//www.unodc.org/unodc/en/money-laundering/globalization.html，2011年7月6日。

② 联合国毒品和犯罪问题办公室，《估计毒品贩运和其他跨国有组织犯罪造成的非法资金流动》（联合国毒品和犯罪问题办公室，2011年，第5卷）。

③ 联合国毒品和犯罪问题办公室，《估计毒品贩运和其他跨国有组织犯罪造成的非法资金流动》（联合国毒品和犯罪问题办公室，2011年，第5卷）。

④ 金融行为监管局，《2012—2013年度反洗钱年度报告》（金融行为监管局：伦敦，2013年，3）。另见英国财政部，《对犯罪和恐怖主义的金融挑战》（英国财政部：伦敦，2007年）。

⑤ J. 哈维，《对洗钱政策的评估》（2005年），载《洗钱控制杂志》，第8卷第4期，339-345，340。

⑥ M. 言德尔，曼尼丽，A. 贝伦特和B. 希利，《反洗钱要求：成本、收益和观念》（伦敦公司，2005年，15）。

⑦ 透明国际，腐败统计，（n/d），http：//www.transparency.org.uk/corruption/statistics-and-quotes/uk-corruption，2016年6月16日。

⑧ 金融服务管理局，《常见问题》（金融服务管理局，2011年），http：//www.fsa.gov.uk/pages/About/What/financial_crime/money_laundering/faqs/index.shtml，2011年6月6日。

作为标准，并基于2010年英国的国内生产总值（14730亿[1]英镑），估算出英国当年洗钱金额约为294.6亿英镑至736.5亿英镑。2014年，英国国内生产总值为17320亿英镑[2]，那么英国当年洗钱金额约为346.4亿至866亿英镑。这样看来，洗钱活动涉及的资金数额是巨大的，需要有效的监测和预防策略。

第五节　政策背景——这项罪名从何而来?

英国的反洗钱法律体系并非源自欧盟的立法框架，而应追溯至20世纪70年代美国总统理查德·尼克松（Richard Nixon）发起的“禁毒战争”政策范式。罗纳德·里根（Ronald Regan）及其继任政府沿用该治理模式。鉴于洗钱活动与毒品的销售、生产和制造有着内在的联系，20世纪80年代，国际社会将其列为刑事司法优先议题。在联合国与欧盟的主导下，多边法律机制逐步形成，其中的标志性成果便是《联合国禁止非法贩运麻醉药品和精神药物公约》，也被称为《维也纳公约》[3]。《维也纳公约》规定，签署国必须将毒品收益洗钱行为犯罪化，确定对洗钱犯罪的管辖权，构建毒品犯罪收益没收制度，完善引渡协作机制，并强化刑事司法互助体系。英国于1988年12月签署、

① 英国公共支出，《英国国内生产总值》，http：//www. ukpublicspending. co. uk/downchart _ ukgs. php？ title = UK% 20Gross% 20Domestic% 20Product&year = 1950 _ 2010&chart =，2011年6月6日。

② 英国公共支出，《英国国内生产总值》，http://www. ukpublicspending. co. uk/，2015年7月23日。

③ 《联合国禁止非法贩运麻醉药品和精神药物公约》（1988年）。

1991年6月批准了《维也纳公约》[①]。《1990年刑事司法（国际合作）法》[②]第二部分专章规定《维也纳公约》的实施事项，此举说明了《维也纳公约》的重要性。只是，《维也纳公约》当时只适用于毒品贩运犯罪。因此，《联合国打击跨国有组织犯罪公约》（也称《巴勒莫公约》）[③]扩大了联合国立法措施的范围，将“严重犯罪所得”包括在内[④]。英国于2000年12月签署、2006年2月批准了《巴勒莫公约》[⑤]。2005年《严重有组织犯罪及警察法》中提到了这一点[⑥]。2003年《反腐败公约》的出台扩大了联合国打击洗钱的立法权限[⑦]。英国于2003年12月签署、2006年2月批准了联合国《反腐败公约》，并通过颁布2010年《贿赂法》更新了与贿赂和腐败有关的立法[⑧]。关于这方面的更多内容，见本书第6章。

除了联合国反洗钱措施外，欧盟还推出了一系列影响英国政策的洗钱举措。例如，欧盟于1990年实施了《欧洲委员会关于犯罪所得洗钱行为之查缉、扣押、没收及恐怖主义融资的公约》（以下简称1990

---

① 《反洗钱和打击资助恐怖主义行为第三次相互评价报告——联合王国》（金融行动特别工作组：巴黎，2007年，250）。

② 布斯等人注意到该法的颁布部分是为了使联合王国能够执行《维也纳公约》。见R. 布斯，S. 法雷尔，G. 巴斯特尔布和N. 易欧，《洗钱法和条例实用指南》（牛津大学出版社：牛津，2011年，15）。

③ 《联合国打击跨国有组织犯罪公约》，G. A. Res. 55/25，U. N. GAOR，55th Sess.，Supp. No. 49，Vol. I，at 43，U. N. Doc. A/55/49。

④ R. 麦克唐奈，《联合国反洗钱倡议》，载W. 穆勒，C. 卡林和J. 高斯沃斯，《反洗钱国际法与实践》（约翰·威利和儿子们：奇切斯特，2004年，51）。

⑤ 《反洗钱和打击资助恐怖主义行为第三次相互评价报告——联合王国》（金融行动特别工作组：巴黎，2007年，250）。

⑥ 2005年《严重有组织犯罪和警察法》，第95条。

⑦ 关于《腐败公约》的更一般性讨论，见M. 库比切尔，《〈联合国反腐败公约〉中的刑法主张愿景》（2009年），载《国际刑法评论》，第1卷，139-155。

⑧ 联合国毒品和犯罪问题办公室，《联合王国试点方案》（联合国毒品和犯罪问题办公室，2012年，3）。

年公约)[①]。英国于1990年11月签署、1992年9月批准了1990年公约[②]。2005年,《欧洲委员会关于犯罪所得洗钱行为之查缉、扣押、没收及恐怖主义融资的华沙公约》（以下简称《华沙公约》）进一步扩展了1990年公约的适用范围。英国在2015年4月实施了《华沙公约》。

通过1990年公约，欧盟还要求其成员国执行其洗钱指令。第一项指令于1991年出台，集中于所谓的预防措施，包括客户身份识别、可疑交易的检查和报告、善意申报免责保障机制、终止业务关系后五年身份记录保存义务、监管协作机制及内部合规培训程序。这些指令以金融行动特别工作组（FATF)[③] 的40项建议为基础，英国通过1993年立法程序完成转化[④]。

第二项洗钱指令将可疑交易报告要求的范围和报告义务的范围扩大到更广泛的行业领域，实质性拓宽了英国反洗钱监管范围。这一制度目标最终通过2003年《反洗钱条例》得以实现[⑤]。

2007年，成员国实施了第三项洗钱指令。该指令扩大了上游犯罪的范围，并在改进客户身份识别程序方面提供了更多指导。依据现行规定，该指令适用于所有严重犯罪所得[⑥]。在英国，已经通过2007年

---

① 这通常被称为《斯特拉斯堡条约》。

② 《反洗钱和打击资助恐怖主义行为第三次相互评价报告——联合王国》(金融行动特别工作组：巴黎，2007年，250)。

③ 见V. 米希尔加斯和B. 吉尔莫,《欧盟打击洗钱和恐怖主义融资的立法框架：根据不断变化的全球标准进行的批判性分析》（2007年），载《国际和比较法季刊》，第56卷第1期，119-140，120。

④ 欧洲理事会，《关于防止利用金融系统洗钱的指示》，91/308，1993O. J。(1166)。该指令是根据1993年《反洗钱条例》S. I. 1993/1933执行的。

⑤ S. I. 2003/3075。

⑥ J. 费舍尔,《反洗钱斗争的最新发展》（2002年），载《国际银行法杂志》，第17卷第3期，67-72，67。

的《反洗钱条例》得到实施[1]。

最后，欧盟议会于2015年5月正式通过了第四项反洗钱指令。这是为了执行金融行动特别工作组于2012年2月修订的40项建议。该建议体系被确立为“全球反洗钱与反恐融资标准”[2]。凯茨勒（Kaetzler）和科迪斯（Kordys）认为，该指令比金融行动特别工作组的建议更为严格，其通过“强化监管制度、扩展风险分析体系及增设合规义务”显著加重了义务主体的制度遵循成本[3]。因此，第四项反洗钱指令涉及多个重要问题，其中包括改变基于风险的管理方法、制定适用于电子货币的新规则、完善最终受益所有权中央登记制度、确立政治公众人物（PEPs）内外无差别监管原则、优化金融情报机构（FIUs）协同合作机制以及制裁制度[4]。英国的洗钱政策也受到一系列国际最佳做法和行业准则的影响，如巴塞尔银行监管委员会《客户尽职调查白皮书》、沃尔夫斯堡集团《代理银行原则》、埃格蒙特集团《情报交换标准》、世界银行与国际货币基金组织《评估方法论》、国际证监会组织（IOSCO）《证券业指引》及国际保险监督官协会（IAIS）《保险业反洗钱框架》等[5]。

此外，各国还应批准并实施联合国反恐融资措施。2012年2月，金融行动特别工作组发布了修订后的《打击洗钱、恐怖主义融资和扩散融资的国际标准》。该标准修订了最初的40项建议，还增加了9项

① S. I. 2007/2157。

② J. 凯茨勒和T. 科迪斯，《第四项反洗钱指令：增加风险管理要求》（2015年），第4卷第5期，2–5。

③ J. 凯茨勒和T. 科迪斯，《第四项反洗钱指令：增加风险管理要求》（2015年），第4卷第5期，2–5。

④ J. 凯茨勒和T. 科迪斯，《第四项反洗钱指令：增加风险管理要求》（2015年），第4卷第5期，2–5。

⑤ 参见N. 莱德，《洗钱——无休止的循环？美利坚合众国、联合王国、澳大利亚和加拿大反洗钱政策的比较分析》（劳特里奇：伦敦，2012年，14–23）。

特别建议，旨在为各国政府提供更强有力的机制来对付金融犯罪。重要的是，修订后的标准已扩展至包括腐败和税务犯罪[①]。英国是金融行动特别工作组的积极成员，并于2007年担任该组织的主席，对英国反洗钱政策和立法框架的影响体现在2007年的反洗钱和恐怖主义融资战略中[②]。英国财政部表示，“金融行动特别工作组构成了英国战略国际维度的核心支柱”[③]。此外，在2007年的相互评估报告中，金融行动特别工作组评估：英国在40条建议中有19条完全合规，9条基本合规[④]。该报告的结论是，英国建立了一个影响深远的反洗钱立法框架，完全符合《维也纳公约》和《巴勒莫公约》[⑤]。

除了上述建议之外，另一个重要的行业指导方针就是巴塞尔银行监管委员会的监管和监督原则。该委员会发布了一份符合建议原则的声明，以及一系列最佳实践文件，强调如何防止金融系统成为金融犯罪者的工具[⑥]。英国是巴塞尔银行监管委员会成员和金融情报机构埃格蒙特集团的创始成员。埃格蒙特集团的目标是“加强和改善全球金融情报机构之间的沟通，以帮助打击金融犯罪这一公认的全球性问题”[⑦]。因此，英国的反洗钱政策受到了国际社会的立法和预防措施的

---

① 金融行动特别工作组，《打击洗钱、恐怖主义融资和扩散融资的国际标准》（金融行动特别工作组：巴黎，2012年）。

② 英国财政部，《恐怖主义和犯罪的金融挑战》（英国财政部，2007年）。

③ 英国财政部，《任命英国金融行动特别工作组主席》http：//www.gov-news.org/gov/uk/news/appointment_ uk_ president_ financial_ action/36083.html，2011年7月3日。

④ 《反洗钱和打击资助恐怖主义行为第三次相互评价报告——联合王国》（金融行动特别工作组：巴黎，2007年，10-15）。

⑤ 《反洗钱和打击资助恐怖主义行为第三次相互评价报告——联合王国》（金融行动特别工作组：巴黎，2007年，10-15）。

⑥ M. 辛普森，《国际倡议》，载M. 辛普森，N. 史密斯和A. 斯利瓦斯塔瓦，《国际洗钱法和实践指南》（布鲁姆斯博里专业：海沃德斯 西斯，2010年，202）。

⑦ M. 辛普森，《国际倡议》，载M. 辛普森，N. 史密斯和A. 斯利瓦斯塔瓦，《国际洗钱法和实践指南》（布鲁姆斯博里专业：海沃德斯 西斯，2010年，202）。

影响，亦深度吸纳了国际最佳实践文件和行业指导方针。英国的洗钱政策由多个政府部门、金融监管机构和执法部门协同实施，下文将择要详述相关机构职能。

第六节 金融机构和监管机构

一、英国财政部与内政部

英国财政部是英国主要的反洗钱机构，负责执行欧盟反洗钱指令和联合国的金融制裁制度。它是英国在金融行动特别工作组（FATF）的代表，并负责批准行业指南，以确保金融机构遵守反洗钱监管要求[①]。英国财政部的重要性在其出版的《反洗钱战略》[②] 中得到了说明。该战略的目标是建立一个有效的反洗钱框架，力求在打击洗钱活动与避免过度合规负担之间实现适度平衡。对此，英国财政部认为：现行反洗钱制度由多重措施构成，既包括通过刑法惩治洗钱者并剥夺其犯罪所得，也包含对金融服务业及其他特定行业施加义务，要求其履行客户身份识别和必要时报告可疑活动的职责。[③]。

因此，英国财政部的目标是维护金融体系的完整性，防止其被犯罪分子和恐怖分子利用。它通过使用各种金融工具来威慑、侦测并阻止犯罪及安全威胁，同时根据风险水平采取有效且相称的策略，并积

① 《反洗钱和打击资助恐怖主义行为第三次相互评价报告——联合王国》（金融行动特别工作组：巴黎，2007 年，24）。

② 英国财政部，《恐怖主义和犯罪的金融挑战》（英国财政部：伦敦，2007 年，77）。

③ 英国财政部，《恐怖主义和犯罪的金融挑战》（英国财政部：伦敦，2007 年，77）。

极与企业、立法者及执法机构合作。[①] 2007 年公布的第二份战略文件清楚地说明了这一点。该文件详细阐述了英国政府如何计划应对洗钱及恐怖主义融资相关问题[②]。英国财政部与内政部共同主持反洗钱咨询委员会。该委员会是“一个汇聚所有利益攸关方（包括金融机构、行业协会、消费者组织、政府及执法机构代表）的论坛”[③]。反洗钱咨询委员会就其在英国预防洗钱的政策向政府提供建议，其成员包括执法部门、政府部门、行业代表和监管机构人员。该委员会在财政部批准前审查行业指南草案，随后由财政部批准生效[④]。此外，英国财政部在选择和任命反洗钱部门的负责人方面也发挥了关键作用，并发布年度反洗钱报告，总结行业最佳实践[⑤]。英国财政部还在确保企业遵守反洗钱条例方面发挥着非常重要的作用。例如，英国财政部批准由商业部门编写指南，其中包括信贷与金融机构[⑥]、审计机构[⑦]、破产管

① 英国财政部，《恐怖主义和犯罪的金融挑战》（英国财政部：伦敦，2007 年）。

② 英国财政部，《恐怖主义和犯罪的金融挑战》（英国财政部：伦敦，2007 年）。

③ 牛津分析有限公司，《国家报告：联合王国的反洗钱规则》，载皮耶斯和 G. 奥意尔菲，《反洗钱比较指南——对新加坡、瑞士、联合王国和美国的制度的批判性分析》（爱德华·埃尔加：切尔滕纳姆，2004 年，271）。

④ 英国财政部，《政策文件：防止洗钱》，2013 年 6 月 5 日，https://www.gov.uk/government/publications/preventing-money-laundering/preventing-money-laundering#financial-action-task-force-fatf，2015 年 7 月 1 日。

⑤ 见英国财政部，《反洗钱和反恐金融监督报告 2010—2011》（英国财政部：伦敦，2011 年）。自第一份报告发表以来，英国财政部又发布了三份报告。见英国财政部《2011—2012 年反洗钱和反恐金融监督报告》（英国财政部：伦敦，2012 年）、英国财政部《2012—2013 年反洗钱和反恐金融监督报告》（英国财政部：伦敦，2012 年）和英国财政部《2013—2014 年反洗钱和反恐金融监督报告》（英国财政部：伦敦，2013 年）。

⑥ 联合反洗钱指导小组，《防止洗钱或打击资助恐怖主义行为：联合王国金融部门指导，第 1 至第 3 部分》（联合反洗钱指导小组：伦敦，2014 年）。

⑦ 联合反洗钱指导小组，《防止洗钱或打击资助恐怖主义行为：联合王国金融部门指导，第 1 至第 3 部分》（联合反洗钱指导小组：伦敦，2014 年）。

理人[①]、外聘审计员[②]、税务顾问[③]、独立法律专业者[④]、信托或公司服务提供商[⑤]、高价值商品经销商[⑥]、赌场[⑦]及房地产从业者[⑧]的指南。针对反洗钱与反恐融资（CTF）体系薄弱的国家，财政部发布建议通告（Advisory Notices）[⑨]。根据2008年《反恐法案》，企业与来自这些国家的实体或个人进行金融交易时，须履行额外的调查义务[⑩]。在这一角色中，英国财政部还得到了负责英格兰和威尔士警察管理的内政部和充当英国金融情报机构的国家犯罪局（NCA）的进一步支持。

---

① 会计委员会协商委员会，会计部门反洗钱指导（会计委员会协商委员会：伦敦，2007年）。

② 会计委员会协商委员会，会计部门反洗钱指导（会计委员会协商委员会：伦敦，2007年）。

③ 财务报告委员会，《关于联合王国立法的反洗钱审计指南：实践说明（修订）》（财务报告委员会：伦敦，2010年）。

④ 例如，见国际律师协会、美国律师协会以及欧洲律师协会和法律协会理事会，《发现和防止洗钱律师指南》（国际律师协会、美国律师协会和欧洲律师协会理事会：伦敦，2014年）。

⑤ 英国税收和海关，《信托或公司服务提供者反洗钱指南》（英国税收和海关：伦敦，2010年）。

⑥ 英国税收和海关，《MLR9b号通知：高价值交易商洗钱条例登记指南，2013年9月13日》。

⑦ 赌博委员会，《洗钱：防止洗钱和打击资助恐怖主义行为指南（远程和非远程赌场第二版）》（赌博委员会：伦敦，2013年）。

⑧ 皇家特许测量师学会，《反洗钱指南》（皇家特许测量师学会：伦敦，2011年）。

⑨ 英国财政部，《关于海外司法中洗钱和资助恐怖主义控制的咨询通知》（英国财政部：伦敦，2015年）。

⑩ 更详细的讨论，见M. 格尔比，《2008年〈反恐怖主义法〉附表7对银行及其客户的影响》（2010年），载《洗钱控制杂志》，第13卷第4期，351-371；G. 瑞斯和T. 莫洛尼，《中断恐怖主义供应线的最新努力：2008年〈反恐怖主义法〉附表7》（2010年），载《刑法审查》，第2期，127-135。

二、金融服务管理局

1997年至2012年间，金融服务管理局（FSA）是英国反洗钱体系的核心组成部分，并被视为关键政策制定者。它的成立背景可追溯至20世纪70年代至90年代发生的一系列引人注目的金融丑闻。这些丑闻暴露出英格兰银行（Bank of England）对银行业的监管不力。因此，根据2000年《金融服务和市场法》（FSMA），金融服务管理局获得了广泛的规则制定和执行权力。金融犯罪在2000年《金融服务和市场法》被广泛定义，包括任何涉及欺诈或不诚实行为的罪行、金融市场的不当行为①，或滥用与金融市场相关的信息②，以及处理犯罪所得③。因此，金融服务管理局的核心目标是关注受监管行业已建立的反洗钱制度和控制措施④。根据2000年《金融服务和市场法》，金融服务管理局制定了有关预防和发现洗钱活动的规则⑤。早期规则集中于《反反洗钱手册》⑥，但其内容烦琐，且与1993年《反洗钱条例》中的规则非常相似。后来，金融服务管理局转向原则导向方法，将相关要求整合至《高级管理层安排、系统与控制手册》（SYSC），以简化合规流程并提升灵活性⑦。金融服务管理局在打击洗钱方面最重要的工具

---

① 2000年《金融服务和市场法》，第6（3）（a）条。

② 2000年《金融服务和市场法》，第6（3）（b）条。

③ 2000年《金融服务和市场法》，第6（3）（c）条。

④ A. 普罗科特，《通过执法行动支持基于风险的反洗钱方法》（2004年），载《金融监管与合规杂志》，第13卷第1期，10-14。2000年《金融服务和市场法》（2001年第S.I号命令）界定了受监管的行业。

⑤ 2000年《金融服务和市场法》，第146条。

⑥ 金融服务管理局，《反洗钱手册》（金融服务管理局，2006年）。

⑦ 《FSA手册》载有FSA关于一系列广泛措施的法律规则和指导，http://www.fsa.gov.uk/Pages/handbook/index.shtml。

是其广泛的调查和执法权力[①]。金融服务管理局有权要求公司提供信息[②]、任命调查人员[③]、获得海外金融监管机构[④]的协助，并为指定的调查人员提供额外的权力[⑤]。此外，金融服务管理局还是某些特定洗钱犯罪的起诉机构[⑥]，无论被起诉的实体是否受其实际监管，这些权力都适用[⑦]。金融服务管理局也有权对违反2000年《金融服务和市场法》的受监管主体处以罚款[⑧]。例如，金融服务管理局曾对金融机构的反洗钱报告官（MLRO）处以罚款，并对违反反洗钱规则的机构施以一系列处罚——即使没有证据表明资金已被清洗[⑨]。

在撰写本书第一版时，英国金融服务管理局仍然是英国的金融监管机构。然而，随着2012年《金融服务法》的出台，金融服务管理局被废除，取而代之的是金融行为监管局（FCA）和审慎监管局（PRA）。因此，本章下一节将评述金融行为监管局在应对洗钱威胁中的角色。

① J. 巴格，《新金融服务管理局下的执法未来》（1998年），载《公司律师》，第19卷第7期，194-197。

② 2000年《金融服务和市场法》，第165条至第166条。

③ 2000年《金融服务和市场法》，第167条至第168条。

④ 2000年《金融服务和市场法》，第169条。

⑤ 2000年《金融服务和市场法》，第172条。

⑥ 最高法院在“R诉罗林斯［2010］英国SC39”中确认了金融服务管理局的起诉权。

⑦ 2000年《金融服务和市场法》，第402（1）（a）条。

⑧ 2000年《金融服务和市场法》，第206（1）条。

⑨ 见金融服务管理局新闻稿，《FSA因不合格反洗钱措施罚款艾福瑞及其前洗钱报告官员苏迪普妥·恰德巴塔依》”，2010年5月5日，http：//www.fsa.gov.uk/pages/Library/Communication/PR/2010/077.shtml，2011年7月6日。

三、金融行为监管局

金融行为监管局的起源可以追溯到2007—2008年的金融危机和金融服务管理局的明显失职。北岩公司（Northern Rock）的濒临倒闭就是例证。2010年，英国联合政府在其政策协议中将“改革银行业监管体系以避免金融危机重演”列为核心目标之一，明确提出：我们将改革监管体系，赋予英格兰银行宏观审慎监管权及微观审慎监管监督权[①]。这通常被称为“三方”银行监管体系，由财政部、金融服务管理局和英格兰银行共同管理。2010年6月，时任财政大臣乔治·奥斯本（George Osborne）议员进一步概述了联合政府的金融监管改革方案。其中，与本章内容相关的是废除金融服务管理局并将其监管权力移交给英格兰银行[②]；在英格兰银行内部设立一个金融政策委员会，负责系统性风险防控；成立审慎监管局，负责金融机构的日常审慎监管；设立消费者保护与市场管理局，规范所有金融服务公司的行为；成立经济犯罪署（ECA），专注打击金融犯罪；创建独立的银行业务委员会，并引入特定的银行税[③]。通过2012年《金融服务法》，英国最终将“三方监管体系”转型为“双峰监管模式”。

在反洗钱领域，金融行为监管局采取了与金融服务管理局相似的做法。根据其官方网站声明，金融行为监管局称自己是“监督大多数信贷和金融机构遵守《反洗钱条例》的主管机构”[④]。根据《监管手

---

① 英国政府，《联盟：我们的政府方案》（英国政府：伦敦，2010年，9）。

② 见英国财政部，《金融监管的新方法：关于改革消费信贷制度的协商》（英国财政部：伦敦，2010年）。

③ 英国财政部，《金融服务政策议程》，http：//www. hm-treasury. gov. uk/fin_policy_ agenda_ index. htm，2011年7月19日。

④ 金融行为监管局，《反洗钱》，（2011年11月14日），www. fca. org. uk/firms/being-regulated/meeting-your-obligations/firm-guides/systems/aml，2015年6月24日。

册》（Handbook）中《高级管理层安排、系统与控制》（SYSC）部分的最新要求，受监管行业需建立与其业务性质相匹配的制度与控制措施。这包括：要求对反洗钱体系的充分性进行定期评估，以防止其被用于实施金融犯罪①；指定一名董事或高级管理人员，全面负责建立和维护反洗钱体系；任命反洗钱报告官②。SYSC 的内容旨在为受监管机构提供更高程度的灵活性，允许机构根据自身风险特征，将资源分配至最易受洗钱威胁的领域。这种做法鼓励机构精准投放资源，从而降低反洗钱合规成本。此外，受监管机构必须“制定、实施足够的政策和程序，以确保机构（包括其经理、员工和指定代表）遵守其在监管体系下的义务，并防范其被用于实施金融犯罪的风险。”③

根据 SYSC 的具体要求，受监管机构“必须确保依据 SYSC6. 1. 1R 条款制定的政策与程序包含以下反洗钱系统与控制措施：（1）能够识别、评估和监测洗钱风险；（2）与其业务性质、规模及复杂性全面匹配”④。另外，机构必须定期对这些系统和控制措施的充分性进行评估，以确保它们符合 SYSC 6. 3. 1 R 条款的要求⑤。《监管手册》还规定，“机构须指定一名董事或高级管理人员（可同时兼任反洗钱报告官），全权负责建立并维护有效的反洗钱制度与控制措施”⑥，同时还需要任命一名反洗钱报告官，负责确保机构遵守相关规则⑦。

---

①《高级管理安排、系统和控制》3. 2. 6C。

②《高级管理安排、系统和控制》3. 2. 6H 和 I。

③《高级管理安排、系统和控制》6. 1. 1。

④《高级管理安排、系统和控制》6. 3. 1。

⑤《高级管理安排、系统和控制》6. 3. 3。

⑥《高级管理安排、系统和控制》6. 3. 8。

⑦《高级管理安排、系统和控制》6. 3. 9。

四、严重有组织犯罪局

严重有组织犯罪局（SOCA）曾是英国的金融情报机构，负责执行2002年《犯罪所得法》规定的资产追讨条款[①]，它于2013年被国家犯罪局取代。严重有组织犯罪局于2005年通过《严重有组织犯罪与警察法》成立，是当时政府打击有组织犯罪战略的核心组成部分。严重有组织犯罪局有三个职能目标：（1）打击严重的有组织犯罪；（2）收集与犯罪有关的信息；（3）其他综合性职能。具体而言，它在打击有组织犯罪方面的职责涵盖：预防与侦测严重有组织犯罪；减少此类犯罪的发生并减轻其危害后果[②]。《严重有组织犯罪与警察法》第3条规定，在犯罪信息处理方面，严重有组织犯罪局的职能是“收集、储存、分析并共享与以下事项相关的信息：（a）犯罪预防、侦查、调查或起诉；（b）以其他方式减少犯罪或减轻其后果”[③]。

五、国家犯罪局

2010年5月，英国联合政府（保守党和自由民主党）公布了其联合协议，其中包含一项加强打击经济犯罪的承诺。该协议提议将欺诈重案办公室（SFO）、金融服务管理局和公平交易办公室（OFT）的职能整合至经济犯罪署。时任财政大臣表示：“我们对白领犯罪与其他犯罪一视同仁，并致力于简化当前混乱且重叠的职责划分，以提升侦

① 这一职能于2013年被国家犯罪局取代。

② 2005年《严重有组织犯罪和警察法》，第2条（1）（a）和（b）。

③ 2005年《严重有组织犯罪和警察法》，第3条（1）（a）和（b）。

查与执法效率”[①]。此举表明，政府决心严肃打击包括欺诈、内幕交易、贿赂、腐败以及洗钱（本章重点）在内的白领犯罪。可以说，政府已经认识到，现有的多个分散的执法机构导致优先事项冲突与执法效果不佳。成立“一站式”综合执法机构（one-stop shop）的提议已存在多年，而政策交换智库（Policy Exchange）的研究报告——《打击欺诈与金融犯罪》为其注入了新动力，如果通过统一的机构来应对经济犯罪问题，可更高效地协调欺诈侦测、调查与起诉工作[②]。联合政府提议，经济犯罪署将由内政部领导，内政部在处理金融犯罪方面历来采取零散策略[③]。为推进经济犯罪署的成立，内政部开始与主要利益攸关方进行磋商，并预计“经济犯罪署的初步架构”将于 2011 年到位[④]。

然而，在这一切发生之前，2010 年 6 月，内政大臣宣布成立国家犯罪局（NCA），旨在打击有组织犯罪、欺诈、网络犯罪、维护边境保护以及保护儿童与青少年。国家犯罪局下设四大职能部门：（1）有组织犯罪指挥部；（2）边境警务指挥部；（3）经济犯罪指挥部；（4）儿童剥削和在线保护中心[⑤]。内政部初步设想了经济犯罪指挥部

---

① 英国财政部，《财政大臣乔治·奥斯本：在伦敦市长为伦敦金融城银行家和商人举办的晚宴上的演讲》，（2010 年 6 月 16 日），见 http：//www. hm-treasury. gov. uk/press_ 12_ 10. htm，2010 年 6 月 26 日。

② J. 费雪和 T. 桑普斯特，《打击欺诈和金融犯罪》（政策交流，2010 年，伦敦 12）。

③ 内政部，《经济犯罪新闻稿》，（2011 年 1 月 17 日），见 http://www. homeoffice. gov. uk/media-centre/news/economic-crime，2011 年 1 月 22 日。

④ 内政部，《经济犯罪新闻稿》，（2011 年 1 月 17 日），见 http://www. homeoffice. gov. uk/media-centre/news/economic-crime，2011 年 1 月 22 日。

⑤ 内政部，《国家犯罪局——创建国家打击犯罪能力的计划》（内政部：伦敦，2011 年）。

的职责，即“确保各执法机构在经济犯罪领域的资源使用协调一致”[①]。此外，希望它统筹协调伦敦金融城警察局（City of London Police）、严重欺诈办公室等经济犯罪相关机构的工作[②]。国家犯罪局的正式成立以2013年《犯罪与法院法》的颁布为标志。该法案赋予国家犯罪局多项职能，包括犯罪减少职能[③]与犯罪情报职能[④]。根据2013年《犯罪与法院法》，国家犯罪局将继承2002年《犯罪所得法》赋予金融服务管理局的职能，其中包括作为金融情报机构负责接收、分析并分发来自可疑活动报告的金融情报，以及管理犯罪所得的没收程序[⑤]。

六、英国税务海关总署

英国税务海关总署（HMRC）是2007年《反洗钱条例》指定的监管机构，在预防洗钱犯罪方面发挥着重要作用。它的监管范围包括：高价值商品经销商、货币服务企业、审计机构、票据支付服务提供商和电信公司。

七、英国皇家检察署

英国皇家检察署（CPS）根据1985年《犯罪起诉法》成立，是英

① 内政部，《国家犯罪局——创建国家打击犯罪能力的计划》（内政部：伦敦，2011年）。

② 内政部，《国家犯罪局——创建国家打击犯罪能力的计划》（内政部：伦敦，2011年）。

③ 2013年《犯罪和法院法》，第1（4）条。

④ 2013年《犯罪和法院法》，第1（5）条。

⑤ 国家犯罪局，《英国金融情报室》，（n/d），http：//www.national crimeagency.gov.uk/about-us/what-we-do/specialist-capabilities/ukfiu，2015年6月25日。

国针对洗钱犯罪的主要起诉机构之一。它与金融行为监管局协作，在接收国家犯罪局提供的金融情报后，负责提起刑事诉讼。

八、英国银行家协会和建筑协会

英国银行家协会（British Bankers Association）成立于1919年，是英国银行业的主要行业协会。它大约有300个成员，其主要目的是打击洗钱活动。为此，英国银行家协会为银行制定了反洗钱指南，由联合反洗钱指导小组（JMLSG）发布。建筑协会的作用与英国银行家协会相似，它通过发布反洗钱指南、提供行业信息及更新洗钱趋势分析，协助会员机构应对洗钱风险。相关资源同样通过联合反洗钱指导小组平台向行业共享①。

九、联合反洗钱指导小组

联合反洗钱指导小组由英国金融服务业的17家主要行业协会组成②。其目标是在金融服务部门中推广良好的做法；应对洗钱活动的威胁；以及在解读2007年《反洗钱条例》时提供切实可行的操作指引。为实现这些目标，JMLSG定期发布详细指南文件，并随着新反洗钱法规的出台与实施持续修订③。梁振英（Leong）指出，JMLSG的宗旨是提供良好的通用行业惯例的参考框架，并为金融机构管理层制定

① 建筑协会，《金融犯罪预防》，http：//www. bsa. org. uk/policy/policyissues/fcpandphysec/financialcrime. htm，2011年7月1日。

② 联合反洗钱指导小组，《谁是联合反洗钱指导小组的成员?》，见http：//www. jmlsg. org. uk/bba/jsp/polopoly. jsp? d=777&a=9907，于2010年6月18日。

③ D. 霍普顿，《反洗钱——一份对所有企业的简明指南》（高尔：法纳姆，2009年，43）。

适合其业务特点的政策与程序[①]。霍普顿（Hopton）进一步指出，JMLSG 的指南是行业实践的重要来源，为管理层提供建议与支持[②]。重要的是，金融服务管理局曾明确建议金融机构“在遵循金融服务管理局规则的同时，必须结合 JMLSG 指南进行操作”[③]。

十、金融和租赁协会

金融和租赁协会是英国资产金融、消费金融及汽车金融行业的权威行业组织。其成员来自银行机构、银行及建筑协会的子公司和建筑协会的子公司，以及多家独立金融公司。金融和租赁协会代表其成员参与一系列反洗钱活动，包括与伦敦金融城警察局的经济犯罪部门协作；严重有组织犯罪局在非财税类犯罪及身份犯罪领域的行动；国家欺诈管理局的专项工作，其中包括协调国家欺诈报告中心和国家欺诈情报局打击金融犯罪及欺诈犯罪的工作；以及联合 JMLSG 的相关工作。

十一、英国保险协会

英国保险协会是英国保险业的核心行业组织。其 400 余家成员机构均受金融行为监管局授权，并受反洗钱规则的约束。

---

① A. 梁，《追逐脏钱：国内和国际反洗钱措施》（2007 年），载《洗钱控制杂志》，第 10 卷第 2 期，140-156。

② D. 霍普顿，《反洗钱——一份对所有企业的简明指南》（高尔：法纳姆，2009 年，43）。

③ 牛津分析有限公司，《国家报告：联合王国的反洗钱规则》，载 N. 皮耶斯和 G. 艾奥菲，《反洗钱比较指南——对新加坡、瑞士、英国和美国的制度的批判性分析》（爱德华·埃尔加：切尔滕纳姆，2004 年，276）。

十二、皇家特许测量师学会

皇家特许测量师协会是代表房地产中介及涉及土地、建筑和环境问题的专业机构的行业组织。它发布反洗钱操作指南，并与全国房地产中介协会保持联系[①]。其成员受2007年《反洗钱条例》的约束，并依赖严重有组织犯罪局、公平交易办公室、英国税务海关总署和财政部提供的指导文件。

十三、英格兰和威尔士法律协会

英格兰和威尔士法律协会代表英格兰和威尔士的律师，并致力于协助律师履行其反洗钱义务[②]。律师受2007年《反洗钱条例》的约束。法律协会通过2009年发布的《反洗钱实务说明》对此提供了指导[③]。

第七节 金融情报

尽管英国反洗钱体系涉及多方监管机构，但最传统且关键的应对措施仍在于金融情报的运用。英国首次引入洗钱报告要求是通过1986年《毒品交易犯罪法》，其后由2002年《犯罪所得法》和2007年

① 皇家特许测量师学会，《反洗钱指南》（皇家特许测量师学会：伦敦，2011年）。

② 英格兰和威尔士法律协会，《反洗钱》，http：//www. lawsociety. org. uk/products andservices/antimoneylaundering. page，2011年7月1日。

③ 律师协会，《反洗钱实务说明》（律师协会：伦敦，2009年）。

《反洗钱条例》修订完善。因此，受监管的各类金融机构均须向国家犯罪局报告任何涉嫌洗钱的行为。如前所述，2007 年的《反洗钱条例》是为了执行欧盟第三项反洗钱指令①，其目的是“通过‘了解客户’规则规范金融机构与客户的业务往来标准”②。该条例的适用范围包括：信贷机构③、金融机构④、审计师⑤、破产管理人⑥、外部会计师⑦、税务顾问⑧、独立法律专业人员⑨、信托或公司服务提供商⑩、房地产中介⑪、高价值商品经销商⑫、赌场⑬。对于金融服务机构，2007 年《反洗钱条例》第 7 条进一步要求：在怀疑交易涉及洗钱或恐怖主义融资，或对客户身份存疑时，必须实施客户尽职调查措施。根据该条例第 5 条，客户尽职调查措施包括：

---

① 2005 年 10 月 26 日理事会第 2005/60 号指令，[2005] OJ L309/15。

② A. 哈德逊，《金融定律》（斯威特和马克斯韦尔：伦敦，2009 年，360）。

③ 2000 年 3 月 20 日，欧洲议会和欧洲理事会关于信贷机构业务的第 2000/12/EC 号银行合并指令第 4（1）（a）条规定。

④ 金融机构包括货币服务业务，当它执行银行合并指令附件 1 第 2 点至 12 点和 14 点所列的一项或多项活动时，适用《反洗钱条例》。

⑤ 审计师是指“2006 年《公司法》意义上的任何公司或个人法定审计师”。

⑥ 在 1986 年《破产法》背景下担任破产从业者的任何人，经 2000 年《破产法》第 3 条修正。

⑦ 外部会计师是指一家公司或个人从业者，通过商业方式向其他人提供会计服务。2007 年《反洗钱条例》，第 3（7）条。

⑧ 税务顾问被定义为一家公司或个人从业者，通过商业方式在提供此类服务时就其他人的税务事务提供咨询意见。2007 年《反洗钱条例》，第 3（8）条。

⑨ 独立法律专业人员是指一家公司或个人从业者，提供与出售和购买不动产、管理客户资金和其他相关活动有关的法律性质的服务。2007 年《反洗钱条例》，第 3（9）条。

⑩ 信托或公司服务提供商被定义为提供与组建法律实体有关的业务服务或作为另一方的代理人在公司内担任董事或其他相关职位的个人从业者。2007 年《反洗钱条例》，第 3（10）条。

⑪ 房地产中介的定义见 1979 年《地产代理法》第 1 条。

⑫ 高价值商品经销商的货物出售总额至少为 15000 欧元。2007 年《反洗钱条例》，第 3（12）条。

⑬ 根据 2005 年《赌博法》第 65（2）条，赌场应持有营业执照。

（1）根据从可靠、独立的来源获取的文件、数据或信息，识别客户身份；

（2）若存在非客户本人的受益所有人，则须识别该受益所有人，并根据风险敏感性采取适当措施验证其身份，以确保相关机构明确知晓受益所有人身份，若客户为法人、信托等，则应采取了解其所有权及控制结构的措施；同时，获取有关业务关系及预期性质的信息。

这意味着金融机构必须认证客户的身份并监测其业务关系（2007年《反洗钱条例》第8条）。此外，根据该条例第10条规定，赌场负有确定客户身份的个人义务。2007年《反洗钱条例》还规定了与记录保存（第19条）、政策和程序（第20条）和工作人员培训（第21条）有关的义务，并载有与监督和登记有关的规定和义务（第23条至第36条），以及主管人员的强制执行权力（第34条至第47条）、罚款与费用追缴（第48条）和公共机构报告义务（第49条）。

若金融机构怀疑自身被用于洗钱活动，须立即通知其反洗钱报告官，后者将填写可疑活动报告（SAR），并将其提交给国家犯罪局，国家犯罪局将决定是否采取进一步行动。SAR制度的总体有效性受到质疑。其不足之处包括：缺乏有效的搜索数据库、对执法结果监测不力、从业人员培训不足，以及缺乏政府对该计划的支持[①]。还有人提出，执法机构没有充分利用SAR，且对SAR的实际应用管理信息仍不完善[②]。尽管存在这些缺点，但报告义务的强制性在受监管行业中形成了“威慑效应”，从而导致提交到国家犯罪局的SAR数量显著增加[③]。据毕马威会计师事务所统计，1995年至2002年期间提交的SAR数量

① 毕马威会计事务所，《洗钱：报告制度的审查》（毕马威会计事务所，2003年，伦敦，14）。

② 毕马威会计事务所，《洗钱：报告制度的审查》（毕马威会计事务所，2003年，伦敦，14）。

③ R. 萨克尔，《反洗钱要求：太多的痛苦太少的收益》（2006年），载《公司律师》，第27卷第8期，250-251。

从5000份增至60000份[①]。严重有组织犯罪局报告说他们在2008年收到了210524份SAR[②]，2010年这一数值增加到了240582份[③]，2011年247601份[④]，2012年278665份[⑤]，2013年316527份[⑥]，2014年354186份[⑦]。

SAR数量的增长直接归因于金融行为监管局等组织的制裁威胁，在受监管部门，金融行为监管局采取了一种被称为防御性或预防性报告的策略[⑧]。报告实体普遍反馈合规成本大幅增加[⑨]，甚至有观点主张“废除反洗钱报告义务，将资源重新分配至其他领域”。对于合规成本的估算，各大机构并不相同。例如，英国银行家协会声称他们的会员机构每年需投入2.5亿英镑以遵守相关法规[⑩]。毕马威会计事务所估

① 毕马威会计事务所，《洗钱：报告制度的审查》（毕马威会计事务所，2003年，伦敦，14）。

② 严重有组织犯罪局，2008年《可疑活动报告制度年度报告》（严重有组织犯罪局：伦敦，2008年，15）。

③ 严重有组织犯罪局，2008年《可疑活动报告制度年度报告》（严重有组织犯罪局：伦敦，2008年，4）。

④ 严重有组织犯罪局，2011年《可疑活动报告制度年度报告》（严重有组织犯罪局：伦敦，2011年，10）。

⑤ 严重有组织犯罪局，2012年《可疑活动报告制度年度报告》（严重有组织犯罪局：伦敦，2012年，12）。

⑥ 国家犯罪局，2013年《可疑活动报告制度年度报告》（国家犯罪局：伦敦，2013年，6）。

⑦ 国家犯罪局，2014年《可疑活动报告制度年度报告》（国家犯罪局：伦敦，2014年，7）。

⑧ A. 梁，《追逐脏钱：国内和国际反洗钱措施》（2007年），载《洗钱控制杂志》，第10卷第2期，140-156，142。

⑨ 内政部，《2000年〈反恐怖主义法〉2004年运作情况报告》（内政部：伦敦，2004年，19-20）。

⑩ 内政部，《2000年〈反恐怖主义法〉2004年运作情况报告》（内政部：伦敦，2004年，19-20）。

计，每年的合规成本接近9000万英镑[①]。数据显示，合规成本正以指数级速度攀升。从毕马威会计事务所收集的调查数据来看，2004年，受访机构合规成本较此前增加了61%，2007年平均成本再增58%，2010年进一步增加45%，至2014年又增加了53%。此外，研究表明，英国的反洗钱合规成本高于包括德国、法国和意大利在内的其他欧洲国家[②]。英国财政部在其2004年的反洗钱战略文件中宣称，其政策的核心目标之一是确保合规成本与风险水平相称。但本书认为，现实情况显然未能实现这一目标。

第八节　量刑与追讨

一、刑事起诉权

鉴于洗钱活动的严重危害性，英国2002年《犯罪所得法》第327条至第329条规定的洗钱罪最高刑罚为14年监禁[③]。在美国，同类罪行的最高刑期则达20年[④]，两国均允许并处或单处罚金。然而，英国没有设定罚款上限，但美国对洗钱罪的最高罚款定为50万美元或犯罪

---

① 毕马威会计事务所，《洗钱：报告制度的审查》（毕马威会计事务所，2003年：伦敦，46-47）。

② M. 闫德尔，梅内利，A. 贝伦特和B. 希利，《反洗钱要求：成本、福利和观念》（伦敦公司，2005年）。

③ 2002年《犯罪所得法》，第334（1）条。

④ 澳大利亚政府和澳大利亚犯罪学研究所，《关于洗钱的指控和罪行的跨国犯罪简报第4号》（澳大利亚犯罪学研究所：堪培拉，2008年）。

所涉财产价值的两倍[①]。值得注意的是，除法院外，根据2007年《反洗钱条例》第15条第1款，税务海关专员也有权对违反注册（第5条）、补充信息（第6条）、费用缴纳（第9条）、准入检查（第10条）等要求的处以罚款，但不得超过5000英镑。

洗钱起诉在英国较为普遍。根据2002年《犯罪所得法》第327条、第328条和第329条，皇家检察署的起诉案件总数在2008年共5660起，2009年增加到5760起，2010年增加到6134起，2011年和2012年分别小幅下降至5973起和5730起[②]。洗钱定罪数量（详见表2-1）在1999年至2007年间逐年上升，2008年略微下降至1286例。

表2-1 1999年至2007年英国洗钱案件起诉和定罪情况[③]

年份（年）	1999	2000	2001	2002	2003	2004	2005	2006	2007
起诉（起）	126	129	182	256	300	552	1327	2379	2318
定罪（例）	39	50	75	86	123	207	595	1273	1348
定罪率（%）	30.95	38.76	41.21	33.59	41	37.5	44.84	53.51	58.15

法院在确定洗钱罪量刑时，须遵循与其他刑事案件相同的量刑原则，即充分考量罪行的严重性，将其与其他问题（如减轻罪责的因素和主动认罪等情形）相平衡[④]。法院还将参照先例和指导性判决。例如，在R诉El-Delbi案中[⑤]，上诉法院明确指出，那些清洗毒品犯罪

---

① C. 范克莱夫，H. 希莱茨和P. 莫茨，《犯罪惩罚是否适当》（2004年），载《金融犯罪杂志》，第12卷第1期，57。

② HC Deb，2013年11月7日，c265W。

③ A. O. 阿尔卡比，G. 莫黑，A. 麦卡拉和N. A. 钱特勒，《澳大利亚、阿联酋、英国和美国洗钱程度的比较分析》（2010年1月20日），http：//ssrn. com/abstract = 1539843，2011年7月6日。

④ 有关这一复杂过程的更多信息，请参阅N. 莱德，《21世纪金融犯罪——法律与政策》（爱德华·埃尔加：切尔滕纳姆，2011年）。

⑤ ［2002］2 Cr. App. R. （S）100。

所得大额资金的行为人，对毒品犯罪集团的运作起着至关重要的作用，因此，其量刑应与毒品供应链中的核心角色相当，面临同等严厉的刑罚。

然而，必须铭记的是，议会对法官处理A类毒品（无期徒刑）和洗钱（14年有期徒刑）的量刑程序规定了不同的上限。尽管追回金额与涉案金额之间没有直接对应关系，但对于证据确凿的大规模洗钱案件，仍应保留接近最高限度的刑罚[①]。

为了进一步解决量刑裁量的困难，英国量刑委员会于2014年发布了一项明确的指导方针——《欺诈、贿赂和洗钱犯罪确定准则》[②]。该指导方针在第4章中详细地描述了这一点，法院必须首先查明犯罪的严重程度，通过对已造成或可能造成的危害进行评估，然后运用已公布的量刑起点和量刑种类范围来确定最合适的量刑。其他因素，如加重情节、减轻情节和认罪答辩，也被考虑在内。例如，如果犯罪造成了3000万英镑的损失，且犯罪者的责任程度被认为很高，那么起点就是10年监禁，刑期范围为8-13年监禁[③]。如果存在加重情节，14年的最高刑期仍然可以实现，并且“如果涉及的金额巨大，可对多项罪行判处连续刑期”[④]。若犯罪导致5000英镑损失且犯罪者的责任程度为中度，则量刑起点是高级别的社区令，刑期范围为低强度社区令至1年监禁[⑤]。

---

① 判决准则理事会，《准则判决案例汇编》，http://sentencingcouncil.judiciary.gov.uk/docs/web_case_compendium.pdf，2011年6月6日。

② 量刑委员会，《欺诈、贿赂和洗钱犯罪确定准则》（量刑委员会：伦敦，2014年）。

③ 量刑委员会，《欺诈、贿赂和洗钱犯罪确定准则》（量刑委员会：伦敦，2014年），37。

④ 量刑委员会，《欺诈、贿赂和洗钱犯罪确定准则》（量刑委员会：伦敦，2014年），38。

⑤ 量刑委员会，《欺诈、贿赂和洗钱犯罪确定准则》（量刑委员会：伦敦，2014年），37。

或许与其他金融犯罪不同，法院在对洗钱罪犯量刑时，似乎确实在使用其最高准则。例如，1999年乌萨马·埃尔-库尔德（Ussama El-Kurd）[①] 因参与价值7000万英镑的洗钱交易而被判处最高14年监禁并罚款100万英镑。该洗钱交易被称为欧洲最大的洗钱犯罪，库尔德是英格兰和威尔士第一个仅因洗钱指控而被定罪的人[②]。同样，塔森瓦尔·拉尔·萨哈瓦尔（Tarsemwal Lal Sabharwal）[③] 因洗钱超过5300万英镑的毒品犯罪所得而被判12年监禁。虽然上诉法院承认这是在量刑的最高点，但同时指出该罪行在严重程度上也处于上限，因此法学界普遍认为“罪刑相称原则”的量刑模式得到了恰当的应用。同样，大卫·辛普森（David Simpson）[④] 因洗钱250万英镑而被判处11年监禁。上诉法院承认，他并未深度参与犯罪策划，但其角色仍被界定为“关键且核心”[⑤]。

另一个极端是律师菲利普·格里菲斯（Philip Griffiths）的案例[⑥]。他因未能披露一笔他有合理理由知道或怀疑涉及洗钱的金融交易，被判处6个月监禁。虽然法官承认格里菲斯已经失去了执业资格，也没有从交易中赚到任何钱，而且这件事对他的健康和生活产生了巨大的影响，但仍然认为监禁判决是适当和正当的。利维逊·J（Leveson·J）辩称，“犯罪组织掩盖或清洗犯罪所得的行为是特别严重的。在几乎每一个洗钱犯罪案件中，监禁判决都是不可避免的”[⑦]。这一点在R

① R诉乌萨马·埃尔-库尔德［2001］Crim. L. R. 234（CA）。

② BBC新闻，《英国洗钱最高刑罚》（BBC在线网络，1999年2月25日），http://news.bbc.co.uk/1/hi/uk/285759.stm，于2011年6月6日。

③ R诉塔森瓦尔·拉尔·萨哈瓦尔［2001］2 Cr. App. R.（S）8。

④ R诉辛普森［1998］2 Cr. App. R.（S）111。

⑤ R诉辛普森［1998］2 Cr. App. R.（S）114。

⑥ R诉格里菲斯（飞利浦）［2006］英格兰和威尔士上诉法院刑事庭2155。

⑦ R诉格里菲斯（飞利浦）［2006］英格兰和威尔士上诉法院刑事庭2155，见第11段。

诉德芙（Duff）[①] 案中也得到了证明，上诉法院对律师德芙维持了6个月的监禁判决，因为他没有披露他从一名客户那里获得了7万英镑投资于一个合资企业的事实，而且该客户后来被指控参与毒品犯罪[②]。尽管他已向另一位律师咨询了通知义务，并查阅了律师协会的指导笔记，但法院仍然认为判决“绝不过分”[③]。此处有趣的地方在于，法院惩罚的是那些未能采取行动的人，而非因实施了某种行为而受惩处的人。在英格兰和威尔士的刑法中，很少有因不采取行动而引发刑事诉讼的情形。政府设定了这样一项义务，若不履行这项义务则被认定为犯罪并受到严厉惩罚。这表明了政府打击该特定犯罪的决心[④]。

除监禁和（或）经济处罚外，法院还会尽力追回犯罪所得和（或）在罪犯定罪和（或）获释后监督其财务及商业活动。这是通过附加命令实现的。这类命令可以说是辅助性的，因为它们通常会在执行其他更通用的刑罚时附加执行，而非替代执行。本书将对这类命令进行评估，重点讨论犯罪所得的追回。追回犯罪所得主要是通过执行没收令来实现的[⑤]，没收令可以适用于任何被认为有犯罪生活方式的罪犯。然而，法学界对“犯罪生活方式”一词的解释极具争议性。2002年《犯罪所得法》第10条的规定常被批评过于严苛[⑥]。在判断被告是否具有犯罪生活方式时，量刑法院需考虑该法第10条所述的四个假设，以确定被告是否从一般犯罪行为中获益。具体如下：

第一个假设是，自相关日期之后的任何时间转移至被告的任何财

① R诉德芙［2003］1 Cr. App. R.（S）88。

② R诉达夫［2003］1 Cr. App. R.（S）471。

③ R诉达夫［2003］1 Cr. App. R.（S）471。

④ 有关规定见2002年《犯罪所得法》，第4条。

⑤ 2002年《犯罪所得法》，第4条，6-13。

⑥ 关于这方面的更多信息，见R. 亚历山德，《腐败是一种金融犯罪》（2009年），载《公司律师》，第30卷第4期，98；J. L. 马斯特斯，《欺诈和洗钱：对公司不遵守规定的刑事定罪》（2008年），载《洗钱控制杂志》，第11卷第2期，103。

产均为其所得：

（1）系因其一般犯罪行为所得；

（2）在其最早看似持有该财产之时即已获得。

第二个假设是，被告自定罪日期之后的任何时间所持有的任何财产均为其所得：

（1）系因其一般犯罪行为所得；

（2）在其最早看似持有该财产之时即已获得。

第三个假设是，被告自相关日期之后的任何时间产生的任何开支，均来自其因一般犯罪行为所得的财产。

第四个假设是，为了对被告获得（或假定已获得）的任何财产进行估价，被告在获得该财产时，该财产不存在任何其他权益。

若法院认定被告存在这种奢侈的生活方式，且从中获取了经济利益，可裁定适当且公正的可追缴金额，并签发没收令，强制被告支付。若犯罪收益无法全额追缴，则以可用资产或象征性金额替代[①]。可用资产优先清偿法院裁定的经济处罚[②]，没收令应在 6 个月内执行完毕[③]。如果刑事法院认定存在“特殊情形”时，可延长至 12 个月。在发出没收令时，法院还应裁定“替代监禁期”，若被告未按期支付，将强制执行监禁，最长监禁期依据 2000 年《刑事法院权力（量刑）法》第 139 条第 4 款确定。如前所述，没收令为刑罚的附加措施，其执行不影响主刑（监禁）的刑期长度[④]。据英国财政部目前估计估算，严重犯罪涉及大约 50 亿英镑的可扣押资产，可以看出，没收令的存在尤其重要[⑤]。

---

① 2002 年《犯罪所得法》，第 7 条。

② 2002 年《犯罪所得法》，第 9 条。

③ 2002 年《犯罪所得法》，第 11 条。

④ R 诉罗杰斯［2001］英格兰和威尔士上诉法院刑事庭 1680。

⑤ 英国财政部，《恐怖主义和犯罪的金融挑战》（英国财政部：伦敦，2007 年）。

为了确保被告在量刑时具备可执行资产，英国法院可在金融犯罪调查启动后，依申请签发限制令[①]，前提是“存在合理理由怀疑被指控人通过犯罪行为获益”[②]。限制令的主要目的是防止犯罪资产转移。它可在被告未被正式起诉前签发，前提是预计将对其提出刑事指控。限制令适用于被告持有的所有可变现财产，包括在该命令作出后转让给被告的任何财产。法院在决定扣押哪项财产时，必须要保障被告的基本权利，如保留合理生活开支及法律费用，并在适当的情况下，允许被告继续从事其贸易、业务或经营活动[③]。自 2015 年 6 月以来，法院还必须确保被告有能力支付其应承担的任何相关法律援助款项[④]。

二、民事经济处罚权

金融服务管理局和现在的金融行为监管局在其可信威慑政策下，历来倾向于对机构与个人施加民事经济处罚，而非提起刑事诉讼[⑤]。

皮特（Peat）和马森（Mason）总结了这一政策：

对机构的常规制裁是经济处罚；机构缴纳罚款后可继续正常经营。相比之下，对个人实施的处罚可能会产生更持久的效果，如通过行业禁入令，禁止个人未来数年从事金融服务业。这会产生更大的威慑作用[⑥]。

---

① 2002 年《犯罪所得法》，第 41 条。

② 2002 年《犯罪所得法》，第 40 条。

③ 2002 年《犯罪所得法》，第 41 条。

④ 2001 年《犯罪所得法》，第 41（2A）条。

⑤ 金融服务管理局，《提供可信的威慑》，FSA 执行主任玛格丽特·科尔在 2009 年 4 月 27 日金融犯罪年度会议上的讲话，http：//www. fsa. gov. uk/library/communication/speeches/2009/0427_ mc. shtml，2013 年 3 月 8 日。

⑥ R. 皮特和 I. 马森，《行动中的可信威慑：FSA 带来了一系列针对交易员的案件》（2009 年），载《公司律师》第 30 卷第 9 期，278-279。

有人认为，可信威慑政策的目标是“传递一种信息，即违反法律和（或）法规将导致违法者遭受实质性后果，包括监禁”[1]。提斯代尔（Teasdale）进一步指出，“可信威慑政策不仅依赖于对违法行为的有效定罪、判决与监管处罚，还依赖于对此类结果的广泛宣传，一方面威慑受监管群体避免此类行为，另一方面向公众传递信心以维护消费者与市场的信任”[2]。路易斯（Lewis）等人声明，金融服务管理局“对违反其规则的机构和相关负责人施以巨额罚款或行业禁入令，有时甚至不考虑违规行为是否对客户造成了实际损害”[3]。这一特点在金融危机后金融服务管理局经济处罚数量的激增中得到印证[4]。斯里瓦斯塔瓦（Srivastava）等人指出，“近年来，经济处罚的政治意义显著增强，因此，金融服务管理局越来越重视确保金融机构了解其在各种金融制裁制度下的义务”[5]。例如，2007 年，监管机构实施了 530 万英镑的经济处罚[6]。2008 年，在金融服务管理局的报告中，这一数字增加到了 2270 万英镑[7]。2009 年，罚款金额进一步增加至 3500 万英

① A. 斯里瓦斯塔瓦，I. 马森，M. 辛普森和 M. 利特，《金融犯罪》（2011 年），载《合规官员公报》，第 86 卷（5 月），8。

② S. 提斯代尔，《FSA 到 FCA：英国金融行为监管的最新趋势》（2011 年），载《国家间银行法和监管杂志》，第 26 卷第 12 期，583-586。

③ A. 路易，R. 比勒托利乌斯和 E. 拉德摩尔，《金融服务部门的外包》（2013 年），载《Compliance 官员公报》，106（5 月），1-34。

④ 关于金融服务管理局对实施金融制裁的方法的更详细评论，见金融服务管理局，《金融服务公司对英国金融制裁的方法》（金融服务管理局：伦敦，2009 年）。

⑤ A. 斯里瓦斯塔瓦，I. 马森，M. 辛普森和 M. 利特，《金融犯罪》（2011 年），载《合规官员公报》，第 86 卷（5 月），7。

⑥ 金融服务管理局，《FSA 罚款表（2007）》，http：//www. fsa. gov. uk/about/press/facts/fines/2007，2013 年 3 月 8 日。

⑦ 金融服务管理局，《FSA 罚款表（2008）》，http：//www. fsa. gov. uk/about/press/facts/fines/2008，2013 年 3 月 8 日。

镑[①]。2010 年，继续增长，达 8910 万英镑[②]。2011 年略有下降，为 6610 万英镑[③]。2012 年，因伦敦银行同业拆借利率（LIBOR）操纵丑闻，罚款金额激增至 3.115 亿英镑[④]。2013 年，罚款金额攀升至 4.742 亿英镑[⑤]。2014 年，罚款金额创下 14 亿英镑的历史峰值[⑥]。2012—2013 年间，监管机构“累计罚款 3.12 亿英镑，是此前峰值（8900 万英镑）的三倍以上”[⑦]。提斯代尔认为，这一现象体现了“金融服务管理局和金融行为监管局采取果断行动的意愿显著增强”，并成为可信威慑政策有效性的证明。

监管机构还可以对违反反洗钱条例的反洗钱报告官实施若干制裁，包括私下警告、公开不当行为声明、无限额经济罚款和行业禁令[⑧]。金融服务管理局对反洗钱报告官实施经济处罚的第一个案例发生在 2008 年 10 月，当时迈克尔·惠尔豪斯（Michael Wheelhouse）因“未建立有效的反洗钱制度与控制措施以核实并记录客户身份”而被处以

---

① 金融服务管理局，《FSA 罚款表（2009）》，http：//www.fsa.gov.uk/about/press/facts/fines/2009，2013 年 3 月 8 日。

② 金融服务管理局，《FSA 罚款表（2010）》，http：//www.fsa.gov.uk/about/press/facts/fines/2010，2013 年 3 月 8 日。

③ 金融服务管理局，《FSA 罚款表（2011）》，http：//www.fsa.gov.uk/about/press/facts/fines/2011，2013 年 3 月 8 日。

④ 金融服务管理局，《FSA 罚款表（2012）》，http：//www.fsa.gov.uk/about/press/facts/fines/2012，2013 年 3 月 8 日。

⑤ 金融行为监管局，《罚款表（2013）》，2013 年 11 月 18 日，http：//www.fca.org.uk/firms/being-regulated/enforcement/fines/2013，2015 年 7 月 3 日。

⑥ 金融行为监管局，《罚款表（2014）》，2013 年 11 月 18 日，http：//www.fca.org.uk/firms/being-regulated/enforcement/fines/2014，2015 年 7 月 3 日。

⑦ 金融行为监管局，《金融犯罪不断变化的面貌》，2013 年 7 月 1 日，http：//www.fca.org.uk/news/speeches/the-changing-face-of-financial-crime，2013 年 7 月 8 日。

⑧ C. 福斯特，《英国反洗钱报告官问责制的发展》（2001 年），载《国际金融市场杂志》，第 3 卷第 3 期，113-117。

17500英镑的罚款[①]。金融服务管理局在声明中强调：确保受监管机构不被犯罪分子利用进行洗钱，对维持英国金融市场的完整性至关重要。高级管理层必须实施并遵循符合监管要求的程序，以妥善管理机构风险。此次罚款是对机构及个人的警示——我们将毫不犹豫地严厉打击违规行为[②]。

此外，2010年5月，金融服务管理局对英国阿尔帕里有限公司（AlpariLtd）实施了罚款（140000英镑），原因是该公司未能建立有效的反洗钱制度和控制措施。更重要的是，金融服务管理局对英国阿尔帕里有限公司的前反洗钱报告官苏迪普妥·恰德巴塔依（Sudipto · Chattopadhyay）处以1.4万英镑的经济处罚，原因是公司客户数量从400人激增至11000人后，未升级反洗钱制度与控制措施。金融服务管理局表示，作为反洗钱报告官，恰德巴塔依（Chattopadhyay）对合规监督及洗钱报告负有直接责任，因此需对违规行为承担个人后果[③]。金融服务管理局用其对违反反洗钱法规行为采取更严厉立场并处以经济处罚的另一个例子是苏黎世哈比银行（Habib Bank AG Zurich）案。对该公司处以52.5万英镑的罚款，对其反洗钱报告官赛义德·伊特拉特·侯赛因（Syed Itrat Hussainn）处以1.75万英镑的罚款，原因是“未能采取合理措施建立和维护充分的反洗钱系统和控制措施”[④]。《法律协会公报》评论称，“此案可能引发律师事务所反洗钱报告官的普

---

① 金融服务管理局，《FSA罚款公司和MLRO洗钱控制失败》，2009年10月29日，http://www.fsa.gov.uk/pages/library/communication/pr/2008/125.shtml，2015年7月3日。

② FSA/PN/125/2008年10月20日。

③ 金融行为监管局，《FSA因不合格反洗钱措施罚款艾福瑞及其前反洗钱报告官苏迪普妥·恰德巴塔依》，2010年5月5日，http://www.fsa.gov.uk/pages/library/communication/pr/2010/077.shtml，2015年7月3日。

④ 金融服务管理局，《FSA因不合格反洗钱措施罚款苏黎世哈比银行52.5万英镑和其反洗钱报告官17500英镑》，2012年5月15，http://www.fsa.gov.uk/library/communication/pr/2012/055.shtml，2015年7月3日。

遍担忧”[①]。其他备受关注的案件包括卡特公司（Coutts&Company）被罚款875万英镑，罚款原因为对高净值客户尽职调查不足，涉及政治敏感人物（PEPs）风险管控失效[②]；EFG私人银行被罚款420万英镑，罚款原因为未有效监控复杂跨境交易，洗钱风险评估体系存在缺陷[③]；担保第一银行（英国）有限公司被罚款525000英镑，罚款原因为未能针对高风险客户（包括政治敏感人物）建立有效的反洗钱控制措施，违反2007年《反洗钱条例》[④]。

金融行为监管局延续了这种惩罚性立场。2014年1月，它对标准银行（Standard Bank Plc）处以760万英镑的罚款，原因是该银行“未能合理确保反洗钱政策在所有企业客户业务中适当且一致地适用”[⑤]。在调查过程中，金融行为监管局得出结论，标准银行股份有限公司在与涉及政治敏感人物的企业客户建立业务关系前，未持续实施强化尽职调查措施。此外，金融服务管理局认定，该行未通过更新客户尽职

① J. 雷诺，《FSA罚款反洗钱报告官1万4千英镑》，2010年5月20日，http：//www.lawgazette.co.uk/news/fsa-fines-anti-money-laundering-officer-14k/55555.fullarticle，2015年7月3日。另见赫伯特史密斯，《FSA罚款MLRO和公司不遵守反洗钱要求》(2009年)，载《法律和金融市场审查》，第3卷第1期，79-82；HerbertSmith，《FSA罚款银行及其前MLRO不遵守反洗钱要求》（2012年），载《法律和金融市场审查》，第6卷第4期，311-314。

② 金融服务管理局，《库茨因反洗钱控制失败而被罚款875万英镑》，2012年3月26日，http：//www.fsa.gov.uk/library/communication/pr/2012/032.SHTML，2015年7月3日。

③ 金融服务管理局，《FSA最终通知2013：EFG私人银行有限公司》，2013年5月31日，http：//www.fca.org.uk/your-fca/documents/final-notices/2013/fsa-final-notice-2013-efg-private-bank-ltd，2015年7月3日。

④ 金融行为监管局，《关于担保第一银行（英国）有限公司的最后通知》，2013年8月8日，http：//www.fca.org.uk/your-fca/documents/final-notices/2013/guaranty-trust-bank-uk-limited，2015年7月3日。

⑤ 金融行为监管局，《标准银行集团因其反洗钱控制失败而罚款600万英镑》，2014年1月23日，https：//www.fca.org.uk/news/standard-bank-plc-fined-for-failures-in-its-antimoney-laundering-controls，2015年7月3日。

调查信息，对现有业务关系持续监控[①]。尽管罚款金额巨大，但批评者指出，金融服务管理局和金融行为监管局自金融危机以来的罚款总额，相较于违规机构的年利润比例微乎其微，威慑力不足；金融行为监管局过度依赖“媒体友好型”高调执法，却未能充分利用其广泛的执法工具（如刑事起诉、吊销牌照等），实际效能存疑。然而，斯里瓦斯塔瓦（Srivastava）等人通过指出金融服务管理局过去的执法活动来为其辩护：

金融服务管理局曾因未能有效行使其执法权（尤其是刑事起诉权）而饱受批评。但客观而言，2000 年《金融服务与市场法》（FSMA）的重要创新之一，是赋予金融服务管理局对市场滥用行为施加民事罚款的权力，从而克服了依据 1993 年《刑事司法法》起诉内幕交易时面临的重大证据难题。因此，金融服务管理局在其成立之初选择将重点放在民事权利的使用上并不奇怪。针对外界的批评，金融服务管理局近年来显著加强了刑事起诉的使用[②]。

尽管有这样的辩护，但我们认为还是有其他可操作的空间。

---

① 金融行为监管局，《标准银行集团因其反洗钱控制失败而罚款 600 万英镑》，2014 年 1 月 23 日，https：//www. fca. org. uk/news/standard-bank-plc-fined-for-failures-in-its-antimoney-laundering-controls，2015 年 7 月 3 日。

② A. 斯里瓦斯塔瓦，I. 马森，M. 辛普森和 M. 利特，《金融犯罪》（2011 年），载《合规官员公报》，第 86 卷（5 月），8。

表 2-2　2014—2015 年的洗钱犯罪案件

罪行：洗钱

法规：2002 年《犯罪所得法》第 327 条、第 328 条和第 329 条

最高刑罚：14 年监禁

姓名	日期	刑期	简要案情
利亚姆·詹姆斯·雷诺兹（Liam James Renolds）	2015 年 8 月 17 日	4 年监禁	被告对进口、供应甲类及乙类管制药品并清洗其犯罪所得的指控认罪
约翰斯·弗朗西斯·弗兰肯（Johannes Franciscus Franken）	2015 年 6 月 16 日	5 年零 4 个月监禁	被告以虚假陈述和洗钱的方式对五项欺诈罪认罪。被告是宝马公司的一名会计，通过修改供应商的发票，将资金存入他的账户，欺诈金额达 5900 万英镑
布尔宾德·辛格·桑杜（Bulbinder Singh Sandhu）	2015 年 3 月 13 日	2 年监禁	被告以欺诈手段从 HMRC 获得 67 万英镑并进行洗钱
温迪·安·史密斯（Wendy Ann Smith）	2024 年 11 月 27 日	2 年监禁	被告涉嫌共谋诈骗及洗钱罪

续表

姓名	日期	刑期	简要案情
约翰·保罗·克拉克（John Paul Clark）	2014 年 10 月 31 日	4 年监禁	被告承认除了洗钱之外还有甲类和乙类毒品犯罪。他是一个国际犯罪团伙的头目，进口和供应了价值超过 11 万英镑的毒品。审判法官蒂莫西·克拉克森（Timothy Clarkson）表示："这是一个大规模洗钱的案例，罪行与你毒品交易所得的巨大利润有关……你的罪责显然很高。你是这个毒品交易团伙的头目，在犯罪中发挥了主导作用……你利用非法所得与妻子享受奢侈生活，拥有美丽的房子、出租房产，穿着名牌服装，拥有昂贵的汽车……你频繁出国并与涉案人员保持密切联系"①
楚库卡·乌格武（Chukwuka Ugwu）	2014 年 10 月 17 日	322 天监禁	被告通过约会网站 Match. com 结识多名受害者，并骗取逾 20 万英镑，随后对洗钱罪指控认罪。此案值得关注之处在于，其不仅涉及诈骗犯罪，还因洗钱行为被独立定罪
阿德武米·努西蒙蒂（Adewunmi NusiMonty）	2014 年 10 月 17 日	1 年零 8 个月监禁	被告参与了 match. com 的诈骗犯罪
彼得·埃穆（Peter Emu）	2014 年 10 月 17 日	3 年零 6 个月监禁	被告参与了 match. com 的诈骗犯罪

① http：//www. thelawpages. com/court-cases/John-Paul-Clark-14294-1. law。

续表

姓名	日期	刑期	简要案情
艾曼努尔·欧克欧（Emmanuel Oko）	2014 年 10 月 17 日	8 年监禁	被告参与了 match. com 的诈骗犯罪，以及通过虚假陈述实施诈骗
塔提亚娜·丹妮耶拉·奥普雷（Tatiana Daniella Oprea）	2014 年 10 月 17 日	8 个月监禁	被告对洗钱罪和共谋协助违反英国移民法认罪

第九节 未来建议

英国现行的反洗钱政策总体上符合本章开篇所述的国际标准，其管理体系由英国财政部主导，由金融行为监管局接替金融服务管理局的监管职能。截至本书撰写的 2016 年年初，欧盟已通过第四项反洗钱指令。该指令要求欧盟成员国在 2017 年前完成国内立法转化。英国政府承诺落实该指令，并继续宣称其反洗钱制度为“全球黄金标准”，其要求甚至严于欧盟框架。金融行为监管局延续了金融服务管理局时期的前置性反洗钱政策，对违反反洗钱规则的持牌机构持续施加经济处罚，但在启动 2002 年《犯罪所得法》下的刑事诉讼方面仍显保守。自本书第一版以来，最重大的变化是根据 2013 年《犯罪与法院法》创建了一个新的金融情报机构——国家犯罪局。然而，其职能与前任机构严重有组织犯罪局高度相似，预计不会引发实质性变革。笔者建议金融行为监管局应继续使用其可信威慑策略，并对违反反洗钱义务的机构实施高额经济处罚，强化市场合规意识。但是，有人强烈主张，在最高法院对 R 诉 Rollins 案作出裁决之后，没有理由不让金融行为监管局对洗钱罪提起更多的刑事诉讼，因此强烈鼓励这种行为。

第十节　延伸阅读

R. 亚历山大，《欧盟内部交易和洗钱：法律和条例》（艾希格特：法纳姆，2007 年）。

P. 奥德里奇，《反洗钱法》（哈特：牛津，2003 年）。

T. 本内特，《反洗钱合规》（布鲁姆斯伯里专业：海沃兹希斯，2015 年）。

W. 布莱尔和 R. 布伦特，《银行和金融犯罪：污染货币的国际法》（牛津大学出版社：牛津，2008 年）。

R. 布斯，S. 法瑞尔，G. 巴斯特布和 N. 易欧，《反洗钱法和条例实用指南》（牛津大学出版社：牛津，2011 年）。

D. 德美迪斯，《技术和反洗钱——系统理论和基于风险的方法》（爱德华·埃尔加：切尔滕纳姆，2010 年）。

J. 费雪，《反洗钱与实践》（牛津大学出版社：牛津，2009 年）。

M. 加仑特，《反洗钱和犯罪收益——经济犯罪和民事补救》（爱德华·埃尔加：切尔滕纳姆，2005 年）。

W. 吉尔莫，《金钱——反洗钱和恐怖主义金融国际措施的演变》（欧洲委员会：布鲁塞尔，2003 年）。

D. 霍普顿，《反洗钱——一份对所有企业的简明指南》（高尔：法纳姆，2009 年）。

M. 列维，《反洗钱及其管制》（2002 年），载《美国政治和社会科学院年鉴》，第 582 卷第 1 期，181-194。

N. 莱德，《洗钱——无休止的循环？美利坚合众国、联合王国、澳大利亚和加拿大反洗钱政策的比较分析》（劳特里奇：伦敦，2012年）。

G. 施泰森斯，《反洗钱——新的国际执法模式》（剑桥大学出版社：剑桥，2000 年）。

B. 昂格尔，《洗钱的规模和影响》（爱德华·埃尔加：切尔滕纳姆，2007 年）。

B. 昂格尔和 J. 费尔维尔达，《房地产业的反洗钱》（爱德华·埃尔加：切尔滕纳姆，2011 年）。

A. 沃赫基，《反洗钱综合企业和合规企业》（劳德里奇：伦敦，2011 年）。

J. 沃克，《全球洗钱犯罪规模有多大？》（1999 年），载《洗钱控制杂志》，第 3 卷第 1 期，25-37。

第三章　诈骗

第一节　介绍

如前所述，国际社会打击金融犯罪的努力在很大程度上集中于非法毒品产销衍生的洗钱活动及恐怖主义融资。这主要源于美国主导的“禁毒战争”与“金融反恐战争”。然而，诈骗是另一种体量巨大的金融犯罪，正如莱特（Wright）所指出的，“诈骗正成为有组织犯罪集团与恐怖组织筹措资金的首选手段”[①]。因此，本章聚焦英国的反诈骗措施，重点是根据2006年出版的《诈骗审查》和《国家反诈骗战略》来审议英国反诈骗政策的目标框架，并尝试量化该问题的严重程度。然后，本章将探讨诈骗行为刑事化与监管化的政策背景，分析所涉及的金融机构与监管机构职能。最后，本章将研究诈骗所得追回机制，并简要评述量刑选项与司法实践。此外，由于犯罪分子运用信息与通信技术（ICT）进行诈骗变得越来越猖獗，本章也解析了诈骗的网络犯罪特性。

① R. 莱特，《开发有效工具来管控经济驱动型犯罪诈骗造成的损害风险》（2007年），载《金融犯罪杂志》，第14卷第1期，17-27。

第二节 什么是诈骗罪？

英国通过2006年《诈骗法》第1条将诈骗罪列为独立的一级犯罪。该罪名可通过以下三种不同行为方式构成：虚假陈述[①]；未履行法定信息披露义务[②]；滥用职位[③]。此外，该法还规定多项二级犯罪，包括：持有或控制用于欺诈的物品[④]；制造、改造、供应或提供用于欺诈的物品[⑤]；作为独资经营者参与欺诈性交易[⑥]；通过不诚实手段获取服务（意图不支付或不全额支付）[⑦]。鉴于篇幅限制，本章只讨论一级犯罪的具体内容。

一、虚假陈述诈骗——2006年《诈骗法》第2条

根据2006年《诈骗法》第2条对该罪的规定，构成虚假陈述诈骗罪需满足以下条件：作出虚假陈述；意图通过作出这种陈述而为自己或他人获利，或使他人面临损失风险。该罪名完全以行为人主观意图为核心，只要存在实际虚假陈述行为及不诚实意图（犯罪故意），即构成犯罪，无须证明实际上已经造成的收益或损失。因此，虚假陈述诈骗罪是一种行为犯罪而不是结果犯罪，这比1968年和1978年《盗窃法》中的罪行认定要广泛得多。立法的第二个重大变化是旧法中

① 2006年《诈骗法》，第2条
② 2006年《诈骗法》，第3条。
③ 2006年《诈骗法》，第4条。
④ 2006年《诈骗法》，第6条。
⑤ 2006年《诈骗法》，第7条。
⑥ 2006年《诈骗法》，第9条。
⑦ 2006年《诈骗法》，第11条。

“诈骗”的概念被移除了。奥姆罗德（Ormerod）教授认为，它“过于宽泛、过度依赖未明确定义的‘不诚实’概念、违反《欧洲人权公约》第7条的明确性要求，且法理上存在缺陷”[①]。

准确地说，“陈述”被定义为“对事实或法律的任何陈述，也包括对陈述人自身或他人的心理状态的陈述”[②]。这既可以是明示的，也可以是暗示的[③]，一般通过言语和行为来实现，包括肢体语言、身份伪装等，也可以通过隐瞒信息来实现[④]。例如，信用卡诈骗就是通过暗示作出陈述，犯罪分子虚假地陈述了他们有权使用该卡的事实[⑤]。值得注意的是，作出陈述的对象不一定是人，也包括机器或自动化系统，即向自动取款机（ATM）、芯片密码（CHIP and PIN）设备等提交虚假信息，即使无人工干预，仍可构成犯罪[⑥]。如果陈述信息是提交给机器的，那么只有在信息提交之后才可被认定为实施了犯罪。以电子邮件为例，当电子邮件被发送出去，而被告又明知电子邮件中的内容虚假或具有误导性时，则其中的陈述被视为虚假陈述[⑦]。该法律知识的概念已在R诉斯蒂文·威廉（Steven William）[⑧]一案中由上议院（现在由最高法院）界定：

当财产实为B时，行为人无法“明知”其为A。“明知”的认定必须以事实真实性为前提——财产本质为A，且行为人对此有明确

① D. 奥姆罗德，《2006年诈骗法——将说谎定为刑事犯罪》（2007年），载《刑法评论》，3月刊，193-219。

② 2006年《诈骗法》，第2（3）条。

③ 2006年《诈骗法》，第2（4）条。

④ 皇家检察署，2006年《诈骗法》，2008年，http：//www. cps. gov. uk/legal/d_ to_ g/fraud_ act/，2011年6月8日。

⑤ 见R诉兰比［1982］AC449。

⑥ 2006年《诈骗法》，第2（5）条。

⑦ 2006年《诈骗法》，第2（2）条。

⑧ R诉斯蒂文·威廉［2004］UKHL 50。

认知。[①]。

尽管此标准看似严格，但皇家检察署（CPS）认为，在实践中，其证明难度并不高于旧法中的“诈骗”要件。例如，“在盗用信用卡交易案件中，仅需证明持卡人未授权交易即可满足举证要求”[②]。

在犯罪意图方面，控方必须证明被告不诚实地作出了虚假陈述。根据1968年《盗窃法》第1条中“不诚实”的认定标准，如果被告拒绝认罪，那就要由Ghosh测试来决定[③]。需注意的是，1968年《盗窃法》第2条规定的“非不诚实情形”不适用于本罪。检方还必须证明被告有获利意图或造成损失（或冒造成损失的风险）的意图。2006年《诈骗法》第5条定义了收益和损失的内容。收益包括“保有既有财产，以及通过获得原本没有的东西而获得收益”[④]；损失包括“占有他人可能获得的财物，以及使他人失去既有财产”[⑤]。上述概念都涵盖金钱和其他财产[⑥]，还包括暂时性或永久性的损失和收益[⑦]。然而有趣的是，收益一词无须体现为实际利润，它还包括一个人获取本有权获得的款项[⑧]。

---

① R诉斯蒂文·威廉［2004］UKHL 50。

② 皇家检察署，2006年《诈骗法》，2008年，http：//www. cps. gov. uk/legal/d_ to_ g/fraud_ act/，2011年6月8日。

③ Ghosh测试：在确定控方是否能够证明被告的行为“不诚实”时，陪审团首先必须根据合理和诚实的人的一般标准决定被告所做的行为是否“不诚实”。如果根据这些标准认定被告并不是“不诚实”的，则诉讼结束，检方起诉失败。但是，如果根据这些标准认定被告是“不诚实”的，那么陪审团必须考虑被告本人是否意识到他的行为以这些标准来说是“不诚实”的。

④ 2006年《诈骗法》，第5（3）条。

⑤ 2006年《诈骗法》，第5（4）条。

⑥ 此处的其他财产指不动产、动产、权利动产及其他无形财产，见2006年《诈骗法》，第5（2）条。

⑦ 2006年《诈骗法》，第5（2）（b）条。

⑧ 总检察长参考资料［2002］3 E. R. 840，CA。

二、隐瞒信息诈骗——2006年《诈骗法》第3条

2006年《诈骗法》第3条里的隐瞒信息诈骗罪，本质上是“不作为欺诈”。被告以为自己或他人牟利或对他人制造损失或损失风险为目的，而故意不遵守据实告知的法律义务。与上述第2条罪名类似，该罪仅关注行为人主观意图，无须证明实际造成的利益或损失。这一特征使得该罪名相较于其替代的传统“欺骗”类罪名更易举证。尽管该法未明确定义法律义务的范围与性质，但其解释性说明确实提供了可能存在义务的实例，例如在申请人寿保险时，故意不告知心脏病史。此外，该罪还可涵盖类似R诉弗思（Firth）案的情形，即一名医生未能将自己利用国家医疗服务（NHS）设施接诊私人患者的这一情况告知医院。

此外，法律委员会发布声明，此类披露义务可源于以下情形：成文法的规定（如规范公司招标说明书的规定）、所涉交易涉及最大诚信原则（如保险合同）、合同的明示或默示条款、特定行业或市场的惯例，或双方当事人之间存在信托关系（如代理人和委托人的关系）。

根据法律委员会的解释，披露信息的法律义务不仅存在于被告未披露行为导致受害者享有损害赔偿请求权的情况下，而且存在于法律赋予受害者撤销因未披露而同意的法律关系变更之权利的情况下。比如，当某人作为受托人与其受益人签订合同时，其有披露重大信息的义务，当受托人未尽到该义务时，受益人有权利撤销合同和收回并追回基于合同转让的财产①。

另外，未披露的信息无须具有实质性或相关性，法律未设最低限

① 关于根据1965年《法律委员会法》第3（1）（e）条提交的法律委员会第276号报告，第5560（2002）号，第7.28和7.29段。

度豁免条款。同时，被告不得以“不知晓披露义务”或“信息提供能力不足”作为抗辩理由[①]。要使该方面的罪证不成立，被告必须证明自己未披露行为并非出于不诚实意图。本罪名其他术语的定义与前述条款（如“收益”“损失”等）具有相同的含义。

三、滥用职权诈骗罪——2006年《诈骗法》第4条

根据2006年《诈骗法》第1条，实施诈骗的第三种方式是滥用职权诈骗。构成该罪行需满足以下要件：（1）被告担任“保护他人财产安全或不得损害他人财产的职位”[②]；（2）被告刻意滥用职权；（3）被告企图通过滥用行为为他们或其他人牟利，或者造成损失（或有造成损失的风险）[③]。与其他诈骗罪名类似，该罪也可以通过不作为构成[④]，且同样以行为人主观意图为核心。

关于被告的“职位关系”，法律委员会指出，此类义务关系广泛存在于以下主体之间：受托人与受益人、董事与公司、专业人员与客户、代理人与委托人、雇员与雇主，以及合伙人之间。这种关系还可以其他方式出现，如家庭内部亲属间的财产托管，或任何非平等交易情境，如一方对另一方存在特殊依赖等。在绝大多数案件中，它都被民法认为是一项重要的诚信义务，任何可被如此界定的关系都属于该法条约束的范围。对于特定事实是否构成法定“职位关系”，法官有权直接裁决，若案件进入陪审团审理阶段，法官需就此向陪审团提供

---

① 皇家检察署，2006年《诈骗法》，2008年，http：//www.cps.gov.uk/legal/d_to_g/fraud_act/，2011年6月8日。

② 2006年《诈骗法》，第4（1）（a）条。

③ 2006年《诈骗法》，第4条。

④ 2006年《诈骗法》，第4（2）条。

明确指引[①]。

虽然这里所说的职位具有被信任的属性，但其义务可能未达到“有法律责任或有绝对忠诚义务”的程度[②]，更多体现为道德义务而非严格的法律责任。因此，皇家检察署列举了以下非穷尽性示例，其中包括：

（1）一名软件公司员工利用职务便利克隆软件产品，并私自销售产品牟利；

（2）老年人或残疾人的护工，登录被照护者银行账户并盗取资金供个人使用；

（3）律师滥用《授权委托书》权限，超额提取委托人账户资金。虽然《检察官权法》允许他们这样做，但如果过分，则可能构成2006年《诈骗法》第4条规定的罪行；

（4）企业员工故意放弃关键合同的机会，使联营公司或竞争对手获益；

（5）员工滥用职权为朋友、亲戚或同事提供合同或折扣优惠；

（6）餐厅服务员以个人酒水冒充餐厅酒品销售；

（7）维修工通过为老年人提供零工服务获取信任后盗取其账户资金；

（8）受托代购彩票者滥用他人委托资金谋取私利[③]。

这份示例虽然对“职位”的界定提供了指引，但并没有对“滥用”或者“经济利益”作出解释，这使得相关人员在司法实践中只能

---

① 法律委员会，关于根据1965年《法律委员会法》第3（1）（e）条提交的法律委员会第276号报告，Cm 5560（2002），第7.38.段。

② 皇家检察署，2006年《诈骗法》，2008年，http：//www.cps.gov.uk/legal/d_to_g/fraud_act/，2011年6月8日。

③ 皇家检察署，2006年《诈骗法》，2008年，http：//www.cps.gov.uk/legal/d_to_g/fraud_act/，2011年6月8日。

采用上述术语的通常含义。其他术语（如“不诚实”和“意图造成损失或牟利”等）的司法认定标准则与前述条款一致。

第三节　诈骗和网络犯罪

2015年10月，英格兰和威尔士国家统计局首次将网络犯罪纳入犯罪统计数据。根据2015年5月至8月收集的数据，英国共发生250万起网络犯罪案件（其中大多数涉及计算机或互联网设备被病毒感染）和500多万起电信网络诈骗案件[①]。这一数据表明，在21世纪审视诈骗问题时必须涵盖网络犯罪形式，其已成为现代经济犯罪的核心组成部分[②]。尽管网络犯罪目前被称为“英国最常见的犯罪行为”，但并没有确切的定义告诉我们它实际上是什么。这主要是因为网络犯罪是一个包含多种犯罪行为的集合，它们的共同点在于使用通信技术（Information and Communications Technology，ICT）来实施犯罪[③]。托马斯（Thomas）和洛德（Loader）认为，这些“可以通过全球电子网络进行的以计算机为媒介的活动”要么是非法的，要么是被某些群体视为不道德的[④]。

政府在2014年的网络犯罪战略中将网络犯罪定义为：使用新技术实施的新类型犯罪，如在1990年《计算机滥用法》中所规定的攻击计算机系统和数据的犯罪，以及使用新技术实施的传统犯罪，即通过

---

① 国家统计局，《改善英格兰和威尔士的犯罪统计》，2015年，http://www.ons.gov.uk/ons/rel/crime-stats/crime-statistics/year-ending-june-2015/sty-fraud.html，2015年12月1日。

② http://www.techweekeurope.co.uk/security/firewall/ons-cybercrime-crime-offences-178956，2015年12月1日。

③ M. 雅尔，《网络犯罪与社会》（赛琪：伦敦，2006年）。

④ D. 托马斯和B. 洛德，《网络犯罪：信息时代的执法、安全和监视》（劳德里奇：伦敦，2000年，3）。

联网计算机和其他设备来协助实施犯罪行为[①]。

为了进一步解释其中的区别，法内尔（Furnell）[②] 将网络犯罪划分为计算机辅助犯罪和以计算机为中心的犯罪。计算机辅助犯罪在互联网出现之前就存在，但现在是通过通信技术来实施的，如洗钱、仇恨言论、诈骗和性骚扰[③]。以计算机为重点的犯罪是在通信技术和互联网被广泛使用之后才发展起来的。网络犯罪可以表现为黑客入侵，即侵入计算机系统以更改数据或窃取和传播非法图像。这些活动可以通过钓鱼电子邮件、点对点网络和感染用户计算机的恶意软件来实现[④]。其他例子包括在线拍卖骗局，卖方要求受害者将钱存入他们的银行账户，或者他们假装代表一家信誉良好的慈善机构来骗取捐款[⑤]。

对网络犯罪的进一步定义应着眼于罪犯与受害者之间的关系，而不是仅仅侧重于技术本身[⑥]。沃尔（Wall）将网络犯罪划分为四类：

1. 网络非法入侵：指非法侵入他人财产领域并造成损害的行为，如黑客攻击，网页篡改，传播计算机病毒等。

2. 电信网络诈骗与盗窃：涉及通过网络手段进行的盗窃行为，如信用卡诈骗、知识产权侵犯（盗版）等。

3. 网络色情：指利用网络传播淫秽内容，违反淫秽与公序良俗法律。

4. 网络暴力：对他人造成心理伤害或煽动造成身体伤害，从而违

① 内政部，《网络犯罪战略，CM7842》（英国文书局：伦敦，2010 年，9）。

② S. 法内尔，《网络犯罪：破坏信息社会》（艾迪森-卫斯理：伦敦，2002 年，22）。

③ M. 雅尔，《网络犯罪与社会》（赛琪：伦敦，2006 年）。

④ 内政部，《网络犯罪战略，CM7842》（英国文书局：伦敦，2010 年）。

⑤ 行动诈骗，“诈骗类型”，2015 年，http：//www. actionfraud. police. uk/fraud-az-online-fraud，2015 年 12 月 1 日。

⑥ M. 雅尔，《网络犯罪与社会》（赛琪：伦敦，2006 年）。

反有关人身保护的法律，如仇恨言论，网络跟踪等①。

雅尔（Yar）在原有四类网络犯罪的基础上补充了第五类——“危害国家安全的犯罪行为，即破坏国家及关键基础设施完整性的行为（如恐怖主义、间谍活动及官方机密泄露）”②。鉴于本书聚焦金融犯罪主题，我们将重点探讨第二类（电信网络诈骗与盗窃）。

政府承认，金融网络犯罪主要是由“有严密组织的犯罪分子”实施的，他们以政府、企业和公众为目标，旨在非法获取财物③。最具经济破坏力的网络犯罪活动依托“有着多种技能的虚拟犯罪网络”实施④；犯罪组织结构与传统有组织犯罪集团截然不同，他们的成员很少见面，甚至互不知晓彼此的身份。此类犯罪的核心动机是经济利益，但部分“收益”可能用来资助恐怖活动。就使用通信技术实施的金融犯罪而言，政府认为主要涉及两类罪行：电信网络诈骗和身份盗窃⑤。电信网络诈骗主要包括借记卡和信用卡诈骗、商品不交付诈骗、彩票诈骗、网上拍卖和涉及假手表、服装等商品的诈骗⑥。身份盗窃通常涵盖账户接管、商机诈骗、医疗诈骗、旅游诈骗、贷款诈骗、大规模营销诈骗、租房诈骗、土地银行诈骗、域名诈骗、慈善捐赠诈骗、居家工作诈骗、车辆匹配诈骗和身份盗用等⑦。

---

① D. 沃尔，《犯罪和互联网》（劳德里奇：伦敦，2001 年，3-7）。

② M. 雅尔，《网络犯罪与社会》（赛琪：伦敦，2006 年）。

③ 内政部，《网络犯罪战略 CM7842》，（英国文书局：伦敦，2010 年，11）。

④ 内政部，《网络犯罪战略 CM7842》，（英国文书局：伦敦，2010 年，11）。

⑤ 内政部，《网络犯罪战略 CM7842》，（英国文书局：伦敦，2010 年）。

⑥ 内政部，《网络犯罪战略 CM7842》，（英国文书局：伦敦，2010 年）。

⑦ 行动诈骗，《在线诈骗》，2016 年，http：//www. actionfraud. police. uk/fraud-az-online-fraud，2016 年 2 月 9 日。

第四节　诈骗犯罪的规模

在过去20年间，国际上对诈骗犯罪的关注显著增加[①]。这一趋势部分源于一系列全球性企业欺诈事件，如国际信贷和商业银行倒闭案[②]、巴林银行交易欺诈案[③]、安然财务造假案[④]和世通公司会计丑闻等[⑤]。此外，还有一些针对个人的大规模诈骗阴谋，如伯纳德·麦道夫（Bernard Madoff）与艾伦·斯坦福（Alan Stanford）的庞氏骗局[⑥]。欧盟与美国也发生了欺诈大案[⑦]，如帕玛拉特（Parmalat）与维旺迪（Vivendi）的财务丑闻，以及杰洛米·科维尔的欺诈性投资导致法国

---

① 关于诈骗的历史发展的有趣讨论，见G. 罗布，《现代英国的货币犯罪——金融诈骗和商业道德（1845—1929年）》（剑桥大学出版社：英国剑桥，1992年）。

② 关于此事的优秀评论见A. 阿罗拉，《银行监管的法定制度和BCCI的失败》（2006年），载《商法杂志》，8月刊，487-510。

③ 关于巴林银行崩盘的常见评论见L. 普罗科特，《巴林崩溃：监管制度上的失败，还是管理失败?》（1997），载《布鲁克林国际法杂志》，第22卷，735-767。

④ T. 赫斯特，《安然案后投资公司行业治理问题审视》（2006年），载《公司律师》，第27卷第2期，41-49。

⑤ J. 思达克，《善意的失败：世界通信委员会的诈骗和放松管制后美国电信的崩溃》（2003年），载《耶鲁监管杂志》，第20卷，207-261。

⑥ 据报道，麦道夫丑闻的总损失可能超过500亿美元。见T. 安德森，H. 莱恩和M. 福克斯，《麦道夫诈骗的后果和对策》（2009年），载《国际银行和监管杂志》，第24卷第11期，548-55，548。艾伦·斯坦福被判“一项共谋实施电汇和邮件诈骗罪、四项电汇诈骗罪、五项邮件诈骗罪、一项共谋阻碍安全和交易委员会调查罪、一项阻碍调查罪和一项共谋洗钱罪”。参见联邦调查局，《艾伦·斯坦福因策划70亿美元投资诈骗计划而在休斯敦被定罪》，2012年3月6日，见http://www.fbi.gov/houston/press-releases/2012/allen-stanford-convicted-in-houston-fororchestrating-7-billion-investment-fraud-scheme，2012年6月4日。

⑦ M. 阿巴卡，《欧洲对投资者保护和公司治理的实质性监管的必要性：欧洲需要萨班斯-奥克斯利吗?》（2004年），载《国际银行法与管理杂志》，第19卷第11期，419-431。

兴业银行（Soc GEN）损失了37亿英镑[①]。美国也见证了如阿德菲亚通信、奎斯特通信、美国在线、施乐和泰科国际等知名企业诈骗案[②]。此外，在2008年全球金融危机后，抵押贷款诈骗也成了全球焦点。在金融危机爆发之前，联邦调查局（FBI）估计，2006年抵押贷款诈骗的数额将达到42亿美元[③]。2007年，它被宣称为一个“愈演愈烈的问题”[④]。2008年，所报告的抵押贷款诈骗损失激增83%至14亿美元[⑤]。2009年，联邦调查局引用“核心逻辑（Core Logic）”数据，估计与抵押贷款诈骗有关的损失总额已增至140亿美元[⑥]。2011年，据“核心逻辑”估计，抵押贷款诈骗的数额将达到120亿美元[⑦]。在2012年的抵押贷款诈骗报告中，“核心逻辑”预测抵押贷款诈骗的数额已增至130亿美元[⑧]。这一统计数据得到了科雷森（Cressey）等学者所做研究的支持。科雷森推断，现在的抵押贷款诈骗比信贷扩张高峰期时更为普遍，且将持续上升。英国也经历了大规模的诈骗事件，其中包

---

① J. 海恩斯，《国家诈骗战略：打击诈骗的新规则》（2009年），载《公司律师》，第30卷第7期，213。

② M. 朗特，《2002年萨班斯-奥克斯利法案的域外效力》（2006年），载《商业法杂志》，5月刊，249-266，249。

③ 联邦调查局，《2006年抵押贷款趋势报告》，2007年5月，http://www.fbi.gov/stats-services/publications/mortgage-fraud-2006/2006-mortgage-fraud-report，2013年5月23日。

④ 联邦调查局，《2007年抵押贷款趋势报告》，2008年4月，http://www.fbi.gov/stats-services/publications/mortgage-fraud-2007，2013年10月18日。

⑤ 联邦调查局，《2008年抵押贷款趋势报告》，http://www.fbi.gov/stats-services/publications/mortgage-fraud-2008/2008-mortgage-fraud-report，2013年6月17日。

⑥ 联邦调查局，《2008年抵押贷款趋势报告》，http://www.fbi.gov/stats-services/publications/mortgage-fraud-2008/2008-mortgage-fraud-report，2013年6月17日。

⑦ 核心逻辑，《2011年抵押贷款趋势报告》（埃尔文，2011，1）。

⑧ 核心逻辑，《2011年抵押贷款趋势报告》（埃尔文，2011，1）。

括波力派克（Polly Peck[①]）集团财务丑闻、独立保险破产案[②]、镜像集团养老金计划诈骗案[③]、吉尼斯股票交易诈骗案[④]和巴洛·克洛斯（Barlow Clowes）投资骗局[⑤]。

尽管存在上述大规模诈骗案例，但与其他金融犯罪类似，犯罪的量化计算面临严峻的方法论难题[⑥]。事实上，《诈骗审查》中指出，“目前尚无可靠数据评估诈骗对整体经济造成的损失”[⑦]。但有学者认为，“从金额上看，诈骗的经济危害与甲类毒品犯罪不相上下”[⑧]。保守估计，2005 年英国由诈骗造成的损失为 139 亿英镑[⑨]。2010 年，国家诈骗管理局（NFA）估算损失接近 305 亿英镑[⑩]，而且这一数字还在逐年增加。2011 年，国家诈骗管理局估算，英国的诈骗犯罪总额增

① J. 加拉格尔，J. 劳克兰和 M. 史蒂文，《波莉·佩克：企业家的崩溃?》（1996 年），载《小企业和企业发展杂志》，第 3 卷第 1 期，3-12。

② J. 加拉格尔，J. 劳克兰和 M. 史蒂文，《波莉·佩克：企业家的崩溃?》（1996 年），载《小企业和企业发展杂志》，第 3 卷第 1 期，3-12。

③ R. 萨克尔，《麦克斯韦：世纪的诈骗审判》（1996 年），载《公司律师》，第 17 卷第 4 期，116-117。

④ R. 萨克尔，《吉尼斯：纯粹的天才》（1994 年），载《公司律师》，第 15 卷第 10 期，310-312。

⑤ A. 多伊戈，《诈骗》（威兰出版社：卡伦顿，2006 年，9-12）。

⑥ 总检察长办公室，《诈骗审查——最后报告》（总检察长办公室，2006 年，21）。关于与确定诈骗规模有关问题的更详细审查，见 M. 利维和 J. 巴罗斯，《衡量诈骗在英国的影响：概念和经验之旅》（2008 年），载《英国犯罪学杂志》，第 48 卷第 3 期，293-318。

⑦ M. 利维和 J. 巴罗斯，《衡量诈骗在英国的影响：概念和经验之旅》（2008 年），载《英国犯罪学杂志》，4 第 48 卷第 3 期，293-318。

⑧ M. 利维和 J. 巴罗斯，《衡量诈骗在英国的影响：概念和经验之旅》（2008 年），载《英国犯罪学杂志》，4 第 48 卷第 3 期，293-318。

⑨ M. 利维，J. 巴罗斯，M. 弗列民和 M. 霍普金斯，《英国诈骗的性质、规模和经济影响》（ACPO，2007 年，伦敦）。

⑩ 国家诈骗管理局，《国家诈骗管理局年度诈骗指标》（国家诈骗管理局：伦敦，2010 年，7）。

至384亿英镑[①]，在2012年将达到730亿英镑[②]。然而，2013年的诈骗总额下降到了520亿英镑[③]。英国反诈骗协会（CIFAS）也注意到了这个下降趋势，2013年的同期报告诈骗率下降11%[④]。

尽管如上所述的大规模诈骗经常成为新闻头条，但日常层面的欺诈犯罪同样广泛存在。实际上，在本书涉及的几个经济犯罪里，诈骗是为数不多的常由非金融行业人员实施的金融犯罪。截至2015年6月，英格兰与威尔士记录在册的诈骗犯罪共计599689起。这相当于每1000人口中就有10起诈骗犯罪，与前一年（2013—2014年）相比增长了9%[⑤]。鉴于恐怖分子越来越多地利用诈骗为非法活动提供资金[⑥]，我们必须制定有效的反诈骗政策和程序。

---

① 国家诈骗管理局，《2011年年度诈骗指标》（国家诈骗管理局：伦敦，2011年，3）。

② 国家诈骗管理局，《2012年年度诈骗指标》（国家诈骗管理局：伦敦，2012年，3）。

③ 国家诈骗管理局，《2013年年度诈骗指标》（国家诈骗管理局：伦敦，2013年，2）。

④ CIFAS，《Cifas认为诈骗的减少有除罪和警告的作用》，2014年1月21日，https://www.cifas.org.uk/twentythirteen_ fraudtrends，2015年8月20访问日。

⑤ 国家统计局，《截至2015年6月，英格兰和威尔士犯罪》（国家统计局，2015年10月15日），可从http://www.ons.gov.uk/ons/rel/crime-stats/crime-statistics/year-ending-june-2015/stb-crime—ye-june-2015.html#tab-Fraud，2015年11月12日。

⑥ N. 赖德，《虚假的安全感？分析美利坚合众国和联合王国防止恐怖主义融资的立法方法》（2007年），载《商业法杂志》，11月刊，821-850，825。

第五节 政策背景——这项罪名从何而来?

一、《诈骗审查》

由于联合国和欧盟缺乏针对诈骗的国际立法措施，国际诈骗政策相较于洗钱和恐怖主义融资政策而显得薄弱。尽管两大机构制定了聚焦自身财务安全的反诈骗政策，但均未推动建立全球性法律框架①。2006 年，打击诈骗成为英国工党政府的一个主要政策目标。这一转变源于《诈骗审查》② 的出版，其就如何减少诈骗构成的威胁提出了建议，具体包括：评估诈骗的规模、界定政府在反诈骗中的定位，以及优化政府资金的使用效益③。然而，如前所述，我们无法准确地界定诈骗的范围。关于其第二项建议，针对反诈骗，政府有两项职能：一是保护公共资金不受诈骗者的影响；二是保护消费者和企业免受诈骗侵害。《诈骗审查》建议，政府对诈骗采取综合性策略并制定国家反诈骗战略。此外，它还建议成立国家诈骗管理局，以制定和执行该战略；设立一个国家诈骗举报中心，以便企业和个人能够举报诈骗行为，后演变为国家诈骗情报局（NFIB）。该局专门从事诈骗数据分析与风险评估，并雇用执法部门和私营部门的分析员。《诈骗审查》还建议，

① 相关更详细的讨论，请参见 N. 莱德，《21 世纪金融犯罪：法律与政策》（爱德华·埃尔加：切尔腾纳姆，2011 年，97-102）。

② 政府宣布打算在其 2005 年大选宣言中对有关诈骗的法律进行彻底改革。工党，《工党宣言——英国一往无前》（工党，伦敦，2005 年）。

③ 政府宣布打算在其 2005 年大选宣言中对有关诈骗的法律进行彻底改革。工党，《工党宣言——英国一往无前》（工党，伦敦，2005 年，4-5）。

指定伦敦市警察局作为国家反诈骗警务领导机构[①]。

为了实现反诈骗战略目标，国家诈骗管理局被赋予以下三项核心任务[②]：

1. 通过提升司法系统的效率与效能，建立一个确保诈骗受害者需求得到有效响应的刑事司法体系[③]；

2. 遏制有组织犯罪集团在英国实施诈骗；

3. 提高公众对反诈骗治理的信心[④]。

国家诈骗管理局为实现这一目标采取的一项重要措施是发布了《国家反诈骗战略》[⑤]。这为国家诈骗管理局提供了五个目标，包括应对诈骗威胁、采取有效行动追查诈骗者并追究他们的责任、完善受害者支持体系、减少英国遭受诈骗的风险以及更有效地打击诈骗行为[⑥]。这份战略文件的发布，使得英国在反诈骗、反洗钱及反恐融资政策之间形成协同效应。然而，必须指出的是，联合政府于 2014 年 3 月撤销了国家诈骗管理局，其职能被移交给国家犯罪局和内政部[⑦]。

---

① 总检察长办公室，《诈骗审查——最后报告》（总检察长办公室，2006 年，10）。

② 国家诈骗管理局，《国家诈骗战略——打击诈骗的新方法》（国家诈骗管理局，2009 年，10）。

③ 关于如何实现这一目标的更详细讨论，见总检察长办公室，《扩大刑事法院防止诈骗和赔偿受害者的权力：协商》（总检察长办公室，2008 年）。

④ 国家诈骗战略诈骗管理局，《英国加强对诈骗者的反诈骗策略》，http：//www. attorneygeneral. gov. uk/NewsCentre/Pages/UKToughensUpOn%20FraudstersWithNewAnti-FraudAuthority. aspx，2008 年 10 月 2 日。

⑤ 国家诈骗管理局，《国家诈骗战略——打击诈骗的新方法》（国家诈骗管理局，2009 年，3）。

⑥ 国家诈骗管理局，《国家诈骗战略——打击诈骗的新方法》（国家诈骗管理局，2009 年，3）。

⑦ 见英国政府，《国家诈骗管理局》，（n/d），https：//www. gov. uk/government/organisations/national-fraud-authority，2015 年 8 月 20 日。

二、2006年《诈骗法》的立法背景

在2006年《诈骗法》之前，英国关于诈骗行为的立法框架主要由1968年和1978年《盗窃法》中的八项法定诈骗罪，以及普通法中的共谋诈骗罪构成[①]。然而，1968年《盗窃法》所确立的98项罪行很难执行[②]，正如奥默罗德（Ormerod）教授所说，“这些罪行以技术复杂性著称。虽然与其他一些罪行重叠，但它们过于特殊，为检方设置了险境——起诉时可能因诈骗者的付款方式等细微差异而败诉。法律解释的难度极大”[③]。这促使了1978年《盗窃法》的出台，但亦未能有效解决问题[④]。内政部指出，“它没有明确规定哪种罪行应该被指控，有被告辩称，他们特定的诈骗行为的后果不符合他们被指控的罪行的定义[⑤]”。1998年，时任内政大臣杰克·斯特劳（Jack Straw）要求法律委员会全面审查关于诈骗的法律。具体而言，考虑该法律是否易于陪审团理解、是否满足有效起诉需求、是否保障被告公平权利、是否适应电子转账等新兴技术的发展。在提出这些建议时，要考虑在法律层面引入一般诈骗罪，以完善刑法体系[⑥]。

---

① 1968年《盗窃法》设立了刑法修订委员会。除《盗窃法》外，治理诈骗的其他值得一提的尝试是1958年《防止诈骗（投资）法》和1986年《金融服务法》。

② 另见P. 基尔南和G. 斯坎伦，《诈骗与法律委员会：不诚实的未来》（2003年），载《金融犯罪杂志》，第10卷第3期，199-208。

③ D. 奥默罗德，《2006年诈骗法案：将说谎定为刑事犯罪？》（2007年），载《刑法评论》，3月，193-219，200。

④ 关于《盗窃法》的有用讨论见A. 多伊戈，《诈骗》（威兰出版社：卡伦顿，2006年，22-35）。

⑤ 关于《盗窃法》的有用讨论见A. 多伊戈，《诈骗》（威兰出版社：卡伦顿，2006年，22-35）。

⑥ 高等法院辩论1998年4月7日c. 176-177WA。

1999 年，法律委员会发表了一份协商文件，将诈骗犯罪分为两类：失信和诈骗[①]。尽管承认既有法律存在缺陷，法律委员会仍建议通过扩大现有的定罪范围而不是设立单一的诈骗犯罪来解决这些问题[②]。2002 年，法律委员会发布最终报告，直接推动了《诈骗法》的起草[③]。2006 年《诈骗法》于 2007 年 1 月 15 日生效[④]，其全面改革并拓宽了针对诈骗和诈骗行为的刑事罪名范围[⑤]。丹尼斯（Dennis）认为，该法“标志着长达 30 余年的法律改革辩论终告完成”[⑥]。斯坎伦（Scanlan）认为，2006 年《诈骗法》“为检察官提供了宽泛的诈骗罪控诉范围”[⑦]。相较于《盗窃法》的琐碎罪名与普通法中的共谋诈骗，该法无疑实现了刑事立法的重大突破。

---

① 法律委员会，《立法刑法诈骗和诈骗——法律委员会咨询文件第 155 号》（法律委员会，1999 年）。

② 法律委员会还于 2000 年发表了一份非正式讨论文件。见法律委员会，《非正式讨论文件：诈骗和诈骗——刑法小组的进一步建议》（法律委员会，2000 年）。

③ 关于法律委员会报告的分析，见 P. 基尔南和 G. 斯坎伦，《诈骗与法律委员会：不诚实的未来》（2003 年），载《金融犯罪杂志》，第 10 卷第 3 期，199-208。

④ 2006 年《诈骗法》。

⑤ 注意：1968 年《盗窃法》下的所有罪行都已被废除。例如，虚假会计（1968 年《盗窃法》第 17 条）、企业董事的责任（1968 年《盗窃法》第 18 条）、企业董事的虚假陈述（1968 年《盗窃法》第 19 条）和不诚实地销毁文件（1968 年《盗窃法》第 20（1）条）。

⑥ I. 丹尼斯，《诈骗法 2006》（2007 年），载《刑法审查》，1-2。

⑦ G. 斯坎伦，《涉及公司董事和职员的罪行：英国的诈骗和腐败——现在和未来》（2008 年），载《金融犯罪杂志》，第 15 卷第 1 期，22-37。

第六节　金融机构和监管机构

一、诈骗重案办公室

与其他金融犯罪类型相似，英国亦设有多个监管机构共同应对诈骗犯罪，其中最突出的是诈骗重案办公室（SFO）。该机构的设立背景可追溯至20世纪80年代金融放松管制的时期，彼时的伦敦金融城吸引了包括美国黑手党教父、“科萨·诺斯特拉（Cosa Nostra）”在内的“国际罪犯”，他们利用新兴的商业环境大肆实施证券诈骗、商品期货交易诈骗和其他形式的投资诈骗行为[①]。博斯沃思-戴维斯（Bosworth-Davies）指出，“几乎一夜之间，伦敦成为欧洲的诈骗之都，各种各样的骗子蜂拥而至[②]”。为了应对这一危机，英国政府决定设立一个兼具调查和起诉权力的独立政府部门[③]。这一决定通过1987年《刑事司法法》得以实现。该法受到诈骗审判委员会报告（俗称“罗斯基尔报告”）的影响[④]。1983年成立的罗斯基尔委员会决定采用更有效的手段，即通过修改法律和刑事诉讼程序来打击诈骗犯罪。具体来说，该委员会要“研究如何改进英格兰和威尔士地区因诈骗而提起的刑事诉讼程序，并提出必要的法律改革建议，以确保此类案件获得公正、高

---

① R. 博斯沃思-戴维斯，《调查金融犯罪：公共诈骗调查角色的持续演变（个人视角）》（2009年），载《公司律师》，第30卷第7期，195-199。

② R. 博斯沃思-戴维斯，《调查金融犯罪：公共诈骗调查角色的持续演变（个人视角）》（2009年），载《公司律师》，第30卷第7期，195-199。

③ 另见R. 莱特，《罗斯基尔之后的诈骗：诈骗重案办公室的观点》（2003年），载《金融犯罪杂志》，第11卷第1期，10-16。

④ 罗斯基尔，《诈骗审判委员会报告》（HMSO：伦敦，1986年）。

效且经济的处置[①]”。该委员会在评估当时监管现状时，严厉批评了反诈骗执法机构的人员配置问题，并指出各监管部门存在严重的职能重叠现象。罗斯基尔委员会最终结论指出，“英国各调查机构之间的合作效率低下，执法机构之间的信息共享与协作机制亟待完善[②]”。该委员会共提出 112 项建议，其中 110 项获得立法采纳[③]，其主要建议是成立一个新的统一的机构，专门负责重大诈骗案件的侦测、调查与起诉工作。这直接催生了诈骗重案办公室（SFO）的成立。它在英格兰、威尔士和北爱尔兰拥有管辖权[④]。根据《刑事司法法》，诈骗重案办公室在具备合理依据时可行使以下法定权力：（1）对涉案财产实施搜查；（2）强制要求相关人员回答问题；（3）调取涉案文件材料[⑤]。然而要重点注意的是，自 2010 年英国第一个联合政府成立后，诈骗重案办公室的年度预算遭受大幅削减。具体数据显示：2007—2008 年，它的年度预算为 4330 万英镑，2008—2009 年，为 5320 万英镑。然而，2009—2010 年，这一数字减少到 4010 万英镑，随后持续缩减至 2014—2015 年度的 3080 万英镑[⑥]。六年间，诈骗重案办公室累计削减预算达 2240 万英镑。此等财政紧缩政策与白领犯罪案件量持续攀升、

---

① 罗斯基尔，《诈骗审判委员会报告》（HMSO：伦敦，1986 年）。

② 罗斯基尔，《诈骗审判委员会报告》（HMSO：伦敦，1986 年）。

③ 关于罗斯基尔委员会的详细评论见 M. 利维，《罗斯基尔诈骗委员会重新审视：评估》（2003 年），载《金融犯罪杂志》，第 11 卷第 1 期，38-44。

④ 1987 年《刑事司法法》，第 1 条。

⑤ 1987 年《刑事司法法》，第 2 条。必须指出的是，根据 2006 年《诈骗法》、1968 年《盗窃法》、2006 年《公司法》、2007 年《严重犯罪法》、2005 年《严重有组织犯罪和警察法》、2002 年《犯罪所得法》和 2000 年《调查权力管制法》，SFO 拥有其他调查和起诉权力。

⑥ 诈骗重案办公室，《诈骗重案办公室 2011—2012 年年度报告和账户》（诈骗重案办公室：伦敦，2012 年，7）；也见 A. 普尔吉斯，《英国诈骗重案办公室受到预算削减的打击，遭遇裁员》，2011 年 3 月 28 日，见 http：//www. bloomberg. com/news/2011-03-28/u-k-fraud-office-hit-by-budget-cuts-staff-losses-ft-reports. html，2013 年 6 月 30 日。

诈骗重案办公室职能范围扩展至 2010 年《反贿赂法》执法领域的现实需求形成尖锐矛盾，削减预算的决定无疑会受到质疑和批评①。

根据诈骗重案办公室官网公布的法定职责声明，该机构作为刑事司法体系的重要组成部分，致力于减少诈骗和腐败犯罪、伸张正义，并巩固公众对英国商业及金融机构的信任②。在确定是否启动诈骗案件调查时，诈骗重案办公室使用以下标准：

（1）损害英国商业或金融公司整体利益（尤其是伦敦金融城）的案件；

（2）实际或潜在损失巨大的案件；

（3）实际或潜在危害程度严重的案件；

（4）具有非常重要的公共利益要素的案件；

（5）新型诈骗犯罪形态案件。③

尽管承担重要职责，诈骗重案办公室却因多起重大公诉案件失利而面临效能质疑。例如，马亨德拉（Mahendra）将诈骗重案办公室的失败描述为“观看英格兰板球队比赛——胜绩之罕见足以引发全民欢

---

① 见 B. 马斯特斯，《被预算削减削弱的诈骗监督机构》，2011 年 3 月 27 日，http：//www. ft. com/cms/s/0/8221aba2 - 58b5 - 11e0 - 9b8a - 00144feab49a. html # axzz2XgX4w3hV，2013 年 6 月 30 日；另见 J. 拉塞尔，《为诈骗重案办公室提供答案的案例》，2012 年 5 月 26 日，http：//www. telegraph. co. uk/finance/financial - crime/9292046/The-case-to-answer-for-the-Serious-Fraud-Office. html，2013 年 6 月 30 日；另见 J. 阿米蒂奇，《预算削减妨碍打击犯罪，对于 SFO 主管的警告》，2012 年 4 月 5 日，http：//www. independent. co. uk/news/business/news/cuts - hamper - fight - against - crime-warns-sfo-director-7619339. html，2013 年 6 月 30 日。

② 诈骗重案办公室，《我们做什么，和谁一起工作》，见 http://www. sfo. gov. uk/about-us/what-we-do-and-who-we-work-with. aspx，2015 年 8 月 20 日。

③ 诈骗重案办公室，《诈骗重案办公室（SFO）案件选择》，n/d，http://www. sfo. gov. uk/fraud/sfo-confidential-giving-us-information-in-confidence/serious-fraud-office-[sfo]-case-selection. aspx，2015 年 8 月 20 日。

庆[①]”。事实上，莱特指出，“由于诈骗重案办公室在聚光灯下运作，虽说失败和成功同样备受瞩目，但那些逃脱制裁的案例确实更加惹眼”[②]。《诈骗重案办公室专项审查报告》中也强调了其在起诉方面的不足[③]。该审查报告比对了诈骗重案办公室和美国纽约南区检察官办公室及曼哈顿区检察官办公室的执法数据[④]，揭示诈骗重案办公室在2003—2007年间的平均定罪率仅为61%，而同期美国两机构的定罪率分别为91%与97%[⑤]。

在朱比利线诈骗案审判失败事件后[⑥]，为应对舆论压力，皇家检察署于2007年9月宣布设立诈骗公诉部门，现在被称为诈骗公诉司[⑦]。该司将其管辖范围限于涉及公职人员腐败、政府部门诈骗、外国政府受害案件、复杂的洗钱案件以及其他特殊管辖事项。这类案件的涉案金额也必须超过75万英镑[⑧]。2008年10月，内政部皇家警察署监察团得出结论，“就成功的结果（定罪）而言，这是一个好的势头，该

---

① B. 马亨德拉，《打击诈骗重案》（2002年），载《新法律杂志》，第152卷第20期，289。

② R. 莱特，《罗斯基尔后的诈骗：诈骗重案办公室的观点》（2003年），载《金融犯罪杂志》，第11卷第1期，10-16。

③ J. 德·格拉齐亚，《审查诈骗重案办公室——最后报告》（诈骗重案办公室：伦敦，2008年）。

④ J. 德·格拉齐亚，《审查诈骗重案办公室——最后报告》（诈骗重案办公室：伦敦，2008年），3-4。

⑤ J. 德·格拉齐亚，《审查诈骗重案办公室——最后报告》（诈骗重案办公室：伦敦，2008年）。

⑥ J. 马斯特斯，《诈骗和洗钱：公司不遵守行为的不断演变的刑事定罪》（2008年），载《洗钱控制杂志》，第11卷第2期，103-122。

⑦ 皇家检察署，《DPP宣布新的诈骗起诉司司长》（2009年），http://www.cps.gov.uk/news/press_releases/136_09/,2010年1月22日。

⑧ 皇家检察署，《DPP宣布新的诈骗起诉司司长》（2009年），http://www.cps.gov.uk/news/press_releases/136_09/，2010年1月22日。

司2007—2008年度被告人定罪率达85%，案件办理质量显著提升[①]”。因此，博斯沃思-戴维斯（Bosworth-Davies）认为，“诈骗重案办公室远未实现罗斯基尔委员会的制度设计预期，其内部存在长达二十年的部门倾轧与专业壁垒[②]”。这种效能困境可归因于多重因素：首先，诈骗重案办公室的工作受到其所调查犯罪的复杂性的阻碍[③]。其次，拉斐尔（Raphael）指出，诈骗重案办公室“一直面临资源上的捉襟见肘，本质上仍是传统公诉机构的改良版[④]”。最后，诈骗重案办公室处理诈骗和贿赂犯罪的能力受到了一系列有争议的预算削减的限制。如果我们继续期望诈骗重案办公室有效地履行其职责，那么必须构建稳定的财政保障机制。

二、金融服务管理局

除了诈骗重案办公室，英国还设有多家金融监管机构协同打击诈骗犯罪。根据2000年《金融服务和市场法》，金融服务管理局被赋予减少金融犯罪（包括诈骗犯罪）的法定目标[⑤]。其反诈骗政策分为四

---

① 皇家检察署，《检查员，审查诈骗检察机关》（皇家检察署：伦敦，2008年，5）。

② R. 博斯沃思-戴维斯，《调查金融犯罪：公共诈骗调查角色的持续演变（个人视角）》（2009年），载《公司律师》，第30卷第7期，195-199。

③ R. 莱特，《罗斯基尔后的诈骗：诈骗重案办公室的观点》（2003年），载《金融犯罪杂志》，第11卷第1期，10-16。

④ R. 莱特，《罗斯基尔后的诈骗：诈骗重案办公室的观点》（2003年），载《金融犯罪杂志》，第11卷第1期，10-16。

⑤ 金融服务管理局，《制定诈骗和不诚实政策：26号讨论文件》（金融服务管理局：伦敦，2003年）。

个部分：（1）直接干预措施[①]；（2）强化监管活动[②]；（3）协同治理机制[③]；（4）修订《金融服务管理局监管手册》[④]。例如，金融服务管理局要求金融机构高级管理层承担反诈风控主体责任，建立与风险等级相匹配的内部控制体系[⑤]。它还主张改进举报机制，通过修订《金融服务管理局监管手册》完善反诈指引，并确保金融服务部门、行业协会和政府继续向客户和消费者通报诈骗风险[⑥]。

为了落实这一反诈政策，金融服务管理局获得了广泛的执法权力，并已在实际反诈工作中得到充分运用。[⑦] 作为法定公诉机关，它不仅对洗钱案件具有专属管辖权，还可对特定类型的诈骗犯罪提起刑事诉讼，并有权在发现受监管主体违法行为时处以经济处罚[⑧]。典型案例包括：2006 年因反诈控制缺失对卡皮特（Capita）金融管理有限公司处以 30 万英镑罚款[⑨]；2007 年 5 月，法国巴黎银行私人银行部因内控

① 金融服务管理局将其工作重点集中于特定类型的诈骗及不诚实行为。

② 例如，在监管工作中评估金融机构的反诈骗系统和控制措施，核查金融机构所收集的诈骗和不诚实行为的数据。

③ 金融服务管理局与金融机构和其他相关方密切合作，以实现更有效的诈骗预防。

④ 编纂和解释《金融服务管理局监管手册》中有关诈骗风险管理的规定。

⑤ 金融服务管理局，《FSA 对诈骗的新方法——打击合伙诈骗》，菲利普·罗宾逊的演讲，2004 年 10 月 26 日，http：//www. fsa. gov. uk/library/communication/speeches/2004/sp208. shtml，2011 年 8 月 3 日。

⑥ 金融服务管理局，《FSA 对诈骗的新方法——打击合伙诈骗》，菲利普·罗宾逊的演讲，2004 年 10 月 26 日，http：//www. fsa. gov. uk/library/communication/speeches/2004/sp208. shtml，2011 年 8 月 3 日。

⑦ 例如，2008 年，金融服务管理局成功地起诉了威廉·拉德克利夫，依据是 2006 年《盗窃法》、1986 年《金融服务法》和 2000 年《金融服务和市场法》。金融服务管理局，《假股票经纪人被判处 15 个月》，http：//www. fsa. gov. uk/pages/Library/Communication/PR/2008/011. shtml，2010 年 3 月 28 日。

⑧ 2000 年《金融服务和市场法》，第 206（1）条。

⑨ 金融服务管理局，《FSA 在第一个反诈骗控制案件中罚款 Capita 金融管理有限公司 30 万英镑》，http：//www. fsa. gov. uk/pages/Library/Communication/PR/2006/019. shtml，2006 年 3 月 16 日。

漏洞导致高管未经授权转出客户资金140万英镑，被处以35万英镑罚金[①]。此外，它还曾对国家建筑协会处以98万英镑的罚款，原因是“未能建立有效的信息安全风控体系[②]”；对诺维奇联合寿险（Norwich Union Life）处以126万英镑罚款，原因是“客户信息保护及金融犯罪风险管理失效”[③]。

除了经济处罚之外，金融服务管理局还有权禁止被授权人员和公司从事任何受管制的活动[④]。例如，2008年，金融服务管理局就曾对12名提交虚假房贷申请的经纪人实施罚款及行业禁令，并处以超过50万英镑的罚款[⑤]。2009年上半年，金融服务管理局所处罚款总额就已超过了这一数字。除了对诈骗者实施制裁外，金融服务管理局还建立了赔偿机制，协助诈骗受害者追回损失。例如，2010年2月，金融服务管理局为被建议购买Eduvest公司股票的受骗投资者追讨了27万英镑资金[⑥]。虽然从历史上看，金融服务管理局将监管重点偏向反洗钱领域，但为了实现其减少金融犯罪的法定目标，近年来它已显著加快反诈工作进程，特别是在抵押贷款诈骗领域建立了快速响应机制。

此外，金融服务管理局还拥有对多种金融犯罪行为的刑事检控权[⑦]。例如，金融服务管理局可起诉在未经授权或豁免的情况下进行

① 金融服务管理局，《金融服务管理局2007年至2008年度报告》（金融服务管理局，2008年，23）。

② 金融服务管理局，《FSA因信息安全失误罚款Nationwide 98万英镑》，http://www.fsa.gov.uk/pages/Library/Communication/PR/2007/021.shtml，2007年2月14日。

③ 金融服务管理局，《FSA罚款Norwich Union Life 126万英镑》，http:/www.fsa.gov.uk/pages/Library/Communication/PR/2007/130.shtml，2009年11月4日。

④ 2000年《金融服务和市场法》，第56条。

⑤ 国家诈骗管理局，《国家诈骗战略：打击诈骗的新方法》（国家诈骗管理局，2009年，16）。

⑥ 金融服务管理局，《FSA向股票诈骗受害者退回27万英镑》，http://www.fsa.gov.uk/pages/Library/Communication/PR/2010/032.shtml，2010年3月21日。

⑦ 2000年《金融服务和市场法》，第401条和第402条。

或意图进行受管制活动的人[①]，这类情形包括谎称该人或组织获得授权或豁免[②]、违反金融推广限制进行投资诱导[③]、向金融服务管理局提供虚假陈述及违反条约权利行使规定[④]、违反禁止令开展业务[⑤]、未按时提交上市文件副本[⑥]。此外，金融服务管理局对以下行为具有专属检控权：在未发布招股说明书情况下公开募股[⑦]、未经批准发布上市规则规定的广告信息[⑧]、未与金融服务管理局任命的调查人员合作或提供虚假信息[⑨]、不遵守有关授权管制人员的规定[⑩]、从事被禁止的消费信贷业务[⑪]、谎称自己不受一般禁令约束[⑫]、向审计员提供虚假或误导性信息[⑬]、泄露机密信息[⑭]、保险公司董事未按规定通知股东大会[⑮]、

① 2000年《金融服务和市场法》，第23条。
② 2000年《金融服务和市场法》，第24条。
③ 2000年《金融服务和市场法》，第25条。
④ 2000年《金融服务和市场法》，附表4，第6段。
⑤ 2000年《金融服务和市场法》，第56（4）条。
⑥ 2000年《金融服务和市场法》，第83（3）条。
⑦ 2000年《金融服务和市场法》，第85（2）条。
⑧ 2000年《金融服务和市场法》，第98（2）条。
⑨ 2000年《金融服务和市场法》，第177条。
⑩ 2000年《金融服务和市场法》，第191条。
⑪ 2000年《金融服务和市场法》，第203（9）条。
⑫ 2000年《金融服务和市场法》，第333条。
⑬ 2000年《金融服务和市场法》，第346条。
⑭ 2000年《金融服务和市场法》，第366（3）条。
⑮ 2000年《金融服务和市场法》，第397条。

作出误导性陈述[①]，以及内幕交易[②]、洗钱[③]和恐怖主义融资[④]。

然而，金融服务管理局在诈骗犯罪检控权方面存在显著的法律不确定性[⑤]。金融服务管理局表示，“与洗钱案件不同，我们无权对多数类型的诈骗或不诚实行为提起公诉……这类案件的检控职责属于其他执法机构”[⑥]。金融服务管理局前主席特纳（Turner）勋爵对此作出权威解释：“根据我的理解，金融服务管理局无权在英国提起刑事诉讼。若案件属于诈骗的范畴——这与金融监管存在本质区别——则应由诈骗重案办公室管辖，关于这一点我们已经与他们沟通过了。”[⑦] 金融服务管理局执法部门负责人特蕾西·麦克德莫特（Tracy McDermott）进一步强调：“我们不是普通诈骗案件的公诉机关。我们花了相当多的时间和精力来追诉2000年《金融服务与市场法》第397条违法行为及内幕交易案件，但虚假会计、共谋诈骗等罪名不在我们的管辖范围内。”[⑧] 但司法实践表明，金融服务管理局确实行使着特定类型金融诈

---

① 2000年《金融服务和市场法》，第398条。

② 2000年《金融服务和市场法》，第402（1）（a）条。关于本条款的更详细讨论，见D. 奥默罗德，《起诉：内幕交易——1993年〈刑事司法法〉第61条》（2009年），载《刑法评论》，第6卷，445-449。

③ 2000年《金融服务和市场法》，第402（1）（b）条。关于本条款的更详细讨论，见D. 奥默罗德，《起诉：内幕交易——1993年〈刑事司法法〉第61条》（2009年），载《刑法评论》，第6卷，445-449。

④ 2000年《金融服务和市场法》，第402（1）（c）条。关于这一条款的详细讨论见M. 高尔比，《2008年〈反恐怖主义法〉附表7对银行及其客户的影响》（2010年），载《洗钱控制杂志》，第13卷第4期，351-371。

⑤ N. 莱德，《21世纪的金融犯罪：法律和政策》（爱德华·埃尔加：切尔滕纳姆，2011年，130）。

⑥ 金融服务管理局，《制定诈骗和不诚实政策：26号讨论文件》（金融服务管理局，伦敦，2003，18）。

⑦ 英国财政部特别委员会，《LIBOR操纵案初步调查报告》（英国财政部：伦敦，2012年，102）。

⑧ 英国财政部特别委员会，《LIBOR操纵案初步调查报告》（英国财政部：伦敦，2012年，102）。

骗的检控权。例如，2000 年 3 月，金融服务管理局成功地起诉了保罗·哈斯拉姆（Paul Haslam），罪名是违反了 1987 年《银行法》[①]。此外，2008 年 2 月，金融服务管理局成功地起诉了威廉·安东尼·罗宾·拉德克利夫（William Anthony Robin Radcliffe），他因违反《盗窃法》、1986 年《金融服务法》和 2000 年《金融服务和市场法》被检控定罪。该案中，被告未经授权向客户作出系列虚假陈述[②]。时任金融服务管理局局长玛格丽特·科尔（Margaret Cole）表示，“本案的成功检诉彰显金融服务管理局打击此类违法行为的决心”[③]。

三、金融行为监管局

正如本书第一版所概述的，金融服务管理局的法定目标是根据 2000 年《金融服务和市场法》减少金融犯罪。然而，在 2007—2008 年金融危机期间，北岩银行濒临破产事件暴露出金融服务管理局监管失效，其危机前预警不足、危机中应对失当及危机后整改乏力的表现遭受广泛批评。联合政府宣布，它打算在英格兰银行的统筹下建立一个新的金融监管体系。根据 2012 年《金融服务法》，金融行为监管局

---

① 1987 年《银行法》第 35 条规定，如果某人“（a）故意作出其明知具有误导性、虚假性或欺骗性的陈述、承诺或预测，或不诚实地隐瞒关键事实，则构成诈骗引诱罪；（b）鲁莽地（无论是否出于不诚实意图）作出具有误导性、虚假性或欺骗性的陈述、承诺或预测，且以诱使他人（不论是否为陈述、承诺或预测的直接对象，或事实隐瞒的直接对象）实施下列行为为目的：（i）其本人或第三方存入或拒绝存入资金；（ii）签订或拒绝签订与上述存款相关的协议”。

② 金融服务管理局，《假股票经纪人被判处 15 个月》，2008 年 2 月 13 日，http：//www.fsa.gov.uk/library/communication/pr/2008/011.shtml，2012 年 11 月 12 日。

③ 金融服务管理局，《假股票经纪人被判处 15 个月》，2008 年 2 月 13 日，http://www.fsa.gov.uk/library/communication/pr/2008/011.shtml，2012 年 11 月 12 日。另见 K. 格里芬斯，《诈骗经纪人被判刑 15 个月》，2008 年 2 月 14 日，http://www.telegraph.co.uk/finance/markets/2784369/Fraudulent - broker - gets - 15 - months.html，2012 年 11 月 12 日。

取代了金融服务管理局，继承并强化了金融服务管理局的反诈骗职能。

金融行为监管局将数据安全列为首要监管领域，它将其定义为：受监管机构通过建立制度与控制措施，防止他们用户的个人信息（如地址、出生日期、国家保险号码、收入、账户详情等）被犯罪分子非法获取的体系。保障信息安全至关重要，因其关乎消费者权益保护，犯罪分子可以利用上述信息犯下诸如身份盗窃等罪行[①]。

受金融行为监管局监管的机构被要求“采取适当制度与控制措施保障消费者数据安全”[②]。如果不履行这些义务，机构将受到来自金融行为监管局的经济处罚。典型案例包括：国家建筑协会因“未能建立有效的信息安全风控体系”而被罚款 98 万英镑[③]；苏黎世保险集团因“反洗钱系统缺陷”被处以 227.5 万英镑罚金[④]。

金融行为监管局采取了一项联合措施，通过实施“贷方信息共享计划”构建诈骗犯罪的协同治理框架[⑤]，鼓励贷款机构主动上报可疑中介机构[⑥]。乍一看，这似乎是解决抵押贷款诈骗的适当机制。然而，报告行为完全是自愿的，这与反洗钱领域的强制性报告义务形成鲜明对比。此外，相较于美国的法定报告义务，英国现行制度在强制约束

---

① 金融行为监管局，《数据安全》，2015 年 1 月 28 日，https://www.fca.org.uk/about/what/enforcing/data-security，2015 年 8 月 20 日。

② 金融行为监管局，《数据安全》，2015 年 1 月 28 日，https://www.fca.org.uk/about/what/enforcing/data-security，2015 年 8 月 20 日。

③ 金融服务管理局，《最后通知：国家建筑协会》，2007 年 2 月 14 日，http://www.fsa.gov.uk/pubs/final/nbs.pdf，2015 年 8 月 20 日。

④ 金融服务管理局，《最后通知：国家建筑协会》，2007 年 2 月 14 日，http://www.fsa.gov.uk/pubs/final/nbs.pdf，2015 年 8 月 20 日。

⑤ 金融行为监管局，《打击抵押诈骗》，2015 年 5 月 1 日，https://www.fca.org.uk/about/what/enforcing/fraud/mortgage，2015 年 8 月 20 日。

⑥ 金融行为监管局，《打击抵押诈骗》，2015 年 5 月 1 日，https://www.fca.org.uk/about/what/enforcing/fraud/mortgage，2015 年 8 月 20 日。

力层面存在显著差异[1]。尽管如此，金融行为监管局仍利用其广泛的执法权力，取缔了67个中介机构，并处以超过20亿英镑的罚款[2]。此数据与2014年美国银行因抵押贷款欺诈被罚170亿英镑的个案形成了监管强度方面的对比[3]。

金融行为监管局打击诈骗犯罪的一个重要措施是执行其规则，使受监管机构不被金融罪犯利用。它力求确保受监管机构：

（1）建立适当的诈骗风险识别机制；

（2）建立有效减轻金融犯罪风险的制度和管控机制；

（3）建立反洗钱筛查程序；

（4）明确如果违规，金融行为监管局将使用其执法权力对他们进行处罚[4]。

当发现机构违反了反诈监管要求时，金融行为监管局可使用多种执法权力，最经常使用的权力是施加经济处罚。金融行为监管局还通过协同机制强化反诈治理：与受监管机构、行业协会、国家犯罪局[5]、反诈咨询委员会[6]及金融服务部门的主要服务提供者合作，建立信息共享平台。此外，金融行为监管局还采取了一些预防措施，揭示新型

---

① 关于美国抵押贷款诈骗的更详细讨论，见N·莱德，《金融危机与白领犯罪：完美风暴》（爱德华·埃尔加：切尔滕纳姆，2014年，47-58）。

② 金融行为监管局，《打击抵押诈骗》，2015年5月1日，https://www.fca.org.uk/about/what/enforcing/fraud/mortgage，2015年8月20日。

③ 司法部，《美国银行（Bank of America）将为金融危机前和金融危机期间的金融诈骗而支付166.5亿美元》，2014年8月21日，见http：//www.justice.gov/opa/pr/bank-america-pay-1665-billion-historic-justice-department-settlement-financial-fraud-leading，2015年8月20日。

④ 金融行为监管局，《执行我们的规则和打击金融犯罪》，2015年1月28日，https：//www.fca.org.uk/about/what/enforcing/，2015年8月21日。

⑤ 国家犯罪署，《关于我们》，http：//www.nationalcrimeagency.gov.uk/，2015年8月21日。

⑥ 国家犯罪署，《关于我们》，http：//www.nationalcrimeagency.gov.uk/，2015年8月21日。

诈骗手法[①]。最后，金融行为监管局在官网实时更新“未授权机构及个人黑名单”，提示高风险群体[②]。

四、国家诈骗管理局

国家诈骗管理局（NFA）作为英国反诈体系的核心机构，其设立目标有三个方面[③]：（1）建立一个“以受害者为中心”的刑事司法系统，提升诈骗案件处置效率[④]；（2）遏制有组织犯罪集团在英国实施诈骗；（3）提高公众对政府反诈能力的信心[⑤]。巴瑞·莱德（Barry Rider）教授评价，NFA 有一个令人瞩目的战略目标清单：打击对英国危害最大的诈骗威胁；有效地追捕诈骗者，追究他们的责任，并完善受害者救济机制；通过信息共享与能力建设降低国家面临的诈骗风险；建立国际协作网络构筑反诈防线[⑥]。

NFA 的代理首席行政长官桑德拉·奎恩（Sandra Quinn）曾宣称，

---

① 金融行为监管局，《如何避免投资骗局》，2014 年 11 月 27 日，https：//www. fca. org. uk/consumers/scams/how-to-avoid-scams，2015 年 8 月 21 日。

② 金融行为监管局，《未经授权的机构和个人黑名单》，https：//www. fca. org. uk/consumers/protect-yourself/unauthorised-firms/unauthorised-firms-to-avoid，2015 年 8 月 21 日。

③ 国家诈骗管理局，《国家诈骗战略——打击诈骗的新方法》（国家诈骗管理局，2009 年，10）。

④ 关于如何实现这一目标的更详细讨论，见总检察长办公室，《扩大刑事法院防止诈骗和赔偿受害者的权力：协商》（总检察长办公室：伦敦，2008 年）。

⑤ 国家诈骗管理局，《英国加强对诈骗者的反诈骗策略》，http：//www. attorney-general. gov. uk/NewsCentre/Pages/UKToughensUpOn% 20FraudstersWithNewAnti - FraudAuthority. aspx，2008 年 10 月 2 日。

⑥ B. 莱德，《大胆的一步？》（2009 年），载《公司律师》，第 30 卷第 1 期，1-2。

“我们可以迅速有效地应对诈骗威胁”[①]。博斯沃斯-戴维斯（Bosworth-Davies）并不赞同这种乐观的态度，他认为，“NFA 的生命周期恐怕将与已经解散的资产追讨机构同样短暂”[②]。尽管存在争议，但 NFA 推出的《国家反诈战略》仍具有里程碑意义，它是政府反诈骗政策不可分割的一个组成部分[③]。根据这一战略，NFA 必须：

1. 应对诈骗带来的威胁；
2. 采取有效行动追捕诈骗者并追究其责任；
3. 完善受害者救济机制；
4. 通过提升国家预防诈骗的能力来减少遭受诈骗的风险；
5. 通过构建情报共享与国际协作机制精准打击诈骗[④]。

但需深入反思的是，在英国诈骗年损失额达 140 亿英镑-300 亿英镑的背景下，一个三年预算仅 2900 万英镑的机构能否实质改善国家反诈效能？因此，联合政府于 2013 年 3 月废除了 NFA，其职能被拆分给了国家犯罪局（NCA）与内政部，导致英国反诈战略陷入“无专职机构统筹”的真空状态。当前学界关注焦点在于：如果内政大臣推动废除 SFO（诈骗重案办公室），那么保守党政府是否会扩展 NCA 职权范围以填补反诈职能缺口？[⑤]。

---

① 国家诈骗管理局，《国家诈骗战略：打击诈骗的新方法》（国家诈骗管理局，2009 年，16）。

② R. 博斯沃思-戴维斯，《调查金融犯罪：公共诈骗调查角色的持续演变（个人视角）》（2009 年），载《公司律师》，第 30 卷第 7 期，195-199。

③ 国家诈骗管理局，《国家诈骗战略：打击诈骗的新方法》（国家诈骗管理局，2009 年，3）。

④ 国家诈骗管理局，《国家诈骗战略：打击诈骗的新方法》（国家诈骗管理局，2009 年，3）。

⑤ C. 宾曼和 H. 沃雷尔，《特蕾莎·梅恢复废除 SFO 的尝试》，2014 年 10 月 5 日，http://www.ft.com/cms/s/0/e15dc7c0-4ae9-11e4-b1be-00144feab7de.html#axzz3jLhJ8iis，2015 年 8 月 21 日。

五、英国反诈执法体系效能评估

当前英国反诈执法体系面临的核心困境在于诈骗重案办公室（SFO）和金融行为监管局（FCA）存在职能重叠，两者都有广泛的调查与起诉权力，指向相同的监管目标。SFO 的执法败绩已有很多记载，而 FCA 也因诈骗案件检控权存在法律不确定性而受到质疑。在本书的第一版中，笔者建议建立一个单一的“金融犯罪专责机构”，全面统筹英国反诈政策并整合执法权限。该构想与费舍尔（Fisher）教授的学术主张不谋而合，他主张设立一个“单一的金融犯罪执法机构”来处理严重的诈骗、腐败和金融市场犯罪①。这一建议获得 2010 年大选前保守党的政治背书，时任影子财政大臣乔治·奥斯本（George Osborne）议员表示，“我国在推动白领犯罪起诉方面较为吃力，六大政府部门与八家监管机构的职能分散导致大量犯罪逃脱制裁”②。在 2010 年大选之后，联合政府承诺将成立一个单一机构，整合诈骗重案办公室、金融服务管理局和公平交易办公室等机构的职能③。尽管这种言论听起来很有希望，但全球金融危机导致的财政紧缩使该计划陷入停滞④。“诈骗咨询小组”在 2010 年 3 月指出，当前的经济环境不适宜

---

① J. 费雪，《打击诈骗和金融犯罪——调查和起诉严重诈骗、腐败和金融市场犯罪的新架构》（政策交流，2010 年，3）。

② 泰晤士报在线，《保守党确认设立单一打击经济犯罪机构的计划》，http://timesonline.typepad.com/law/2010/04/conservatives-confirm-plans-for-single-economic-crime-agency.html，2010 年 4 月 26 日。

③ 英国政府，《联盟：我们的政府方案》（英国政府：伦敦，2010 年，9）。

④ D. 利和 R. 埃文斯，《新的打击经济犯罪机构的费用可能会令人望而却步》，http://www.guardian.co.uk/business/2010/jun/02/economic-crime-agency-scheme-cost，2010 年 7 月 12 日。

推行经济犯罪署改革[①]。然而，正如本书第二章所强调的那样，NCA的成立是为了更好地监督和管理英国打击金融犯罪。自 2013 年成立以来，NCA 一直专注于统筹英国资产没收制度的执行，并在一些诈骗相关案件中充当金融情报机构。但其执法能力仍遭诟病，2014 年 12 月，涉案金额高达 4000 万英镑的诈骗案的庭审失败事件，导致 NCA 因“专业能力缺失”被法庭严厉批评[②]。因此，本章讨论的反诈骗机构面临着一个极其不确定的未来。

第七节 金融情报

英国在运用金融情报打击经济犯罪方面具有深厚的制度积淀，2002 年《犯罪所得法》的反洗钱报告机制以及 2000 年《反恐怖主义法》中任何涉嫌恐怖主义融资事件的义务都证明了这一点。

《诈骗审查》中指出，诈骗犯罪被严重低估。因警方未将此类犯罪列为优先事项，即便接到报案也鲜有实质行动，加之大量受害者选择不报案，致使官方统计数据仅揭示冰山一角，执法部门因信息缺失难以制定系统性应对策略[③]。

对于银行来说，如果怀疑有诈骗行为，则向反洗钱报告官（MLRO）提交报告即可，而确证是诈骗案件的则需上报 NCA。然而，是否向警方举报诈骗犯罪是由银行自己决定的。2007 年，内政部宣布，

① 另见诈骗咨询小组，《罗斯基尔重新访问：是否有一个统一的诈骗起诉机构?》(诈骗咨询小组：伦敦，2010 年)。

② M. 埃文斯，《法官在错误导致庭审失败后对国家犯罪署进行了批评》，2014 年 12 月 2 日，http：//www.telegraph.co.uk/news/uknews/crime/11268097/Judge-blasts-National-Crime-Agency-after-blunders-cause-case-to-collapse.html，2015 年 8 月 21 日。

③ 总检察长办公室，《诈骗审查——最后报告》(总检察长办公室：伦敦，2006 年，7)。

信用卡诈骗、支票诈骗和网上银行诈骗的受害者可直接向金融机构报案[①]。尽管如此，诈骗案件报告义务的法律规制仍具复杂性。核心强制报告义务源自2002年《犯罪所得法》[②]。根据这项法案[③]，当受监管主体知晓或有合理理由怀疑某人正在实施洗钱犯罪时，未通过可疑活动报告（SAR）披露即构成刑事犯罪。此外，该法案规定，受监管机构的成员必须在合理可行的时限内，通过其MLRO向NCA报送可疑线索，但未遂诈骗因不产生可追诉的犯罪收益，被排除在强制报告范围之外。最终是否启动刑事调查的决定取决于警察。内政部建议，警察只应在具备充分犯罪证据的情况下进行调查[④]。

此外，受监管机构的成员有义务在下列情况下向FCA报告诈骗行为：

1. 发现员工可能对其客户实施了诈骗；

2. 发现任何人员（无论是否受雇于该机构）可能对他们实施诈骗；

3. 认为任何人员（无论是否受雇于该机构）有对他们施诈骗的企图；

4. 发现其会计记录或其他记录中的异常，无论是否有诈骗证据；

5. 怀疑其员工在开展受监管业务或附属业务时存在涉及诚信的重大失当行为[⑤]。

在确定该事项是否重大时，机构必须考虑：

---

① 内政部，《诈骗》，见 http://www.crimereduction.homeoffice.gov.uk/fraud/fraud17.htm，2009年12月7日。

② 2002年《犯罪所得法》，第330条。

③ 必须指出，2002年《犯罪所得法》适用于包括诈骗在内的所有严重犯罪。

④ 内政部，《内政部第47/2004号通知：调查诈骗案件的优先事项》（内政部：伦敦，2004年）。

⑤ SUP15.3.17R。

1. 对自身或其客户造成的任何实际或潜在经济损失的规模（无论是在单次事件还是在类似或相关事件中）；

2. 可能引发机构声誉损失的风险；

3. 事件或行为模式是否暴露了机构内部管控机制的缺陷[①]。

此类报告义务的立法目的在于“使监管机构及时掌握诈骗及异常行为的类型特征，并在必要时采取行动，以防止对消费者或其他机构产生影响”[②]。为达到这一目的，“报告内容需完整披露机构所知道的事件或可疑事件的所有相关及重要细节”[③]。此外，如果机构因某事件而遭受重大财务损失，或可能引发声誉危机，FCA 将重点核查“这一事件是否表明机构内部管控机制存在缺陷”[④]。如果诈骗是由 FCA 认证人员犯下的[⑤]，FCA 有权撤回其授权，并且有很大概率对其进行起诉。

因此，可以看出，英国反诈政策自多届政府持续推进，现行政府亦保持改革态势，但为解决诈骗问题而采取的举措仍有改进的余地。例如，《盗窃法》和普通法罪名体系限制了对诈骗的刑事定罪的有效性，尽管这一立场通过《诈骗法》的推行得到了改善，然而，在几起引人注目的诈骗案件爆发后，人们仍然担心 SFO 和 CPS 对这些罪行的打击情况。尽管现在认定《诈骗法》是否对起诉诈骗者产生了影响还为时过早，但联合政府认识到了设立统一经济犯罪署的构想尚未完全落实。这成为当前政府亟待决策的关键事项。除了设立经济犯罪署外，政府还需要处理可疑活动报告系统存在多重申报渠道的问题，这导致了信息获取碎片化与处置延误。

---

① SUP15. 3. 18G。

② SUP15. 3. 19G。

③ SUP15. 3. 19G。

④ SUP15. 3. 20G。

⑤ 经批准的人是经联邦安全局批准履行受管制职能的个人。该职能涉及机构受管制的活动。见 2000 年《金融服务和市场法》，第 59 条。

第八节　量刑和追讨

根据2006年《诈骗法》第1（3）条，诈骗罪最高可判处10年监禁，显著低于美国证券诈骗、邮件诈骗及电信网络诈骗的20年最高刑期[①]。与英国的其他金融犯罪一样，罪犯也可能面临无限额罚款。2008年至2009年期间，英国根据2006年《诈骗法》第1条至第4条提起了14238起诉讼，定罪11133起，定罪率达78.2%[②]。2009年，在14688名因诈骗被判刑的罪犯中，2654人被判处立即监禁，平均刑期为12.2个月；2011年，14887人因诈骗罪被判刑，2947人被判处监禁，平均刑期为14.9年。同样，2013年，在因诈骗被判刑的12095名罪犯中，有2535名罪犯被送进监狱，平均刑期为14.9个月[③]。此外，在2010—2011年，SFO审判了17个复杂的诈骗案件，每个案件至少一项罪名，涉及31名被告（含法人），整体定罪率达84%[④]，显著优于洗钱罪50%的定罪率（参见第2章）。

与先前讨论的金融犯罪不同，英国司法体系对诈骗罪应判处何种刑期方面存在明确指引。最初，这是以上诉法院判决准则的形式提供的[⑤]。例如，在R诉菲尔德（Feld）案[⑥]中，与诈骗有关的判决准则

---

① 澳大利亚政府和澳大利亚犯罪学研究所，《跨国洗钱犯罪指控和犯罪简介》。（简报，第4号，澳大利亚犯罪学研究所：堪培拉，2008年）。

② HL Deb，2011年5月18日，c338W。

③ HC Deb，2014年6月23日，c3W。

④ HC Deb，2011年5月24日，c775。

⑤ 见R诉Barrick（1985年）7Cr. App. Rep.（S）142；R诉Stewart［1987］2All E. R. 383；R诉Clark［1988］2Cr. App. Rep.（S）95；R诉Stevens等人［1993］14Cr. App. R.（S）372；R诉Palk和Smith［1997］2Cr. AppR.（S）167；Rv Feld［1999］1Cr. App. R.（S）1；R诉Roach［2002］1Cr. App. r.（s）12。

⑥ ［1999］1Cr. App. R.（S）1.。

包括：

1. 涉案金额和实施诈骗的方式；

2. 诈骗行为的持续时间与持续程度；

3. 被告在公司内的职位及控制权范围；

4. 存在背信行为；

5. 犯罪后果的严重性；

6. 对政府公信力及商业诚信的影响；

7. 对小额投资者的损害（这将加重诈骗行为的恶劣程度）；

8. 被告实际获利情况；

9. 是否存在抗辩；

10. 被告的年龄及前科记录。[①]

此外，在 R 诉 Barrick 一案中[②]，首席大法官莱恩（Lane）列举了专业从业人员诈骗犯罪的量刑考量因素：

1. 被告所受信任程度与职位层级；

2. 诈骗行为持续时间；

3. 赃款的用途；

4. 对受害者的影响；

5. 犯罪对公共利益与公众信心的影响；

6. 对同事或合伙人的影响；

7. 对被告本人的影响；

8. 被告的前科记录；

9. 特殊减刑情节（包括健康问题、过重职责压力、调查至审判超两年迟延、配合警方调查等）[③]。

有趣的是，首席大法官莱恩还特别警示，“专业从业人员应预见

① ［1999］1Cr. App. R. （S）4。

② ［1985］7Cr. App. Rep. （S）142。

③ ［1985］7Cr. App. Rep. （S）147。

其可能面临与常人同等甚至更严厉的刑罚”[①]，并设定了基础刑期参照标准[②]。该标准在R诉克拉克（Clark）案[③]中得到了更新：

1. 涉案金额低于17500英镑：21个月以下短期监禁；

2. 涉案金额在17500英镑至10万英镑之间：2–3年监禁；

3. 涉案金额在10万英镑至25万英镑之间：3–4年监禁；

4. 涉案金额在25万英镑至100万英镑之间：5–9年监禁；

5. 涉案金额达100万英镑或以上：10年以上监禁；

6. 如果涉案金额特别大，而且多次作案，或涉及多名受害者，则可适用连续刑期[④]。

与诈骗有关的其他判决准则包括R诉波尔克（Palk）和史密斯（Smith）案[⑤]（诈骗借贷交易）、R诉史蒂文（Stevens）和其他人案[⑥]（抵押诈骗）和R诉罗奇（Roach）案[⑦]（通过诈骗获得转账）。

除了这些判决外，自2009年10月25日起还制定了量刑准则。根据R诉罗斯（Ross）案的判决精神，“只要官方发布了量刑准则，法庭判案时就应该参照新标准，不能总拿老案例说事儿——除非遇到特殊情况才能参考旧判例”[⑧]。2009年的量刑准则[⑨]于2014年修订，现行

---

① ［1985］7Cr. App. Rep（S）143；这也在后来的R诉斯图尔特案中得到支持［1987］2All E. R. 383。

② 如果所涉金额不能被描述为小数额但少于1万英镑，则应判处极短至18个月的监禁。涉及金额在1万英镑至5万英镑之间的案件应判处两年或三年监禁。如果涉及更多的金额，如超过10万英镑，那么应判处三年半到四年的监禁。

③ ［1988］2 Cr. App. Rep.（S）95。

④ ［1988］2 Cr. App. Rep.（S）100。

⑤ ［1997］2 Cr. App. R.（S）167。

⑥ ［1993］14 Cr. App. R.（S）372。

⑦ ［2002］1 Cr. App. R.（S）12。

⑧ ［2007］英格兰和威尔士上诉法院刑事庭561。

⑨ 量刑准则理事会，《诈骗量刑——法定犯罪确定准则》（量刑准则秘书处：伦敦，2009年）。

准则与贿赂、洗钱犯罪量刑准则形成统一体系[①]。与大多数罪行一样，在判决诈骗罪时，首先要考量犯罪行为的严重性，通过罪责程度与危害程度双重维度测定，主要包括评估罪犯在该罪行中发挥的作用、犯罪策划的程度以及犯罪的复杂程度。高等罪责的评估要素包括："在实施犯罪的团伙或组织中占主导作用"和"受害人数众多"[②]。中等罪责的评估要素包括：罪犯在团伙犯罪中发挥了重要作用。较轻罪责的评估要素包括：罪犯不是"以牟利为动机"，或罪犯在犯罪团伙中只是"边缘角色"[③]。虽然如上文所述，诈骗罪的定罪并不要求实际造成财产损失或犯罪得逞，但涉案金额大小会直接影响犯罪行为的严重性评估。2014 年的量刑准则按实际或意图造成的损失金额将罪行危害程度划分为五个等级：造成 50 万英镑以上损失属 1 级（最严重），造成 2 万英镑-10 万英镑损失属 3 级，造成 5000 英镑以下损失属 5 级（最轻微）。但有个特殊规则——若损失仅是犯罪意图而未实际发生，危害等级会自动降一级。比如意图骗取 2 万英镑-10 万英镑本属 3 级，但因此时损失未实际发生，最终会按 4 级认定[④]。法院还需评估犯罪行为对受害者的实质影响：如果造成"严重身心伤害"等重大影响，危害等级上调一级；中等影响则在原等级内加重处罚；轻微影响则维持原等级[⑤]。

在确定了罪行危害等级后，即进入量刑的第二步——在量刑准则

① 量刑委员会，《诈骗、贿赂和洗钱犯罪确定准则》（量刑准则秘书处：伦敦，2014 年）。

② 量刑委员会，《诈骗、贿赂和洗钱犯罪确定准则》（量刑准则秘书处：伦敦，2014 年）。

③ 量刑委员会，《诈骗、贿赂和洗钱犯罪确定准则》（量刑准则秘书处：伦敦，2014 年）。

④ 量刑委员会，《诈骗、贿赂和洗钱犯罪确定准则》（量刑准则秘书处：伦敦，2014 年）。

⑤ 量刑委员会，《诈骗、贿赂和洗钱犯罪确定准则》（量刑准则秘书处：伦敦，2014 年）。

明确的刑期区间内确定具体刑期。该准则规定了不同罪责程度的基准刑期与浮动范围，见表 3-1。[①]

表 3-1　2006 年《诈骗法》第一部分　量刑准则

<table>
<tr><th>危害等级</th><th>罪责 A（高度）</th><th>罪责 B（中度）</th><th>罪责 C（低度）</th></tr>
<tr><td rowspan="2">类别 1（≥50 万英镑，以 100 万英镑为基准）</td><td>基准刑期：7 年监禁</td><td>基准刑期：5 年监禁</td><td>基准刑期：3 年监禁</td></tr>
<tr><td>范围：5－8 年监禁</td><td>范围：3－6 年监禁</td><td>范围：18 个月－4 年监禁</td></tr>
<tr><td rowspan="2">类别 3（2 万英镑－10 万英镑，以 5 万英镑为基准）</td><td>基准刑期：3 年监禁</td><td>基准刑期：18 个月监禁</td><td>基准刑期：26 周监禁</td></tr>
<tr><td>范围：18 个月－4 年监禁</td><td>范围：26 周－3 年监禁</td><td>范围：中级社区监护－1 年监禁</td></tr>
<tr><td rowspan="2">类别 5（<5 千英镑，以 2500 英镑为基准）</td><td>基准刑期：36 周监禁</td><td>基准刑期：中级社区监护</td><td>基准刑期：B 级罚款</td></tr>
<tr><td>范围：高级社区监护－1 年监禁</td><td>范围：B 级罚款－26 周监禁</td><td>范围：免除处罚－中级社区监护</td></tr>
</table>

尽管上诉法院在 R 诉克拉克（Clark）一案中建议对涉案金额达 25 万英镑至 1000 万英镑的诈骗犯判处 5-9 年监禁，但现行量刑准则似乎比司法建议更为宽松。为了确定在类别范围内最适当的刑期，法院将审查是否有任何加重或减轻的情节。加重处罚的情节，如有前科、违反现行法院禁令或试图阻止受害者报案等[②]；减轻处罚的情节，如

---

① 量刑委员会，《诈骗、贿赂和洗钱犯罪确定准则》（量刑准则秘书处：伦敦，2014 年），8。

② 量刑委员会，《诈骗、贿赂和洗钱犯罪确定准则》（量刑准则秘书处：伦敦，2014 年），8。

既往良好品行、精神障碍或学习障碍、悔罪表现或配合调查等[①]。法院在确定具体刑期时还必须采取以下步骤：

1. 考量配合公诉等减刑因素[②]；
2. 评估认罪答辩的减刑幅度；
3. 考量对所有犯罪的总判刑是否适当（数罪并罚的合理性）；
4. 裁定没收令、赔偿令等附属命令；
5. 阐明量刑理由[③]。；
6. 折抵审前羁押时间。

英国诈骗案件的量刑尺度具有显著差异，既有前文提及的重大要案，亦不乏常规性案件。以独立保险公司诈骗案为例，迈克尔·布莱特（Michael Bright）因两项共谋诈骗罪被判处两项 7 年监禁（合并执行），并附加 12 年董事任职资格禁令。由于这些罪行是在 2006 年《诈骗法》颁布之前发生的，法官无法适用该法规定的 10 年最高刑期，尽管当时共谋诈骗的最高刑期是 10 年[④]。尽管主审法官认定该案“严重程度远超立法预期”且“理应适用顶格量刑”[⑤]，但最终仍以诈骗性交易罪（最高刑期 7 年）定罪[⑥]。之后，布莱特以“年迈、品行良好、健康欠佳”等为由提起上诉[⑦]，但上诉法院以其“犯罪性质极度严重”

① 量刑委员会，《诈骗、贿赂和洗钱犯罪确定准则》（量刑准则秘书处：伦敦，2014 年）。

② 2005 年《严重有组织犯罪和警察法》，第 4 条，73-74。

③ 2003 年《刑事司法法》第 174 条规定的义务。

④ 1987 年《刑事司法法》，第 12（3）条。

⑤ M. 勒鲁，《迈克尔·布莱特因独立保险诈骗被判最长 7 年监禁》（《泰晤士报》，10 月 25 日），http：//business. timesonline. co. uk/tol/business/industry_ sectors/banking_ and_ finance/article2733660. ece，2011 年 6 月 10 日。

⑥ 尽管这一数字已增加到 10 年——2006 年《公司法》第 993 条。

⑦ R 诉 Bright［2008］2Cr. App. R.（S）102。

为由驳回[1]，并指出原审法院错误限制了量刑幅度。尽管法院有权增加刑期，却未予实施。可以说，布莱特是幸运的，若根据上述量刑准则，他本应被判处更高刑期（14至20年）。这一宽大处理与R诉克拉克案的量刑标准并不一致，该案不仅指出，如果涉案金额达100万英镑或更多，10年监禁是适当的，而且还表明判处连续服刑可能比合并服刑更合适。

与洗钱犯罪形成鲜明对比的是，法院似乎不愿意判处最高刑期。这一现象在吉尼斯股票交易欺诈案中尤为突出：主犯欧内斯特·桑德斯（Ernest Saunders）被判处5年监禁[2]，安东尼·帕尼斯（Anthony Parnes）被判处30个月监禁[3]，杰拉德·荣森（Gerald Ronson）被判处12个月监禁合并罚款500万英镑，杰克·里昂（Jack Lyons）仅被罚款400万英镑。

其他典型案例包括：Versailies集团前主席卡尔·库西尼（Carl Cusnie），因涉案高达1500万英镑的诈骗行为[4]被判处6年监禁，并附加10年董事任职资格禁令；Versailies财务主任弗雷德·克劳夫（Fred Clough）被判处5年监禁[5]，并附加15年董事任职资格禁令。

相较而言，美国司法则更为严厉，安然养老诈骗案主谋杰弗里·斯基林（Jeffrey Skilling）被判处24年零4个月监禁，并被要求向美国支付2600万美金以偿还安然养老金诈骗案造成的损失；庞氏骗局策划者伯纳德·马道夫（Bernard Madoff）被判处150年监禁和1亿美元的刑事没收令。

---

① 2008年10月，迈克尔·布莱特还向没收令支付了1258467.04英镑的追缴款，R诉布莱特［2008］英格兰和威尔士上诉法院刑事庭462，第33段。

② 不过，内斯特·桑德斯在上诉后刑期减半了。

③ 安东尼·帕尼斯上诉后刑期减少到21个月监禁。

④ 卡尔·库西尼被判刑的依据是造成了2000万英镑的损失。

⑤ 弗雷德·克劳夫与当局进行了合作并认罪，因而刑期减半。

更常见的例子包括：2009年，使用虚假身份证件开立银行账户的贾辛塔·奇本尼（Jacinta Kibunyi）[①] 被判处12个月监禁。尽管使用虚假身份证件性质恶劣，但鉴于其可能系人口贩卖受害者，此量刑受到“量刑过重”的质疑。此外，还有约翰·达尔文（JohnDarwin）和安妮·达尔文（Anne Darwin）的案件。他们通过伪造约翰·达尔文的去世，获得了近68万英镑的福利金[②]，二人分别被判处6年零3个月监禁和6年零6个月监禁，并根据2002年《犯罪所得法》的规定，追缴591838.25英镑。由于他们没有可变现的金融资产，约翰·达尔文象征性地支付了1英镑[③]。盖·庞德（Guy Pond）因诈骗一个慈善信托机构而被判处监禁，刑期从3年改判为6年，并追缴200万英镑[④]。考虑到其周密预谋、背信行为与高度罪责，改判后刑期仍显畸轻。值得注意的是，在诈骗案件中，虚假陈述和滥用职权类案件普遍适用5-6年基准刑期。即使在涉案金额超过100万英镑的案件中，法院似乎仍不愿使用最高的10年刑期。这便引出了一个问题，即诈骗行为要多严重才能获得超过6年的刑期？

法院在处理诈骗案件时，除主刑外还可适用辅助没收令（见第2章）、赔偿令（向所涉受害人支付赔款）、财务申报令和资格取消令。2005年《严重有组织犯罪和警察法》第76条至第79条设立的财务申报令，已在2015年5月3日生效的《严重犯罪法》第50（1）（a）条废止。现行制度下，财务申报令作为2007年《严重犯罪法》第1条至

① R诉贾辛塔·奇本尼，上诉法院刑事庭，2009年1月14日。

② N. 班扬和R. 爱德华兹，《独木舟骗局妻子审判：达尔文被判监禁六年以上》（《每日电讯报》，2008年7月23日），载http://www.telegraph.co.uk/news/2448044/Canoe-wife-trial-Darwins-jailed-for-more-than-six-years.html，2011年6月10日。

③ 泰晤士报在线，《独木舟骗子安妮达尔文偿还近6百万英镑》（《泰晤士报》，2009年11月11日），http://www.timesonline.co.uk/tol/news/uk/article6912213.ece，2010年6月10日。

④ R诉庞德（盖伊）；总检察长参考资料（2004年第59次会议），[2004]英格兰和威尔士上诉法院2488。

第 41 条“严重犯罪预防令”的附属条款实施。根据 2005 年《严重有组织犯罪和警察法》第 79 条（该法仍然有效）的规定，被命令人须定期向监管机构申报财务状况，若未履行报告义务或提供虚假信息，将构成独立刑事犯罪并加处监禁①。

此外，如果犯罪行为涉及“公司设立、运营管理、清算或注销、公司财产的接管，或行政接管人履职”等②，法院可以依据 1986 年《公司董事资格取消法》取消罪犯在规定时间内担任公司董事的资格。具体规定如下：（1）禁止违法者担任公司董事，或通过他人间接行使董事职权；（2）未经法院许可，违法者禁止参与公司设立、管理、破产清算或财产接管；（3）违法者禁止参与合伙公司的设立与管理；（4）取消资格最长可持续 15 年；（5）违反该命令者，将被处以最高 2 年监禁的额外刑事处罚③。

表 3-2 和表 3-3 分别列举了 2015 年虚假陈述诈骗和滥用职权诈骗的典型案例。

表 3-2　虚假陈述诈骗案例

罪行：虚假陈述诈骗

法律依据：2006 年《诈骗法》第 2 条

最高刑期：10 年监禁

姓名	日期	刑期	简要案情
路易斯·尤金邓普西（Louis Eugene Dempsey）	2015 年 10 月 20 日	9 个月监禁	被告谎称自己在苏塞克斯东部布莱顿一家超市因地面湿滑摔倒，以此企图要求 11000 英镑的赔偿。

① 2005 年《严重有组织犯罪和警察法》，第 79 条。

② 1986 年《公司董事资格取消法》，第 2 条。

③ 1986 年《公司董事资格取消法》，第 13 条。

续表

姓名	日期	刑期	简要案情
皮特·巴奈特（Peter Barnett）	2015年9月20日	4个月监禁和200小时无偿社工	被告承认在搭乘切尔顿铁路长达31个月的时间内，逃票共计5892.70英镑。法官指出："你本拥有体面生活，却蓄意逃票……拘留门槛已经超过16周……这是一起严重的案件，逃票属于刑事犯罪，如果被抓到，将面临刑事起诉和监禁。这不仅是为了惩罚你，也是为了威慑别人。"①
迈克尔·史密斯（Michael Smith）	2015年9月22日	4年监禁	被告承认虚假陈述诈骗、滥用职权诈骗，以及伪造声明犯罪。他欺骗一家墙体保温公司为43栋房屋施工（谎称支付费用），导致该公司破产及9人失业②
林赛·斯通汉姆（Lindsey Stoneham）	2015年9月21日	3年零6个月监禁	被告承认虚假陈述诈骗（诈骗性逃税），涉案金额为428409英镑。法官指出："你的犯罪行为历时长久，且涉及精密计划与复杂操作。"③
罗宾森·阿格伯尼弗依坦（Robinson Agbonifoayetan）	2015年8月13日	6年监禁	被告承认诈骗，假扮成美国将军，编造悲惨故事诈骗两名妇女，涉案金额达42000英镑

① http：//www.thelawpages.com/court-cases/Peter-Barnett-16171-1.law。

② http：//www.hartlepoolmail.co.uk/news/crime/hartlepool-man-jailed-after-causing-firm-to-go-out-of-business-in-cavity-wall-scam-1-7475149。

③ http：//www.thelawpages.com/court-cases/Lindsey-Stoneham-16087-1.law。

续表

姓名	日期	刑期	简要案情
塞缪尔·奥利弗·库克（Samuel Oliver Cook）	2015年7月21日	2年监禁	被告承认以虚假股票投资为名诈骗6名受害者11万英镑，诈骗所得资金用于奢侈消费

表 3-3　滥用职权诈骗案例

罪行：滥用职权诈骗

法律依据：2006年《诈骗法》第4条

最高刑期：10年监禁

姓名	日期	刑期	简要案情
苏珊·伊莱恩 伦尼（Susan Elaine Rennie）	2015年11月5日	4年零6个月监禁	被告承认向雇主诈骗587471.24英镑。法官指出："你被委以公司财务管理的重任，然而却滥用职权，直至辞职前仍在犯罪。"①
皮特·查尔斯·伯顿利（Peter Charles Bottomley）	2015年8月18日	6年监禁	被告承认滥用职权诈骗、虚假陈述诈骗、制造或提供物品用于诈骗，以及盗窃罪行。在2008—2014年间，他从4名老年受害者处骗取356883.16英镑

① http：//www.thelawpages.com/court-cases/Susan-Elaine-Rennie-16380-1.law。

续表

姓名	日期	刑期	简要案情
宝林·艾尔福瑞达·库柏（Pauline Elfreda Cooper）	2015年8月14日	5年零8个月监禁	被告承认诈骗其雇主Saipem有限公司130万英镑。她进行了28次转账将资金转到她自己的账户，谎称是在向英国税务和海关总署（HMRC）付款①
迈克尔·埃弗拉德·思考特（Michael Everard Scott）	2015年6月18日	5年零6个月监禁，10年禁止担任公司董事职务	被告被判定从员工薪资中扣留95万英镑未缴付税务。法官指出："你顽固地构建公司网络，频繁更名以掩盖罪行……显然你不适合经营一家公司。"②
盖诺·伊丽莎白·凯西（Gaynor Elizabeth Casey）	2015年6月2日	1年监禁	被告承认盗窃并诈骗其母亲12450.73英镑。法官指出："此举非为生计，纯属私欲……此判决警示持授权委托书者：若背弃信任，监禁不可避免。"③
盖·布鲁斯·霍顿（Guy Bruce Houghton）	2015年2月19日	3年零4个月监禁	被告承认利用其所持有的永久委托书从他患有老年痴呆的祖母那里诈骗了50万英镑，资金用于奢侈消费

① http：//www. kentonline. co. uk/ashford/news/calculated-fraudster-steals-13m-from-32326/。

② http：//www. thelawpages. com/court-cases/Michael-Everard-Scott-15531-1. law。

③ http：//www. thelawpages. com/court-cases/Gaynor-Elizabeth-Casey-15439-1. law。

第九节　未来建议

随着《诈骗审查》的出版、2006年《诈骗法》的出台和国家诈骗管理局的成立，英国的反诈骗政策不断推进。然而，由于联合政府最初推出的一系列措施，该政策目前处于不断变化的状态。尽管联合政府承诺并保证设立单一的经济犯罪署，但目前仍有太多机构履行相同职能。随着国家犯罪局的成立，这种情况进一步恶化。财政部虽负责制定和实施英国的反洗钱和反恐怖主义融资政策，但并不涉及任何反诈骗政策；内政部在打击有组织犯罪框架下统筹反诈骗政策，导致权责分散，且内政部很可能会在一些失败的努力之后再次尝试废除诈骗重案办公室，监管架构的稳定性持续面临挑战。

为解决当前困境，需要从多方面进行改革。首先，亟须设立一个单一政府部门来应对所有类型的金融犯罪。鉴于英国财政部在反洗钱和反恐怖主义融资方面的经验，把这项任务交给财政部似乎是最合乎逻辑的。此外，建议合并诈骗重案办公室与金融行为监管局的侦查权限，组建单一的金融犯罪调查机构。其次，完善立法。2002年《犯罪所得法》虽规定诈骗案件需向国家犯罪局报告，但却存在漏洞。在某些情况下，诈骗指控会被报告给银行、警方，受监管机构则需向金融行为监管局报告，导致报告渠道碎片化。同时，缺乏强制报告义务，这与美国采取的策略以及本国的反洗钱措施形成鲜明对比。因此，建议英国采取类似的强制反诈骗报告制度，要求所有可疑诈骗交易必须向国家犯罪局报告。

第十节 延伸阅读

R. 博斯沃思-戴维斯，《调查金融犯罪：公共诈骗调查角色的持续演变——个人视角》（2009年），载《公司律师》，第30卷第7期，195-199。

J. 德·加西亚，《审查诈骗重案办公室——最后报告》（诈骗重案办公室：伦敦，2008年）。

诈骗咨询小组，《罗斯基尔重新访问：是否有统一的诈骗起诉办公室?》（诈骗咨询小组：伦敦，2010年）。

P. 基尔南和G. 斯坎伦，《诈骗与法律委员会：不诚实的未来》（2003年），载《金融犯罪杂志》，第10卷第3期，199-208。

M. 利维，《重新审查罗斯基尔诈骗委员会：评估》（2003年），载《金融犯罪杂志》，第11卷第1期，38-44。

J. 马斯特斯，《诈骗和洗钱：公司不合规的不断演变的刑事定罪》（2008年），载《洗钱控制杂志》，第11卷第2期，103-122。

D. 奥默罗德，《2006年诈骗法——将说谎定为犯罪?》（2007年），载《犯罪法评论》，193-219。

D. 奥默罗德和D. 威廉斯，《史密斯的盗窃法》（牛津大学出版社：牛津，2007年）。

B. 莱德，《大胆的一步?》（2009年），载《公司律师》，第30卷第1期，1-2。

G. 斯坎伦，《涉及公司董事和职员的罪行：英国的诈骗和腐败——现在和未来》（2008年），载《金融犯罪杂志》，第15卷第1期，22-37。

R. 莱特，《罗斯基尔后的诈骗：诈骗重案办公室的观点》（2003年），载《金融犯罪杂志》，第 11 卷第 1 期，10–16。

R. 莱特，《开发有效的工具来管理经济动机犯罪诈骗造成的损害风险》（2007 年），载《金融犯罪杂志》，第 14 卷第 1 期，17–2。

第四章　内幕交易

第一节　介绍

内幕交易，是指某人（或在某人的唆使下），利用未公开的商业数据或会影响股票买卖价格的信息对股票或证券进行非法交易①。亚历山大（Alexander）将其定义为：持有非公开资料的人员在有组织的证券市场进行交易。部分内幕交易基于公司的财务或者经营信息②。这种行为被公认为是一个广泛存在的问题，且很难根除。

鉴于英国市场对公平交易环境的高度重视，英国政府出台了一项将内幕交易定为刑事犯罪的政策，并采用了一条额外的民事追讼途径。本章将系统解析内幕交易犯罪行为、内幕交易犯罪的规模、内幕交易治理政策，评估相关金融机构及监管主体的履职效能，最后审视刑事判决与民事处罚措施的实际效果。

① 诈骗重案办公室，《内幕交易》（2010 年），http：//www. sfo. gov. uk/media/99234/insider%20dealing%20web%201. pdf，2011 年 10 月 4 日。

② K. 亚历山大，《内幕交易和市场滥用》，剑桥大学工作论文 NO. 222（剑桥大学：剑桥，2001 年，4）。

第二节 什么是内幕交易罪?

根据1994年3月1日生效的1993年《刑事司法法》第52条[①]，内幕交易罪是拥有内幕信息的个人根据此类信息在受监管市场上进行证券交易的犯罪行为。

值得注意的是，这种刑事犯罪仅适用于掌握内幕信息的自然人，法人不构成本罪。这一观点可以与第五章讨论的市场滥用制度进行对比。“受监管市场”被定义为任何“经财政部行政命令界定的任何形式的市场”[②]。拥有内幕信息的个人，如果怂恿他人从事证券交易，或者在不符合其正当职能的情况下披露内幕信息，也构成犯罪[③]。欧盟《内幕交易指令》（以下简称《指令》）规定，每个成员国均应“禁止拥有内幕信息的人向任何第三方披露内幕信息，除非此种披露是在其正常履行职责的过程中进行的；禁止基于内幕信息建议或促成第三方买卖证券市场流通证券”[④]。简言之，内幕交易、怂恿交易和泄露信息，这三种行为被认定是犯罪行为[⑤]。对于这三种行为的定罪，重要的是要证明是否存在内幕信息。《刑事司法法》第56条对内幕信息的定义为：

（1）涉及特定证券或特定证券发行商，而不是一般证券或一般证

① 关于1993年《刑事司法法》所列罪行的详细讨论，见E. 罗姆尼卡，《新的内幕交易条款》，1993年《刑事司法法》第五部分（1994年），载《商业法杂志》，3月，173-188。

② 1993年《刑事司法法》，第60条。

③ 1993年《刑事司法法》，第52（2）条。

④ 《内幕交易指令89/592/EEC》，第3条。

⑤ 诈骗重案办公室，《内幕交易》，2010年，http：//www. sfo. gov. uk/media/99234/insider%20dealing%20web%201. pdf，2011年10月4日。

券发行商；

（2）信息内容具明确指向或精确细节；

（3）信息尚未通过法定渠道公开披露；

（4）如果信息公开，可能会对相关证券的价格产生重大影响[①]。

这一定义承袭了《指令》所采用的定义，即内幕信息是“未公布的，涉及特定可转让证券或发券商的精确信息，其公开可能对相关证券价格产生重大影响”[②]。因此，必须确定上述信息是否已公开。根据《刑事司法法》第 58 条，信息被视为“已公开”需满足以下任一条件：

（1）公开的目的是通知投资者及其专业顾问；

（2）载入可供公众查阅的登记簿或档案系统；

（3）证券交易相关方可通过常规途径便捷获取；

（4）从其他已经公开的信息中获得。

这些信息还具备以下特点：只需要部分人了解，不必传达给广大公众；不限制仅在英国发布；可以仅仅通过观察的方式获取；可以收取费用；只能由相关专业人员获得[③]。

根据《刑事司法法》规定，如果相关信息是某人作为董事、雇员或股东而获取的，或者通过其职务或工作过程得以接触到的，则该人将被视为内幕人士[④]。因此，某人作为内幕人士拥有内幕信息的条件是“明知所持信息属于内幕信息，并且明知信息源自内部渠道”[⑤]。

这一定义再次承袭了《指令》所采用的定义。根据该《指令》，符合以下任何一种情形获取信息的，在完全知悉信息性质的前提下，

---

① 1993 年《刑事司法法》，第 56（1）条。

② 内幕交易指令，理事会指令 89/592/EEC，第 1（1）条。

③ 1993 年《刑事司法法》，第 58（3）条。

④ 1993 年《刑事司法法》，第 57（2）条。

⑤ 1993 年《刑事司法法》，第 57（1）条。

直接或间接利用该信息为自身或第三方账户买卖相关发行人证券的，即构成内幕人士：(1) 基于其作为发券商的行政管理层或监督机构成员的身份；(2) 基于其持有发券商的资本股份；(3) 其在履行职责的过程中获取信息[①]。

根据1993年《刑事司法法》及其相关司法解释，涉案证券须为价格受到影响的证券，即所涉内幕信息需要对所涉证券的价格（或价值）产生"重大影响"[②]。证券类型包括股票、债务证券、认股权证、存托凭证、期权、期货和差额合同[③]。根据《指令》规定，证券包括：股票和债务证券，以及等同于股票和债务证券的证券；与上述证券相关的认购、收购或处置合约或权利；在受公共机构认可的机构监管、运作规范且公众可间接参与的市场上交易的证券期货、期权及金融期货[④]。

此外，要认定内幕交易罪成立，检察机关还需要证明：行为人实施交易时在英国境内；涉案市场已被英国财政部确定义为受监管市场；如果犯罪行为涉及专业中介机构，则该机构在交易时也必须在英国境内；如果犯罪行为涉及怂恿他人交易，则信息的披露者和接受者在传递和接收信息时须在英国境内[⑤]。

一、交易

如前所述，如果掌握内幕信息的人在受管制市场上交易价格受影响的证券，则构成第一项犯罪行为。行为人可以依靠专业中介人进行

---

① 《内幕交易指令89/592/EEC》，第2（1）条。

② 1993年《刑事司法法》，第56（2）条。

③ 1993年《刑事司法法》，附表2。

④ 《内幕交易指令89/592/EEC》，第2（1）条。

⑤ 1993年《刑事司法法》，第62条。

操作，也可以自己充当专业中介人实施交易[①]。1993 年《刑事司法法》第 55 条将证券交易定义为“收购或处置证券，或者促使他人（直接或间接）收购或处置证券”[②]。收购是指签订设定担保的合同或签订将取得担保的协议[③]。处置是指终止此类合同或签订证券转让协议[④]。有趣的是，检方无须证明内幕信息与交易行为存在因果关系，但行为人可通过证明“即使未获内幕信息仍会实施相同交易”进行抗辩。典型案例包括：内幕信息是上市公司即将被接管（这通常会导致其股票价格上涨），内幕人士在信息公开之前购买股票，最终获得了巨额利润。相反，内幕信息是上市公司即将发布利润警告，而在这一信息被广泛知晓之前，内幕人士出售其股票以避免损失[⑤]。

二、怂恿他人进行交易

这一罪行涵盖的情形是：持有内幕信息的人怂恿他人根据这一信息在任何受监管的市场上交易证券，且其明知或有合理理由相信这种交易将发生。值得注意的是，怂恿他人进行交易的犯罪不是结果犯罪，因此，一旦有怂恿的事实，即使没有随后的交易发生，该罪行也成立。

三、泄露内幕消息

如果拥有内幕信息的人向他人披露了这一信息，并且有合理理由

① 1993 年《刑事司法法》，第 52（1）（3）条。
② 1993 年《刑事司法法》，第 55（1）条。
③ 1993 年《刑事司法法》，第 55（2）条。
④ 1993 年《刑事司法法》，第 55（3）条。
⑤ P. 巴恩斯，《内幕交易和市场滥用，英国执法记录》（2011 年），载《国际法律、犯罪和司法杂志》，第 39 卷，174-189。

相信他人将在任何受监管的市场上利用这一信息作为专业中介或通过专业中介处理受价格影响的证券，则构成犯罪。但是，只有当这种披露超出了个人“适当履行其职责”[①] 的范围时，才构成犯罪。虽然披露可以书面形式作出，但更多的是以口头形式作出[②]。

四、辩护理由

针对上述三种罪行，存在一些抗辩事由，均在 1993 年《刑事司法法》第 53 条和附表 1 中规定[③]。例如，如果涉案人员能够证明在交易时他们并不期望获利（也包括避免损失[④]），且有合理理由相信交易所依据的信息是众所周知的；或即使他们不知道内幕信息，也会同样操作[⑤]，那么犯罪行为将不成立。对于后一个理由，被告必须证明“他们有令人信服的理由进行相关证券交易，无论是否掌握内幕信息，他们都会基于这个理由进行交易”[⑥]。对于怂恿他人利用内幕信息进行证券交易，也适用上述三种抗辩事由[⑦]。此外，如果信息披露者能够证明他们未预见他人利用这一信息进行证券交易，或未预见交易会产生利润，那么根据 1993 年《刑事司法法》第 52 条，即使他们披露了内幕信息也不构成犯罪[⑧]。

---

① 1993 年《刑事司法法》，第 52 卷第（2）（b）条。

② 诈骗重案办公室，《内幕交易》，2010 年，http：//www. sfo. gov. uk/media/99234/insider%20dealing%20web%201. pdf，2011 年 10 月 4 日。

③ 关于 1993 年《刑事司法法》中“辩护”的更详细讨论，见 M. 杰恩，《犯罪意图在内幕交易中的意义》（2004 年），载《公司律师》，第 25 卷第 5 期，132-140。

④ 1993 年《刑事司法法》第 53（6）条。

⑤ 1993 年《刑事司法法》，第 53（1）条。

⑥ 诈骗重案办公室，《内幕交易》，2010 年，http：//www. sfo. gov. uk/media/99234/insider%20dealing%20web%201. pdf，2011 年 10 月 4 日。

⑦ 1993 年《刑事司法法》，第 53（2）条。

⑧ 1993 年《刑事司法法》第 53（3）条。

除了这些抗辩事由之外，1993 年《刑事司法法》附表 1 还规定了特殊抗辩事由。其中第一项是“作为一个秉持诚信原则的做市商的善意行为”。“做市商”被定义为“在正常情况下，遵守受监管市场或经批准的组织的规则，持续提供证券买卖双向报价的人”[①]。此外，根据该表第二项，如果可以证明内幕信息是“市场信息”，并且“行为人只是依照其职责实施合理操作”，则也构成辩护事由[②]。其中，“市场信息”是指包括以下一个或多个事实的信息：

（1）某类证券已经或将要被收购或处置，或者其收购或处置正在审议中；

（2）某类证券未被或者不会被收购或处置；

（3）已收购或处置或即将收购或处置的证券数量，或者正在审议中的证券数量；

（4）已收购或处置或即将收购或处置的证券价格（或价格范围），或者正在审议中的证券价格（或价格范围）；

（5）参与或可能参与收购或处置的人员的身份[③]。

此外，如果某人能够证明所涉证券的处置或收购已经在谈判中或正在审议；交易行为旨在促成该处置或收购；所持内幕信息是通过交易而获得的市场信息，则内幕交易罪不成立[④]。市场信息的上述定义在此同样适用。最后，如果涉案人员能够证明他们的行为符合 2000 年《金融服务与市场法》第 144（1）条制定的“价格稳定规则”，也能构成辩护事由[⑤]。无论援引哪种辩护事由，辩护一方均需根据盖然性

① 1993 年《刑事司法法》，附表 1，第 1 段。
② 1993 年《刑事司法法》，附表 1，第 2 段。
③ 1993 年《刑事司法法》，附表 1，第 4 段。
④ 1993 年《刑事司法法》，附表 1，第 3 段。
⑤ 1993 年《刑事司法法》，附表 1，第 5 段。

优势原则证明存在上述情况[①]。

第三节　内幕交易犯罪的规模

评估金融犯罪规模的难题贯穿本书研究。这一挑战在内幕交易领域尤为显著，主要源于两大因素：一是大量内幕交易被认为是在相对较低的层级上进行的——行为人获取少量内幕信息后实施小额证券买卖，难以触发监管警报；二是通过“交易团伙”运作，内幕信息提供者与交易实施者间存在多重错综复杂的环节，导致行为关联性难以追溯。巴恩斯（Barnes）解释道，对内幕交易规模的唯一官方估算源自1990年5月贸易和工业委员会向下议院提交的报告：1988年5月至1990年期间，当局对240起潜在内幕交易案件开展了调查；1985年至1990年期间，对101起潜在内幕交易案件开展了调查，并移交给了贸易和工业部，最终19起案件被起诉，10起案件被定罪[②]。在后续的研究中，杜博（Dubow）和蒙泰罗（Monteiro）通过分析信息公开前两日股价的波动情况来评估市场洁净度，股价的重大变化往往被视为内幕交易的证据。2000年至2005年期间，25%至33%的企业并购出价信息在被公开前的两天内发生了统计学上显著的价格变化，这表明存在一定的内幕交易活动[③]。然而，巴恩斯认为该数值被严重低估。以公告

① 诈骗重案办公室，《内幕交易》，2010年，http：//www. sfo. gov. uk/media/99234/insider%20dealing%20web%201. pdf，2011年10月4日。

② P. 巴恩斯，《内幕交易和市场滥用，英国执法记录》（2011年），载《国际法律、犯罪和司法杂志》，第39卷，174-189，186。

③ B. 杜博和N. 蒙泰罗，《衡量市场洁净度》，载《FSA不定期文件》，（2006年3月刊）（金融服务管理局：伦敦，2006年）。

前两个月为衡量标准，其研究发现，超过90%的案件存在内幕交易证据[①]。基于英国年均50次利润警告和150次收购公告的数据，巴恩斯估计每年大约发生1000起内幕交易案件，而这些案件被调查的概率仅为500分之一[②]。金融行为监管局（FCA）在2014年的报告中指出，自2007—2008年金融危机以来，内幕交易案件显著减少[③]，“有理由相信，起诉和关于新监管立场的宣传形成了有效威慑”[④]。但该结论存疑：究竟是这一因素导致了内幕交易犯罪的减少，还是内幕交易的黑色数额仍然庞大，仍具争议空间。

第四节　政策背景

英国的内幕交易政策，与其反洗钱和反恐怖主义融资政策一样，受到了欧盟所推行措施的影响。然而，必须指出，1943年成立的科恩委员会（Cohen Committee）[⑤]并未考虑引入新的内幕交易刑事罪名[⑥]。欧盟对内幕交易政策的启动存在一些不确定性。有评论者认为，欧盟对内幕交易的监管受到美国内幕交易条例的影响。这些条例是在1929

---

① P. 巴恩斯，《股票市场效率》，载《内幕交易和市场滥用》（高尔：奥尔德肖特，2009年）。

② P. 巴恩斯，《内幕交易和市场滥用，英国执法记录》（2011年），载《国际法律、犯罪和司法杂志》，第39卷，174-189，186。

③ 关于2007—2008年金融危机和金融犯罪之间关联的更详细的讨论，见N. 莱德，《金融危机和白领犯罪，完美风暴？》（爱德华·埃尔加：切尔滕纳姆，2014年）。

④ 金融行为监管局，《为何FCA的收购公告的市场洁净度统计数据自2009年以来有所下降？》（金融行为监管局：伦敦，2014年，20）。

⑤ 《由科恩法官主持的公司法修订委员会的报告（科恩报告）》（英国文书局：伦敦，1945年）。

⑥ J. 戴维斯，《从绅士的期望到监管原则，英国内幕交易的历史，第1部分》（2015年），载《公司律师》，第36卷第5期，132-143。

年华尔街股灾后出台的[①]。美国是最早通过法案将内幕交易定为犯罪的国家。此外，英国的内幕交易政策也受到一些欧洲国家已经出台的处理内幕交易的法律的影响[②]。1987 年，欧盟公布了《内幕交易委员会指令草案》[③]。该草案最终于 1989 年 11 月通过[④]，最终定名为《内幕交易指令》[⑤]。

杜德施塔特（Duderstadt）认为，《内幕交易指令》之所以能在短期内实现，主要归因于三大因素：第一，单一市场建设计划产生的吸引力；第二，将指令草案与完善共同市场的相关措施相结合起来，使得其以多数票通过；第三，德国金融市场作为内幕交易立法的主要反对者，因其所谓的内幕交易监管缺陷导致国际形象持续受损[⑥]。

《内幕交易指令》的核心目的是“确保所有投资者机会平等”[⑦]，同时试图“为欧共体（欧洲经济共同体）成员国确立内幕交易法律的最低标准”[⑧]。1977—1978 年，英国第一次试图引入内幕交易立法[⑨]。1980 年，当时的保守党政府推出了《公司法》。该法规定，某些人在

① J. 汉森，《欧盟关于市场滥用指令的新建议》（2002 年），载《宾夕法尼亚大学国际经济法杂志》，第 23 卷，241-268。

② 这包括法国、瑞典、丹麦、挪威和英国等。

③ 最初的指令于 1987 年 5 月公布（第 7310/87 号指令），并于 1988 年 10 月修订（第 8810/88 号指令）。

④ 理事会第 89/592/EEC 号指令。

⑤ I. 杜德施塔特，《在英国和德国执行内幕交易指令》（1996 年），载《金融犯罪杂志》，第 4 卷第 2 期，105-116。

⑥ I. 杜德施塔特，《在英国和德国执行内幕交易指令》（1996 年），载《金融犯罪杂志》，第 4 卷第 2 期，105-116。

⑦ F. 坎托斯，《EEC 内幕交易指令草案》（1989 年），载《国际银行法杂志》，第 4 卷第 4 期，174-176。

⑧ M. 阿西娅，《内幕交易指令》（1992 年），载《公司律师》，第 13 卷第 1 期，15-19。

⑨ J. 韦尔奇，M. 帕尼耶，E. 巴拉奇诺，J. 贝恩德和 P. 勒德波尔，《比较执行欧盟指令（I）——内幕交易和市场滥用》（英国国际和比较法研究所：伦敦，2005 年，18）。

持有未公布的价格敏感信息时，从事“证券”交易属于刑事犯罪①。该条款后经 1985 年《公司证券（内幕交易）法》修订②。

然而，1985 年《公司证券（内幕交易）法》的实施效果堪忧，其存续期间没有成功提起任何公诉。尽管如此，学者麦克维（McVea）指出，目前英国的内幕交易立法是以 1985 年《公司证券（内幕交易）法》为核心，并得到 1985 年《公司法》和 1986 年《金融服务法》的补充，是比欧共体的拟议措施更先进、更完善的立法。因此，英国政府在合规调整方面的作用甚微③。

英国通过 1993 年《刑事司法法》将欧盟《内幕交易指令》转化为国内法，其中包含了一些影响英国内幕交易政策的条款。例如，其第 3 条“要求禁止内部人员：（1）向任何第三方披露内部信息，除非这种披露是在其正常履行职责过程中进行的；（2）根据内幕信息建议或唆使第三方收购或处置可转让证券”。此外，欧盟于 2003 年推出了《市场滥用指令》④。该指令通过《金融服务和市场法》引入英国⑤。“《市场滥用指令》禁止诸如内幕交易和市场操纵的不当行为。它规定了以阻止不当行为为目的的义务，如建立内部人员名单制度、实施可

---

① 1980 年《公司法》，第五部分。

② 1985 年《公司证券（内幕交易）法》，第 4 条。

③ H. 麦克维，《欧共体强制性内幕交易立法计划》（1987 年），载《公司律师》，第 8 卷第 5 期，223-224。

④ 《市场滥用指令》（［2003］ OJ L96/16）。欧盟委员会于 2001 年 5 月 30 日公布了拟议的关于内幕交易和市场操纵（市场滥用）的指令。见 M. 麦基，《拟议的欧盟市场滥用指令》（2001 年），载《国际金融市场杂志》，第 3 卷第 4 期，137-142。2009 年，欧盟委员会发起了一项要求提供证据的呼吁，作为其正在进行的市场滥用指令有效性审查的一部分。见欧盟委员会，《呼吁对关于内幕交易和市场操纵的第 2003/6/EC 号指令（市场滥用指令）进行证据审查》（2009 年），见 http://ec.europa.eu/internal_market/consultations/docs/2009/market_abuse/call_for_evidence.pdf，2010 年 8 月 12 日。

⑤ 2000 年《金融服务和市场法》，第 4 页。关于市场滥用指令及其在英国的影响的更详细讨论见本书第五章。

疑交易报告制度、要求发券商经理披露交易信息，以及强制发券商及时披露内部信息。”[①] 重要的是，该指令“要求任何利用金融工具进行专业交易的人员，如果合理怀疑某项交易可能构成内幕交易或市场操纵，应立即通知主管当局”[②]。这种可疑交易报告制度已成为英国内幕交易政策的核心组成部分，并由 FCA 管理。

第五节　金融机构和监管机构

与本书讨论的其他金融犯罪类型相似，英国内幕交易的监管体系涉及多个政府部门、金融监管机构和执法机构的管辖。历史上，主导内幕交易政策的主要或首要政府部门是贸易和工业部（DTI）。其职权现由 FCA 接管。《内幕交易指令》第 8 条规定，每个成员国应指定一个机构，确保该指令合规执行。汉尼根（Hannigan）指出，“英国能胜任的内幕交易监管机构应该是 DTI 和证券交易所，其承担主要的监管职责，但随着职能的扩展，证券和投资委员会（SIB）也可能被指定参与”[③]。因此，根据 1986 年《金融服务法》，DTI 获得了广泛的调查权力，以应对内幕交易构成的威胁[④]。具体来说，允许 DTI 任命的调查人员核查内幕交易犯罪行为[⑤]，并授予调查人员综合执法权限[⑥]。在 1984 年格瓦（Gower）教授提出改革建议后，DTI 将其大部分内部交

---

① 编辑，《委员会寻求证据审查市场滥用指令》（2009 年），载《公司法新闻》，第 252 卷，4-5。

② 《市场滥用指令》（［2003］OJ L96/16），第 6（9）条。

③ B. 汉尼根，《监管内幕交易：欧共体层面》（1989 年），载《国际银行法杂志》，第 4 卷第 1 期，11-14。

④ 1986 年《金融服务法》，第 177 条。

⑤ 1986 年《金融服务法》，第 177（1）条。

⑥ 1986 年《金融服务法》，第 105 条。

易职能委托给SIB[1]。格瓦的最初构想为设立两大实务机构，即负责监管证券和投资的SIB和负责投资营销的投资营销委员会（MIB）。后经调整，MIB以组织委员会的形式成立，最终并入SIB形成单一监管实体。罗姆尼卡（Lomnicka）认为，“SIB的成立是为1986年《金融服务法》的出台预做制度准备”[2]。SIB行使立法和行政职能，被称为“伞形监管组织”[3]。SIB的核心规则第28条涉及内幕交易和“禁止公司进行违反法定限制的交易”[4]。具体如下：当机构知悉存在1993年《刑事司法法》（第五部分）禁止交易的情形时，不得为自身账户（或关联方自有账户）在英国或境外执行相关证券交易。

如果一家公司违反了SIB核心规则第28条，根据1986年《金融服务法》的规定，SIB可以违反法定义务为由提起民事诉讼。

格雷（Gray）指出：1986年《金融服务法》第62条规定，如果投资者因投资机构违反该法第62（1）条规定的任何事项而遭受损失，则有权提起诉讼。这些事项主要是SIB管理投资业务的规则和条例，或适用于该投资业务的自律监管机构（SRO）或公认专业机构的规则和条例[5]。

必须指出的是，若干评论者对1986年《金融服务法》中相关执行措施的有效性以及SIB和DTI的监管绩效提出了质疑。例如，韦尔奇（Welch）等人在为英国国际法与比较法研究所撰写的报告中得出

---

① 英国金融服务，《投资者保护新框架》，9432。

② E. 罗姆尼卡，《使金融服务管理局负责》（2000年），载《商业法杂志》，1月刊，65-81。

③ E. 罗姆尼卡，《使金融服务管理局负责》（2000年），载《商业法杂志》，1月刊，65-81。

④ M. 怀特，《〈1993年刑事司法法〉中新的内幕交易条款对证券监管的影响》（1995年），载《公司律师》，第16卷第6期，163-171。

⑤ M. 怀特，《〈1993年刑事司法法〉中新的内幕交易条款对证券监管的影响》（1995年），载《公司律师》，第16卷第6期，163-171。

结论：实践表明，依据刑法成功起诉内幕交易案件极为困难。此外，1986年《金融服务法》规定的监管机构对未构成刑事犯罪行为的规制权限仅限于受权人员，在某些情况下还包括主要雇员①。

1997年工党执政后，SIB和其他自律监管机构被合并到金融服务管理局（FSA），其被任命为内幕交易监管机构。根据2000年《金融服务和市场法》，金融服务管理局有四项法定目标，其中之一是减少金融犯罪②。金融服务管理局认为，内幕交易犯罪是对其达到法定目标的重大威胁，因此，它是金融犯罪治理的“重中之重”③。费尔比（Filby）指出，“自2001年底以来，金融服务管理局负责全面执行《刑事司法法》与《金融服务法》下的内幕交易监管，职能涵盖侦查内幕交易、调查可疑案件、实施制裁”④。基于“预防为主”的监管理念，金融服务管理局要求“市场参与者”建立以下预防机制：

1. 建立适当且有效的反内幕交易制度和控制机制；
2. 编制一份尽可能精简的内部人员名单，摒除无关人员；
3. 信息泄漏后开展彻底的内部审查；
4. 对包括辅助岗位在内的工作人员进行有针对性的培训；
5. 监控员工个人账户交易行为；
6. 在与第三方交易时执行严格的控制标准；
7. 建立有效的信息技术控制系统；

---

① J. 韦尔奇，M. 帕尼耶，E. 巴拉奇诺，J. 贝恩德和P. 勒德波尔，《比较执行欧盟指令（I）——内幕交易和市场滥用》（英国国际和比较法研究所，伦敦，2005年，20）。

② 2000年《金融服务和市场法》，第6条。

③ 金融服务管理局，《玛格丽特·科尔，美国律师协会执行主任的演讲》，2007年10月4日，http://www.fsa.gov.uk/pages/Library/Communica-/Speeches/2007/1004_mc.shtml，2011年11月9日。

④ M. 费尔比，《根据〈2000年金融服务和市场法〉执行内幕交易》（2003年），载《公司律师》，第24卷第11期，334-341。

8. 认识到代码词在保密措施中的局限性[①]。

该预防机制中的一个重要组成部分是可疑交易报告制度，即使交易没有发生，授权公司也必须向金融行为监管局报告内幕交易活动的可疑交易。这是继2005年实施《市场滥用指令》后在英国推出的创新性举措之一。根据《FCA手册》，受监管机构必须向金融行为监管局报告任何可疑活动，如果不遵守这一要求，将会面临违约和处罚[②]。例如，2009年，金融服务管理局对马克·劳克伍德（Mark Lockwood）处以20000英镑罚款，因其未能鉴别并报告可疑交易活动，导致其所在机构被用于内幕交易[③]。此外，2012年1月，金融服务管理局对卡斯帕·阿格纽（Caspar Agnew）处以65000英镑罚款，因其未能鉴别出可疑的交易命令并采取行动，使其公司被用来为内幕交易提供便利[④]。金融服务管理局强调了可疑交易报告制度的重要性。它指出，"95%的可疑交易报告涉及潜在的内幕交易，因此市场参与者的主动报告在发现和防止市场滥用方面至关重要。"[⑤] 此外，金融服务管理局还通过三种其他方式获取内幕交易的线索，即监管、市场监控和举报。

必须指出，2012年《金融服务法》是英国金融监管体系的一项重

---

① 金融服务管理局，《玛格丽特·科尔，美国律师协会执行主任的演讲》，2007年10月4日，http://www.fsa.gov.uk/pages/Library/Communica-/Speeches/2007/1004_mc.shtml，2011年11月9日。

② 《FSA手册》，监督，SUP15.10，http://fsahandbook.info/FSA/html/handbook/SUP/15/10，2011年11月10日。

③ 金融服务管理局，《经纪人未能防止内幕交易而被FSA罚款》，2009年9月2日，http://www.fsa.gov.uk/pages/Library/Communication/PR/2009/115.shtml，2011年11月9日。

④ 金融服务管理局，《绿光资本的前合规官员和摩根大通嘉诚证券交易员被罚款》，2012年1月27日，http://www.fsa.gov.uk/library/communication/pr/2012/007.shtml，2012年2月3日。

⑤ 金融服务管理局，《绿光资本的前合规官员和摩根大通嘉诚证券交易员被罚款》，2012年1月27日，http://www.fsa.gov.uk/library/communication/pr/2012/007.shtml，2012年2月3日。

要改革。这一立法废除了由金融服务管理局、财政部和英格兰银行组成的三方监管制度，取而代之的是由英格兰银行主导、审慎监管局(PRA)[①] 和金融行为监管局支持的监管制度。金融行为监管局继承了金融服务管理局的调查与执法权[②]，包括有权要求授权机构提供信息[③]、任命调查员[④]、获得海外金融监管机构的协助[⑤]，并向指定的调查员追加调查资源[⑥]。根据 2000 年《金融服务和市场法》，金融行为监管局能够对特定案件进行全面调查[⑦]，并对个别案件进行专项调查[⑧]。此外，在“有情况表明发生了刑事审判法案意义上的内幕交易”的前提下，2000 年《金融服务和市场法》允许金融行为监管局任命更多的调查人员[⑨]。

前金融服务管理局执法总监玛格丽特·科尔（Margaret Cole）在 2010 年的金融犯罪新闻信中指出：“我们决心传递一个强有力的威慑信息，上个月，我们开出了有史以来最高的个人罚款——以市场滥用罪对西蒙·伊格尔（Simon Eagle）判处 2800 万英镑罚款。我们的目标是改变不良交易行为，使市场更加清洁、公平和有序，使零售客户得

① 更详细的讨论见 G. 巴贝尔，《审慎监管机构，特殊时期的特别措施》（2014 年），载《公司律师》，第 35 卷第 12 期，353-360；G. 沃克尔，《审慎监管机构》（2011 年），载《国际金融监管》，2011 年 10 月 7 日。

② 关于《金融服务协定》和 2012 年《金融服务法》改革的简要讨论见 A. 科金斯，《2012 年金融服务法案，英国金融监管结构最近的全面改革》（2013 年），载《国际公司和商法评论》，第 24 卷第 9 期，325-328。

③ 2000 年《金融服务和市场法》，第 165 条。还必须指出，《减贫战略文件》也有权要求提供信息。见 2000 年《金融服务和市场法》，第 165A 条。

④ 2000 年《金融服务和市场法》，第 167 条。

⑤ 2000 年《金融服务和市场法》，第 169 条。PRA 还有权在金融稳定方面获得海外监管机构的支持，见 2000 年《金融服务和市场法》，第 169A 条。

⑥ 2000 年《金融服务和市场法》，第 172 条。

⑦ 2000 年《金融服务和市场法》，第 167 条。

⑧ 2000 年《金融服务和市场法》，第 168 条。

⑨ 2000 年《金融服务和市场法》，第 168（2）（a）条。

到更公平的交易。我们继续与其他主要组织合作并取得了成功，这一点在我们最近的成功执法实践中得到了体现。例如，我们与严重有组织犯罪署联合开展了大规模反内幕交易行动。”①

金融服务管理局依据1993年《刑事司法法》保留了对内幕交易提起刑事诉讼的权力；然而，有人认为，该机构在推动这一路径方面进展缓慢，招致批评。金融服务管理局更倾向于将经济处罚作为其主要执法手段，甚至一度有人质疑金融服务管理局是否真正会对内幕交易提起刑事诉讼。在金融服务管理局脱离自律监管传统后的初期发展阶段，该机构的高级管理层似乎不愿意承认其职责之一是打击金融犯罪及遏制市场滥用。然而，似乎有一些证据表明，金融服务管理局正开始对内幕交易采取更加强硬的措施，未来可能会有更多的刑事起诉。亚历山大（Alexander）教授也注意到金融服务管理局的执法强度正呈现显著提升的态势，这一转变可追溯至前金融服务管理局执法总监玛格丽特·科尔（Margaret Cole）的一次演讲。她强调，金融服务管理局将寻求方法以大幅提升刑事公诉案件数量②，并将其称为“我们方法中最重要的变化之一”。在这次演讲后不久，金融服务管理局取得了首例内幕交易刑事定罪案件③——一名律师因在收购案中向其岳父泄露内幕信息而被判处8个月的监禁。此外，司法层面亦通过判例确认：金融服务管理局能够依据《刑事司法法》提起诉讼，而无需经过国务大臣或检察长的前置审批程序。同时，由于金融服务管理局采取了更积极的市场滥用处理方式，其影响力正在扩大，超越了传统的证

① 金融服务管理局，《金融犯罪新闻信》（2010年7月14日），第1期。

② R. 亚历山大，《公司犯罪，不择手段了吗?》（2009年），载《公司律师》，第30卷第11期，321-322。

③ 见R诉克里斯多·麦考伊德［2009］英格兰和威尔士上诉法院刑事庭1301和金融服务管理局，《律师和他的岳父在FSA内幕交易案中被判有罪》，2009年3月27日，http://www. fsa. gov. uk/pages/Library/Communication/PR/2009/042. shtml，2015年11月4日。

券市场，延伸到债务市场。尽管如此，2014 年的一份公开信息显示，金融服务管理局在 2012 年只逮捕了 4 人，2011 年逮捕了 1 人，2010 年逮捕了 17 人，2009 年逮捕了 16 人，2008 年逮捕了 11 人[①]。随着金融监管体系的调整，现行监管重心已转移至金融行为监管局，我们期待其能实现更好的监管，并提高起诉率和定罪率。

第六节　量刑和追讨

一、刑事诉讼

如上文所述，尽管一些检察机关已认识到内幕交易的存在，但最终成功起诉的案件数量极少。巴恩斯（Barnes）经过调查研究指出，在金融服务管理局成立初期，平均每年只有一至两起内幕交易刑事诉讼[②]。费尔比（Filby）进一步指出，根据 1993 年《刑事司法法》第 56 条对内幕交易的起诉寥寥无几[③]。不过，在过去几年里，这一情况有所改善，金融服务管理局在 2009 年前仅取得 10 起内幕交易定罪，但至 2011 年 8 月，另有 13 人处于诉讼程序中[④]。在 2010—2011 年，金融服务管理局对内幕交易行为有“五起刑事定罪，刑期从 12 个月至

---

① 金融行为监管局，《FOI3519 响应文件》，2014 年 11 月 21 日 https://www.fca.org.uk/your-fca/documents/foi/foi3519-response，2015 年 11 月 4 日。

② P. 巴恩斯，《内幕交易和市场滥用，英国执法记录》（2011 年），载《国际法律、犯罪和司法杂志》，第 39 卷，174-189，183。

③ M. 费尔比，《根据 2000 年〈金融服务和市场法〉执行内幕交易》（2003 年），载《公司律师》，第 24 卷第 11 期，334-341，336。

④ 金融服务管理局，《投资银行家和两名被指控参与内幕交易的同伙》（新闻稿，2011 年 8 月 4 日），http://www.fsa.gov.uk/pages/Library/Communication/PR/2011/069.shtml，2011 年 10 月 6 日。

3 年零 4 个月不等，并追缴 1705285.76 英镑”[1]。2014 年 7 月，金融服务管理局报告显示，2004 年以来，它在内幕交易犯罪方面取得了 23 起定罪[2]，2015 年 3 月增至 27 起，另有 7 项起诉在 2016 年等待审判[3]。

在英格兰和威尔士，因内幕交易而被定罪的最高刑罚是 7 年监禁、无限额罚金或并处[4]。此外，1986 年《金融服务法》“规定了对某些违反金融服务管理局规定的监管框架的行为采取行动的权利”[5]。需要指出的是，根据普通法，内幕交易还有两种其他责任依据：违反信托义务和违反保密义务[6]。

关于内幕交易的刑事诉讼案例还包括克里斯多夫·麦考伊德（Christopher McQuoid）[7]，他因利用内幕信息获利近 5 万英镑而被判处 8 个月监禁期。除了监禁，当局还对其发出了没收令，以追回所有非法所得，并责令他支付 3 万英镑的起诉费用。在对量刑的上诉中，上诉法院驳回了上诉，并确认参与内幕交易的人是罪犯[8]。玛格丽特·科尔（Margaret Cole）表示：通过在此案中提起刑事诉讼，金融服务管理局表明了对内幕交易采取强硬措施的态度，以实现金融服务管理

① 金融服务管理局，《2010/11 年度报告》（金融服务管理局：伦敦，2011 年，60）。

② 金融行为监管局，《为什么 FCA 收购公告的市场洁净度统计自 2009 年以来有所下降?》（金融行为监管局：伦敦，2014 年，20）。

③ 金融行为监管局，《前高级交易员因内幕交易被判刑》http://www.fca.org.uk/news/former-senior-trader-sentenced-for-insider-dealing，2015 年 11 月 18 日。

④ 1993 年《刑事司法法》，第 61 条。

⑤ 1986 年《金融服务法》，第 62 条。

⑥ H. 麦克维，《1986 年〈金融服务法〉第 61 和 62 条中关于制定对内幕交易的民事处罚制度》（1996 年），载《商业法杂志》，7 月刊，344-361。

⑦ 雷吉纳诉克里斯多夫·麦考伊德［2009］英格兰和威尔士上诉法院刑事庭 1301。

⑧ 雷吉纳诉克里斯多夫·麦考伊德［2009］英格兰和威尔士上诉法院刑事庭 1301。

局在金融市场中建立可信威慑的目标。任何做出类似行为的人都应该把这看作是一个明确的警告，这也说明，金融服务管理局打算动用其所有权力来保护金融市场的完整性①。

尽管在一些人来看来内幕交易会被列为严重犯罪，并会被处以即时监禁期，但 2009 年 3 月仍发生了一起引发量刑适当性争议的案例。贝尔戈（Belgo）集团前高管蒂莫西·帕伯（Timothy Power）因两项累计获利达 980 万英镑的内幕交易罪名被判处 18 个月监禁，缓刑两年②。虽然 Power 在等待审判期间已实际羁押 163 日、作出有罪答辩且犯罪行为年代久远（在 1997 年至 1998 年期间犯罪），但他的缓刑判决似乎仍然是宽大的，特别是此案法官将其罪行描述为：性质严重，属于对公司核心职位的重大背信行为，这将引起证券交易所的波动，且影响市场参与者对交易环境的信任③。

与此形成对比的是同年 12 月乌贝罗伊（Uberoi）父子案的量刑实践：奈尔（Neel）和马修（Matthew）分别因内幕交易被判处 24 个月和 12 个月监禁，其非法所得为 288050.05 英镑。在判决时，特斯特（Tester）法官认为：此类犯罪属于市场舞弊行为。维护市场洁净对经济和社会福祉至关重要，公众不应持有“掌握内幕信息的人就好像自己能印钞票一样”的想法，应当谴责内幕信息持有者借此获取不当暴

① 金融服务管理局，《金融犯罪和情报司的最新情况》（2009 年），载《金融犯罪新闻信》，第 13 卷，1-7。

② P. 切斯顿，《前贝尔戈首席执行官因内幕交易被判入狱》，载《伦敦晚报》，（2009 年 3 月 2 日），http://www.thisislondon.co.uk/standard/article-23656323-former-belgo-chief-is-spared-prison-for-insider-trading-deal.do;jsessionid=A890C0DFCC53652272A3B0EA79225CFE。

③ P. 切斯顿，《前贝尔戈首席执行官因内幕交易被判入狱》，载《伦敦晚报》，（2009 年 3 月 2 日），http://www.thisislondon.co.uk/standard/article-23656323-former-belgo-chief-is-spared-prison-for-insider-trading-deal.do;jsessionid=A890C0DFCC53652272A3B0EA79225CFE。

利的行为①。

相较于既往判例，乌贝罗伊父子案虽体现出更强的惩罚性，但与2006年的阿西夫·巴特（Asif Butt）案件相比，它仍显宽松②。阿西夫·巴特因合谋实施内幕交易被初审法院判处五年监禁。他在三年的时间里进行了19次犯罪交易，利用内幕信息为其投资银行（瑞士信贷）赚取了388488英镑的利润，个人获益达237000英镑（与前述乌贝罗伊父子案中288050.05英镑的获利规模具有可比性）③。上诉法院虽然将他的罪行描述为“性质严重、属公然、蓄意且精心策划的市场舞弊”，但仍将刑期减至四年。

近期的一些的典型案例包括：马尔科姆·卡尔弗特（Malcolm Calvert）2010年因五项内幕交易罪被判处21个月监禁（非法获利103883英镑）④；尼尔·罗林斯（Neil Rollins）因内幕交易和洗钱罪被判处27个月监禁，后经上诉减至18个月⑤；克里斯蒂安·利特伍德（Christian Littlewood）2011年因八次交易另类投资市场（AIM）上市股票罪被判处3年零4个月监禁，同案被告埃尔米·奥马萨（Helmy OmarSa）被判处2年监禁，并处640000英镑罚款⑥。法庭认为，该案涉案股票

① 金融服务管理局，《公司经纪人实习生和他的父亲分别因内幕交易而被判处12个月和24个月的监禁》”（新闻稿，2010年12月10日），2009年，http://www.fsa.gov.uk/pages/Library/Communication/PR/2009/170.shtml，2011年10月6日。

② R诉巴特（阿西夫·纳齐尔）[2006] 2Cr. App. R.（S）44。

③ R诉巴特（阿西夫·纳齐尔）[2006] 2Cr. App. R.（S）44。

④ 金融服务管理局，《前嘉诚证券经纪人因内幕交易被判处21个月监禁》（新闻稿，2010年3月11日），http://www.fsa.gov.uk/pages/Library/Communication/PR/2010/043.shtml，2011年10月6日。

⑤ 金融服务管理局，《尼尔罗林斯更新》（新闻稿，2011年6月30日，http://www.fsa.gov.uk/pages/Library/Communication/Statements/2011/neil_ rollins.shtm，2011年10月6日。

⑥ 金融服务管理局，《某投资银行家的妻子和家人朋友因内幕交易而被判刑》（新闻稿，2011年2月2日），http://www.fsa.gov.uk/pages/Library/Communication/PR/2011/018.shtml，2011年10月6日。

交易额超过200万英镑，非法获利约590000英镑[①]。

需特别指出的是，英国迄今仍未制定内幕交易量刑指南，导致司法裁量缺乏统一基准。但与欺诈罪的量刑类似，即便是那些涉案金额超过100万英镑的案件，法院仍避免适用接近七年监禁的法定最高刑期。

二、民事追讨

除了刑事起诉外，英国金融监管体系另设民事追讨途径，最初由金融服务管理局执行，并由金融行为监管局延续适用。在此领域成功追诉的案件中，金融服务管理局在使用其判决权力方面相对严苛。例如，2006年，金融服务管理局对GLG Partners LP前董事菲利普·嘉柏俪（Philippe Jabre）处以有史以来最高的罚款——因其涉及内幕交易与市场滥用，嘉柏俪与其所属机构各被罚款75万英镑。案情显示，嘉柏俪于2003年2月11日获知机密股票信息，并承诺在信息公开之前进行保密。这一信息于2月17日公布，但在2月12日和2月13日，他违反了保密协议，通过卖空操作交易价值约1600万美元普通股[②]。2009年，金融服务管理局以未能阻止内幕交易罪对交易主管马克·劳克伍德（Mark Lockwood）处以20000英镑罚款。尽管他有理由相信该交易是以内幕交易为基础进行的，但他既没有阻止交易，也没有向金融服务管理局提交可疑活动报告[③]。此案的特殊性在于，劳克伍德并

① 金融服务管理局，《2010/11年度报告》（FSA，伦敦，2011年，60）。

② 金融服务管理局，《GLG Partners LP前董事飞利浦·嘉柏俪因市场滥用罪被FSA罚款75万英镑》（新闻稿，2006年8月1日），http：//www.fsa.gov.uk/pages/Library/Communication/PR/2006/077.shtml，2011年10月6日。

③ 金融服务管理局，《金融机构交易主管因未能防止内幕交易而获罪》（新闻稿，2009年9月2日），http：//www.fsa.gov.uk/pages/Library/Communication/PR/2009/115.shtml，2011年10月6日。

非直接参与违法活动，而是因未采取行动而被罚款。根据他的工作职责，他有义务向金融服务管理局报告任何可疑交易行为，而在此案中，他显然未能做到这一点。

2015 年 3 月，金融行为监管局以内幕交易罪对肯尼斯·卡夫（Kenneth Carver）处以 35212 英镑罚款（非法获利 24206.70 英镑）。金融行为监管局执行总监乔治娜·菲利波（Georgina Philippou）指出：卡夫明知有市场滥用的风险却依然进行交易。他利用自己的资金代内幕信息提供者威尔莫特（Willmott）进行交易，且知晓威尔莫特具有诱导交易的经济动机。市场滥用是一项严重的违法行为，该案例的罚款反映了这样一个事实，即金融行为监管局将毫不犹豫地对利用内幕信息交易的人采取行动。在案件调查初期，卡夫予以充分配合，向金融行为监管局提供了事件的详细说明，后又提交了重大财务困难的相关证明材料，并与金融行为监管局达成协议。若非如此，卡夫将面临 122212 英镑的经济处罚。[①]

上述案例表明，金融行为监管局与法院试图通过高额处罚展示一种威慑形象，即与其他金融犯罪一样，内幕交易是一种严重犯罪。然而，部分恶性欺诈案件仅获轻刑或缓刑的事实，说明实践中仍存在显著落差。当内幕交易法定最高刑期为七年监禁时，无论是通过刑事诉讼还是民事追讨途径，究竟需达到多高的非法获利金额规模方能构成实质性重判？这一问题直指英国现行法律框架下，内幕交易量刑标准的模糊性与司法裁量权的宽泛性。

① 金融行为监管局，《肯尼斯·卡夫因内幕交易罪被罚款 35212 英镑》，2015 年，http://www.fca.org.uk/news/kenneth-carver-fined-for-insider-dealing，2015 年 11 月 18 日。

第七节　市场操纵

市场操纵作为金融犯罪的核心类型，需予以专门阐释。这一概念可被定义为：通过误导性行为诱导他人作出错误投资决定的行为①，广义上涵盖“任何损害资本市场健全性的操作行为”②。在学理层面，它也被定义为“对市场供求关系正常运作的不当干预；破坏市场价格的形成机制”③。金融服务管理局将市场操纵分解为三个要素：其一，通过虚假金融交易制造人为价格信号；其二，利用虚构金融工具实施系列合约或指令操纵；其三，散布虚假或误导性信息扭曲市场预期④。

典型的市场操纵行为包括：发布虚假声明引发股价异常波动⑤、传播误导性信息，使投资价格上升或下降，或滥用市场支配地位实施不公平交易⑥。其他市场操纵的例子如20世纪80年代吉尼斯欺诈案（Guinness Fraud）中出现的一个被称为“无中生有（Share Romping）”的套路⑦。莱特（Wright）指出：“市场操纵”是一个通用术

① 《行为诈骗，市场操纵》，（n/d），http：//www. actionfraud. police. uk/fraud-az-market-manipulation，2012年5月28日。

② W. 卡罗尔，《市场操纵，一场国际较量》（2002年），载《金融犯罪杂志》，第9卷第4期，300-307。

③ E. 罗姆尼卡，《防止和控制金融市场的操纵，寻找市场操纵的定义》（2001年），载《金融犯罪杂志》，第8卷第4期，297-304。

④ 金融服务管理局，《市场滥用指令》，http：//www. fsa. gov. uk/pages/about/what/international/pdf/mad%20（pl）. pdf，2012年5月27日查阅。

⑤ 《行为诈骗，市场操纵》，http：//www. actionfraud. police. uk/fraud-az-market-manipulation，2012年5月28日。

⑥ E. 罗姆尼卡，《防止和控制金融市场的操纵以确定市场操纵》（2001年），载《金融犯罪杂志》，第8卷第4期，297-304。

⑦ R. 莱特，《市场滥用和市场操纵中的刑事、民事和监管界面》（2001年），载《国际金融市场杂志》，第3卷第1期，19-25。

语，它涵盖了许多被认为对资本市场有害的行为。这可能导致违反市场操纵规定的行为，包括从活跃交易到仅仅传播关于特定证券或公司的信息。市场操纵形式多样，其数量仅受人类聪明才智的限制[①]。

市场操纵对全球金融市场构成了重大威胁[②]，罗姆尼卡（Lomnicka）也强调了这一点[③]，他认为，市场操纵“破坏了投资者的信心，导致交易活动的减少，削弱了市场的整体繁荣度与收益能力”[④]。

1986 年《金融服务法》首次将市场操纵定为犯罪，该法规定：如果行为人作出他明知具有误导性、虚假性、欺骗性的陈述、承诺或预测，或不诚实地隐瞒任何重大事实；或鲁莽地（无论是否出于欺诈目的）作出具有误导性、虚假性或欺骗性的陈述、承诺或预测，则他在以下情况下构成犯罪：做出该陈述、承诺、预测或隐瞒事实的目的是诱导他人（无论是陈述、承诺或预测的接收者，还是被隐瞒事实的人）订立或终止投资协议、行使或放弃投资权利[⑤]。

此外，1986 年《金融服务法》规定：任何人如果作出或参与作出任何对投资市场或相关价格、价值造成虚假或误导性印象的行为，从而诱导他人买卖、认购或放弃行使投资权利，或阻止他人实施相关行为或操作过程，即属于构成犯罪[⑥]。这一规定被实质性整合至 2000 年《金融服务和市场法》。该法赋予金融服务管理局主动起诉市场操纵行为的权力[⑦]。

---

① W. 卡罗尔，《市场操纵，一场国际较量》（2002 年），载《金融犯罪杂志》，第 9 卷第 4 期，300-307。

② A. 阿尔卡汗米斯，《美国针对市场操纵的私人行动》（2012 年），载《金融监管和合规杂志》，第 20 卷第 1 期，41-55。

③ 罗姆尼卡，《防止和控制金融市场的操纵以确定市场操纵》，297。

④ E. 斯旺，《衍生品市场操纵的“清洗销售”违反美国商品交易法》（1995 年），载《金融犯罪杂志》，第 3 卷第 1 期，53-56。

⑤ 1986 年《金融服务法》，第 47（1）条。

⑥ 1986 年《金融服务法》，第 47（2）条。

⑦ 2000 年《金融服务和市场法》，第 397 条。

根据2000年《金融服务和市场法》的规定，符合下列情形之一即构成犯罪：(1) 作出当事人明知在重大事项上具有误导性、虚假性或欺骗性的陈述、承诺或预测；(2) 不诚实地隐瞒任何与当事人或其他人所作陈述、承诺或预测有关的重大事实；(3) 鲁莽地作出（无论是否具有欺诈目的）在重大事项上具有误导性、虚假性或欺骗性的陈述、承诺或预测[①]。

该法进一步规定，行为人符合以下主观要件即构成犯罪：当事人作出陈述、承诺或预测或隐瞒事实的目的在于诱导他人（无论该对象是否为陈述直接接收方），或其鲁莽的行为可能诱导他人实施下列行为：(1) 订立或提议订立相关协议，或者放弃订立或放弃提议订立相关协议；(2) 行使或放弃行使相关投资所赋予的权利[②]。

2011年，欧盟委员会发布了《关于内幕交易与市场操纵刑事制裁的指令草案》[③]。该指令规定，成员国“应采取必要措施，确保下列故意实施的行为构成刑事犯罪”：

(1) 对金融工具或相关现货商品合约的供应、需求或价格制造虚假或误导性信号；

(2) 将金融工具或相关现货商品合约价格固定在异常或人为水平；

(3) 通过虚假设备或其他形式的欺诈手段或人为操纵方式，在金融市场实施影响金融工具或相关现货商品合约价格的交易、下单或其他市场行为；

(4) 传播与金融工具或相关现货商品合约有关的虚假或误导性信

① 2000年《金融服务和市场法》，第397（1）条。

② 2000年《金融服务和市场法》，第397（2）条。

③ 欧盟委员会，《关于内幕交易与市场操纵刑事制裁的指令草案》，终章，2011/0297（COD）。

息，且行为人为自身或他人从该信息传播中谋取利益[1]。

然而，联合政府明确表示暂不加入《关于内幕交易与市场操纵刑事制裁的指令草案》，将操纵市场定为犯罪。英国财政部部长指出，“政府目前决定不接受欧盟委员会关于对内幕交易和市场操纵行为实施刑事制裁的提案，但期待未来我们将具备加入条件”[2]。此项政策抉择的主要原因之一在于，“英国现行刑事法律已全面涵盖指令所列违法行为，且规制范围更为宽泛”[3]。值得注意的是，尽管政府以“市场操纵在英国已属于刑事犯罪”为由拒绝加入欧盟相关指令，但实际上，英国主要通过市场滥用制度而非刑法典条文来规制此类行为，本书下一章将进一步探讨这一问题。

表 4-1　近期内幕交易案件

罪行：内幕交易

法规：1999 年《刑事司法法》第 52 条

最高刑期：7 年监禁

姓名	日期	刑期	简要案情
朱利安·瑞法特（Julian Rifat）	2015 年 3 月 19 日	1 年 7 个月监禁和 10 万英镑罚款	被告承认内幕交易罪，将内幕信息传递给同行交易员从而获利超过 25 万英镑

① 欧盟委员会，《关于内幕交易与市场操纵刑事制裁的指令草案》，第 4 章，2011/0297（COD）。

② 财政部，《关于滥用市场的刑事制裁指令书面部长声明》，2012 年 2 月 2 日，http：//www. hm-treasury. gov. uk/d/wms_ fst_ 200212. pdf，2012 年 6 月 1 日。

③ 财政部，《关于滥用市场的刑事制裁指令书面部长声明》，2012 年 2 月 2 日，http：//www. hm-treasury. gov. uk/d/wms_ fst_ 200212. pdf，2012 年 6 月 1 日。

续表

姓名	日期	刑期	简要案情
保罗·杰拉德·科伊尔（Paul Gerard Coyle）	2015 年 3 月 3 日	1 年监禁和 203234 英镑没收令	被告承认内幕交易罪。他是时任 WM 莫里森超市的税务主管，利用收购敏感信息交易 Ocado 股票，非法获利 7.9 万英镑
理查德·安东尼·乔瑟夫（Richard Anthony Joseph）	2013 年 3 月 11 日	4 年监禁	被告被认定犯有共谋内幕交易罪。他通过购买内幕信息获利超 59 万英镑
保罗·米尔森（Paul Milson）	2013 年 3 月 7 日	2 年监禁和 245000 英镑没收令	被告承认将内幕信息传递给一名独立股票经纪人
托马斯·阿曼（Thomas Ammann）	2012 年 12 月 12 日	2 年 8 个月监禁	被告承认内幕交易，并教唆他人实施内幕交易罪。法官指出："你的行为严重损害了市场诚信的公众信心，尤其是在金融城声誉日益受损的背景下。一个诚实的投资者应通过市场分析进行交易决策，而你却依赖内幕信息而侵害了市场公平。你的行为不仅损害了金融机构的商业信誉，而且可能会影响公众对整个金融城并购业务的看法。"①

① http：//www.thelawpages.com/court-cases/Thomas-Ammann-10544-1.law。

续表

姓名	日期	刑期	简要案情
尼滕·沙阿（Neten Shah）	2012 年 7 月 27 日	1 年 6 个月监禁	被告实施共谋内幕交易罪成立。 他作为犯罪团伙成员，通过内幕信息交易非法获利 732044.59 英镑。其他 5 名共犯为阿里·穆斯塔法、帕迪普·塞尼、帕雷什·沙阿、比贾尔·沙阿和特拉普特斯特·帕特尔
詹姆斯·欧内斯特·斯沃洛（James Ernest Swallow）	2012 年 6 月 20 日	10 个月监禁	被告承认内幕交易罪。他因实施内幕交易获利 190 万英镑，并致其客户获利约 1020 万英镑。其他 2 名共犯为詹姆斯·桑德斯和米兰达·桑德斯
詹姆斯·保罗·桑德斯（James Paul Sanders）	2012 年 6 月 20 日	4 年监禁	被告为上述案件中的主要成员

第八节　未来建议

英国在反内幕交易方面采取了非常强硬的立法立场。其政策受到欧盟《内幕交易指令》和美国当局推动将欧洲内幕交易活动定为刑事犯罪的双重影响。尽管早期内幕交易立法的初衷值得肯定，但 20 世纪

80年代成功起诉的案件数量极少，无疑暴露了这一立法的无效性。1986年《金融服务法》中的民事执行条款本将成为打击内幕交易的有效武器。然而，这些规定并没有得到证券和投资委员会的重视，这随后影响了1997年工党政府宣布成立金融服务管理局，以成为打击内幕交易的新的金融监管机构。在英国，内幕交易的刑事定罪被普遍视为一种失败的尝试，其核心症结在于刑事证明标准过高导致的追诉困境。对此，2000年《金融服务和市场法》中引入了民事制度，促使金融服务管理局及其继任者金融行为监管局在对内幕交易的刑事起诉方面变得更加积极，这至少在市场滥用治理层面取得了阶段性成效。但我们应承认，即便内幕交易的定罪率提升，法院判处的监禁刑期仍普遍偏短，与犯罪危害性难成比例。

第九节　延伸阅读

M. 艾希，《内幕交易指令》（1992年），载《公司律师》，第13卷第1期，15-19。

P. 巴恩斯，《内幕交易和市场滥用：英国执法记录》（2011年），载《国际法律、犯罪和司法杂志》，第39卷，174-189。

P. 巴恩斯，《股票市场效率、内幕交易和市场滥用》（高尔·奥尔德肖特，2009年）。

R. 张，《比较英国与美国的内幕交易量刑》（2014年），载《商法杂志》，第7卷，564-584。

B. 杜博和N. 蒙蒂罗，《衡量市场洁净度》，载《FSA不定期文件》（金融服务管理局：伦敦，2006年3月）。

M. 费尔比，《根据2000年〈金融服务和市场法〉执行内幕交易》（2003年），载《公司律师》，第24卷第11期，334-341。

J. 格雷，《1986 年金融服务法改革第 2 部分》（1991 年），载《国际银行法》，第 9 卷第 9 期，412-416。

B. 汉尼根，《在欧共体维度下规范内幕交易》（1989 年），载《国际银行法杂志》，第 4 卷第 1 期，11-14。

J. 汉森，《欧盟关于市场滥用指令的新建议》（2002 年），载《宾夕法尼亚大学国际经济法杂志》，第 23 卷，241-268。

E. 罗姆尼卡，《1993 年〈刑事司法法〉第五部分载明的新的内幕交易规定》（1994 年），载《商业法杂志》，3 月刊，173-188。

H. 麦克维，《1986 年〈金融服务法〉第 61 条和第 62 条中关于制定对内幕交易的民事处罚制度》（1996 年），载《商业法杂志》，7 月刊，344-361。

H. 麦克维，《欧共体强制性内幕交易立法计划》（1987 年），载《公司律师》，第 8 卷第 5 期，223-224。

M. 怀特，《1993 年〈刑事司法法〉中新的内幕交易条款对证券监管的影响》（1995 年），载《公司律师》，第 16 卷第 6 期，163-171。

第五章　市场滥用

第一节　介绍

市场滥用既包括内幕信息的使用，也包括市场操纵行为。因此，构成市场滥用的行为包括内幕交易、不当披露、市场操纵、进行具有误导性或会产生虚假印象的交易、滥用信息以及可能引发市场扭曲的行为[①]。英国的相关政策主要由金融服务管理局（FSA）制定，但在2007—2008年金融危机之后，根据2012年《金融服务法》，金融服务管理局被金融行为监管局（FCA）取代。政策框架分为三个部分：市场滥用制度、金融行为监管局的执法权力和可疑交易报告制度。因此，本章将重点分析这些举措，并尝试量化市场滥用犯罪的规模。随后，本章将审议将市场滥用行为定为犯罪并加以管制的政策背景，特别关注《市场行为准则》引入的关于市场滥用的民事制度，并对相关金融机构和管理机构进行评估。最后，本章将分析相关民事和刑事判决的实践及成效。

① S. 谢赫，《FSMA 市场滥用制度：日落条款审查》（2008年），载《国际公司和商法审查》，第19卷第7期，234-236。

第二节 什么是市场滥用的民事和刑事罪?

市场滥用在成文法和欧盟《市场滥用指令》(MAD)中均有定义[①]。根据2000年《金融服务和市场法》第118条，市场滥用行为包括基于内幕信息进行交易；在非正当履行职务的过程中披露内幕信息；进行具有误导性或会产生虚假印象的交易；使用欺骗或虚构手段的交易；披露具有误导性或虚假性的信息；可能扭曲市场的行为。[②] 总之，正如前文所述，市场滥用主要由内幕交易和市场操纵构成。同样，《市场滥用指令》[③] 也将该行为分为这两个领域。内幕信息被定义为“精确、非公开且可能对金融工具价格产生重大影响的信息”,[④] 而市场操纵则由三种形式组成:

(1) 通过交易或交易指令发出虚假或误导性信号，或者人为操控金融工具价格；

(2) 使用虚假手段进行交易或下达交易指令；

(3) 散布虚假信息或误导性信息来影响市场价格。

尽管根据上述定义，市场滥用本身并不算是刑事犯罪，但2000年《金融服务和市场法》和2012年《金融服务法》中仍规定了相关刑事

---

① 《2003年1月28日欧洲议会和理事会关于内幕交易和市场操纵(市场滥用)的第2003/6/EC号指令》。关于《市场滥用指令》的简短讨论见M. 麦基,《欧盟提出的市场滥用指令》(2001年),载《国际金融市场杂志》,第3卷第4期,137-142;G. 费拉里尼,《欧洲市场滥用指令》(2004年),载《共同市场法律评论》,第41卷第3期,711-741。

② 2000年《金融服务和市场法》,第118条。

③ 《市场滥用指令2003/6/EC》,见http://www.fsa.gov.uk/pages/About/What/International/pd f/MAD.pd f,2011年10月18日。

④ 《市场滥用指令2003/6/EC》,见http://www.fsa.gov.uk/pages/About/What/International/pd f/MAD.pd f,2011年10月18日。

罪名。2000 年《金融服务和市场法》中规定的罪行包括误导金融行为监管局或审慎监管局（PRA）[①]，以及误导竞争与市场管理局（CMA）[②]，其也曾包含"误导性陈述与行为"[③]，但该罪行于 2013 年 4 月 1 日被 2012 年《金融服务法》废除，后者新增了三种罪行：误导性陈述、[④] 误导性印象，以及与基准有关的误导性陈述（印象）。[⑤]

一、误导监管机构

如前文所述，2000 年《金融服务和市场法》包含两项误导性罪行。[⑥] 第一项罪行涉及与金融行为监管局或审慎监管局的往来，如果某人在履行该法规定的义务时，因鲁莽或故意"向监管机构提供在重要细节方面存在虚假或误导性的信息"，即构成犯罪。[⑦] 这一遵守义务的要求也能在 2013 年《另类投资基金管理人条例》、卖空监管规定，以及欧盟第 345/2013 号、第 346/2013 号和第 2015/760 号条例中找到适用依据[⑧]。从某种意义上说，这是一种兜底性罪名，即涵盖了所有"其他条款均不适用"[⑨] 的情况。第二项罪行涉及误导竞争与市场管理局的行为，但从本质上讲，2000 年《金融服务和市场法》第 399 条其实就是 1998 年《竞争法》第 44 条的内容。该条款规定，如果某人明

---

① 2000 年《金融服务和市场法》，第 398 条。

② 2000 年《金融服务和市场法》，第 399 条。

③ 2000 年《金融服务和市场法》，第 397 条。

④ 2012 年《金融服务法》，第 89 条。

⑤ 2012 年《金融服务法》，第 90 条。

⑥ 2012 年《金融服务法》，第 91 条。

⑦ 2000 年《金融服务和市场法》，第 398（1）条。

⑧ 2000 年《金融服务和市场法》，第 398（1A）条。

⑨ 2000 年《金融服务和市场法》，第 398（2）条。关于更详细的讨论，见 A. 海恩斯，《市场滥用、欺诈和误导传播》（2012 年），载《金融犯罪杂志》，第 19 卷第 3 期，234-254。

知或鲁莽地向竞争与市场管理局提供虚假或误导性信息，即构成犯罪。[①]

二、误导性陈述和印象

2012年《金融服务法》规定的三项新罪行中的第一项见该法第89条，[②]即行为人蓄意或鲁莽地作出误导性陈述，或在作出陈述时不诚实地隐瞒重大事实，意图诱导（或鲁莽行为可能诱导）他人参与市场活动，则构成犯罪。被诱导的人可能会签订或放弃某项协议，也可能会行使或不行使“相关投资赋予的权利”[③]。

第二项罪行见2012年《金融服务法》第90条，涉及误导性印象。如果行为人故意制造关于投资价格、价值或市场整体的误导性印象，且符合第90（2）条或第90（3）条的，则构成犯罪。[④]该法第90（2）条适用于行为人故意制造误导性印象以诱导他人参与市场活动，如买卖、认购或放弃投资[⑤]。该法第90（3）条则适用于行为人故意或鲁莽地制造虚假或误导性印象，意图为自己或他人谋取利益，或导致他人造成损失。[⑥]即使行为人无直接意图，但若其意识到通过制造虚假或误导性印象很可能会产生这种结果，则也属于违法行为。[⑦]该条款中的“谋取利益”既包括“获取原本未拥有的利益”[⑧]，也包括

① 1998年《竞争法》，第44（1）条。

② 2012年《金融服务法》，第89（1）（a）－（c）条。

③ 2012年《金融服务法》，第89（2）（a）和（b）条。

④ 2012年《金融服务法》，第90（1）条。

⑤ 2012年《金融服务法》，第90（2）条。

⑥ 2012年《金融服务法》，第90（4）条。

⑦ 2012年《金融服务法》，第90（3）条。

⑧ 2012年《金融服务法》，第90（7）条。

“保持既有的利益”。[①] 同样，“损失”既包括“失去原本拥有的利益”[②]，也包括“未能获得潜在利益”。[③]

第三项罪行见2012年《金融服务法》第91条，涉及在设定特定基准过程中制造虚假或误导性印象，或者作出虚假或误导性陈述。就虚假或误导性陈述而言，如果行为人在设定基准过程中作出此类陈述，意图使该陈述用于基准设定目的，且明知或因鲁莽导致该陈述是虚假或误导性的，则构成犯罪。[④] 对于虚假或误导性印象，如果行为人具有制造该印象的故意，明知或因鲁莽导致印象是虚假或误导性的，且知晓印象可能影响基准的设定，即构成犯罪。[⑤] 根据该法第93条，“基准”被定义为“财政部通过行政命令指定的基准类型”。[⑥] 该条款同时对这三种罪行涉及的其他关键术语作出立法解释。值得注意的是，学界普遍认为该法第91条的立法系《惠特利审查报告》对伦敦银行同业拆借利率改革的直接结果，其旨在弥补金融服务管理局不能对参与操纵伦敦银行同业拆借利率的个人提出刑事起诉的制度缺陷。[⑦] 值得注意的是，在2016年初，与伦敦银行同业拆借利率有关的起诉并未援引本条罪名，而是集中在共谋欺诈的普通法罪行上。[⑧]

---

① 2012年《金融服务法》，第90（7）条。

② 2012年《金融服务法》，第90（8）条。

③ 2012年《金融服务法》，第90（8）条。

④ 2012年《金融服务法》，第91（1）条。

⑤ 2012年《金融服务法》，第91（2）条。

⑥ 2012年《金融服务法》，第93（4）条。

⑦ V. 卡拉汉和Z. 乌拉，《伦敦银行同业拆借利率丑闻——英国的立法回应》（2013年），载《国际银行法和监管杂志》，第28卷第4期，160-165；M. 桑德勒，M. 布朗，P. 威利斯和E. 克雷，《市场滥用》（2014年），载《合规干事公报》，第118卷（8月刊），1-37。

⑧ 例如，成功起诉汤姆·海耶斯操纵伦敦银行同业拆借利率：R诉海耶斯（汤姆·亚历山大）［2015］（英格兰和威尔士上诉法院刑事庭）（1944年），萨瑟克区刑事法院，2015年8月3日。

对于所有的市场滥用犯罪，不论如何界定，其相关行为必须发生在英国司法管辖范围内。根据2000年《金融服务和市场法》第118条对市场操纵罪行的认定，其适用对象须为“合格的投资”，这些投资要么是“获准在英国境内受监管市场上交易”[①]，要么是“已经向该受监管市场提交上市申请”。[②] 此外，与该受监管市场存在“关联性”的投资品种亦属本条规制范畴。[③] 就行为模式而言，本条将“行为”定义为“作为或不作为”[④]，因此包括两种情形：一是交易者向市场披露风险信息却故意隐瞒；二是交易者的行为引发市场对其特定交易模式的合理预期后，却违反该预期行事。关于2012年《金融服务法》规定的刑事犯罪的管辖权要件，要求作出虚假陈述或制造误导性印象的行为人必须在英国境内，被诱导的人也必须在英国境内，或相关协议必须在英国境内履行。[⑤]

三、辩护理由

对市场滥用的辩护需满足严格的要件，其举证责任由被指控方承担。第一，行为人必须证明其合理确信未实施市场滥用，这种“确信”需具备客观合理性，且必须有充分的证据支撑。第二，行为人必须向金融行为监管局证明他们采取了所有合理的预防措施，并在执行涉案交易时履行了所有的调查义务。鉴于该标准采用了“所有合理的预防措施”和“所有的调查义务”的严格措辞，任何细微的疏忽均可能成为金融行为监管局驳回该辩护的正当理由。第三，如果可以证明

---

① 2000年《金融服务和市场法》，第118A（1）（b）条。
② 2000年《金融服务和市场法》，第118A（1）（b）条。
③ 2000年《金融服务和市场法》，第118A（1）（b）条。
④ 2000年《金融服务和市场法》，第130A（3）条。
⑤ 2012年《金融服务法》。

相关披露受到了保护，也可以进行辩护。受保护的披露必须满足三个条件，并且要证明其不会被视为“违反信息披露限制[①]”（无论该信息是否具有误导性）：（1）披露者明知或合理怀疑“他人实施市场滥用行为”[②]；（2）相关信息是通过职业活动获取（如审计师在财务核查中发现异常交易）并提供给披露者的[③]；（3）披露对象为金融行为监管局或指定合规官，且披露行为在知悉信息后及时作出。[④]

2012年《金融服务法》中也设有辩护条款。针对误导性陈述罪行，如果行为人能够证明该陈述是按照信息控制规则、价格稳定规则，或“2003年12月22日关于执行欧洲议会和欧洲理事会第2003/6/EC号指令的《欧盟委员会第2273/2003号条例（EC）》有关豁免回购方案和稳定金融工具的相关规定”作出的，则为辩护理由成立[⑤]。根据该法第93条，信息控制规则与价格稳定规则的定义援引自2000年《金融服务和市场法》的相关条款。[⑥] 信息控制规则涵盖了金融行为监管局或审慎监管局（PRA）发布的“授权主体信息披露与使用规范”；价格稳定规则涉及金融行为监管局制定的“安全港规则”及[⑦]不适用市场操纵罪的条款。[⑧]

上述三种辩护理由也适用于2012年《金融服务法》第90条和第91条的罪行。该法第90条特别规定，若行为人能够证明他们合理地认为其行为不会造成虚假或误导性印象，从而导致市场滥用活动，则

---

① 2000年《金融服务和市场法》，第131A（1）条。

② 2000年《金融服务和市场法》，第131A（2）条。

③ 2000年《金融服务和市场法》，第131A（3）条。

④ 2000年《金融服务和市场法》，第131A（4）条。

⑤ 2012年《金融服务法》，第89（3）条。

⑥ 援引自2000年《金融服务和市场法》，第4条。

⑦ 《FCA 手册》，https://www.handbook.fca.org.uk/handbook/MAR/2/1.html，2015年1月21日。

⑧ 2000年《金融服务和市场法》，第137P条。

其辩护理由成立。[①]

四、市场滥用的民事制度

如上文所述，2000 年《金融服务和市场法》第 118 条和《市场滥用指令》规定的市场滥用行为不构成刑事犯罪，而是通过专门制定的民事市场滥用制度予以规制。这在很大程度上是为了绕过刑事案件严苛的举证责任要求，可以说，这也是过去起诉数量少的原因。政府对内幕交易定罪不足问题的应对措施是“填补监管空白”。[②] 因此，应对这种滥用行为的方法是制定民事市场滥用制度，这反映了其关注点不仅在于内幕交易，还涉及可能影响金融市场诚信的各类活动。事实上，民事市场滥用制度的一个关键目标是通过比刑事定罪更低的证明标准，使金融行为监管局在其任务中具有最大的灵活性。[③] 此外，与 1993 年《刑事司法法》中关于内幕交易的刑事条款不同，民事市场滥用制度并不要求起诉机构证明市场参与者具有“主观故意”。[④] 政府认为，民事市场滥用制度的主要目的不是为了抓捕行为不端的某个人，而是为了维护洁净和高效的金融市场。[⑤] 斯万（Swan）教授指出，在这种制

---

① 2012 年《金融服务法》，第 90（9）（a）条。

② 见 M. 费尔比，《第八部分金融服务和市场法案：填补内幕交易的监管空白》（2004 年），载《公司律师》，第 23 期第 12 卷，363-370。然而，必须说明的是，自 2007—2008 年金融危机以来，监管机构因内幕交易而被定罪的人数有所减少。见 J. 提特康布，《内部交易自金融危机以来大幅减少：这是为什么》，2014 年 7 月 11 日，见 http：//www.telegraph.co.uk/finance/financial-crime/10960400/Insider-trading-has-plummeted-since-the-financial-crisis.-Heres-why.html，2016 年 1 月 13 日。

③ E. 斯万，《市场滥用：新的公平义务》（2004 年），载《公司律师》，第 25 卷第 3 期，67-68。

④ 《市场滥用条例》1.2.6g。

⑤ A. 阿尔科克，《市场滥用：新巫术》（2001 年），载《新法律杂志》，第 151 卷，1398。

度下，即使没有故意，仅因疏忽或失误，也可能被认定为市场滥用行为，这意味着，即使行为人并非有意为之，但如果其行为符合市场滥用的构成要件，也可能面临相应的法律责任。[①] 但金融服务管理局在对金融服务和市场联合委员会的回应中承诺，他们不会“对意外犯罪提起诉讼”[②]。上诉法院现已对这种无动机造成的违法行为作出了确认[③]。

民事制度在英国并非一种新的概念，早在1993年《刑事司法法》立法审议期间就引发过激烈争论，但当时被认为过于激进而暂未采纳。[④] 然而，1993年《刑事司法法》中的刑事条款显然没有取得较好的成效，民事制度再次成为焦点。因此，2000《金融服务和市场法》的总体目标是确立一个全面的监管体系，以覆盖所有金融业务领域。为了实现这一目标，《金融服务和市场法》赋予了金融行为监管局广泛的规则制定权以实现五个法定目标。这五个目标是维护市场信心、[⑤] 确保金融稳定、[⑥] 提高公众认知、[⑦] 保护消费者权益[⑧]和减少金融犯罪。[⑨] 可以说，打击市场滥用涵盖了其中三个目标，若通过创新性宣传，还有助于提高公众认识。因此，不能孤立地看待这一制度，还应

---

① E. 斯万，《市场滥用：新的公平义务》（2004年），载《公司律师》，第25卷第3期，67-68。

② 《金融服务和市场联合委员会第一次报告》，第265段，http://www.publications.parliament.uk/pa/jt199899/jtselect/jtfinser/328/32809.htm，2010年7月8日。

③ 温特弗莱德证券有限公司和其他人诉金融服务管理局［2010］英格兰和威尔士上诉法院民事庭423；［2010］WLR（D）101。

④ 编辑，《内幕人员小心!》（1993年），载《公司律师》，第14卷第11期，202。

⑤ 2000年《金融服务和市场法》，第3条。

⑥ 2000年《金融服务和市场法》，第3A条。2010年《金融服务法》为应对全球金融危机而制定了这一条款。

⑦ 2000年《金融服务和市场法》，第4条。

⑧ 2000年《金融服务和市场法》，第5条。

⑨ 2000年《金融服务和市场法》，第6条。

看到金融行为监管局在保持市场洁净和高效方面的更广泛的作用，以增强投资者信心。此外，这一制度还保护了个人消费者免受违规销售的损害，减少了金融犯罪的发生率，特别是对投资者的欺诈犯罪。①

根据民事制度要求，金融行为监管局必须制定公布《市场行为准则》（以下简称《准则》），以明确金融行为监管局在防范市场滥用方面的职责。② 作为《FCA 手册》的核心组成部分，《准则》被视为市场滥用监管制度的“核心”③ 及“支柱”④。其初始版本仅列举了哪些行为不构成市场滥用，⑤ 但后续版本加入了构成市场滥用的案例，说明了要避免的行为类型，为市场参与者提供了明确的指导。因此，《准则》旨在提供协助和指导，以确定某些行为是否构成市场滥用。需特别指出的是，《准则》虽为判定市场滥用提供重要参考，但其本身并非穷尽式规范，既未涵盖所有滥用行为类型，也未列明全部裁量要素。《准则》还载有两条“安全港”条款，概述了不会被视为市场滥用的行为，即股份回购计划和与新股发行相关的价格稳定方案。⑥

尽管《准则》在防范市场滥用方面发挥着核心作用，但在实践中仍需结合《FCA 手册》的其他章节，特别是《业务原则》《高级管理安排、系统和控制》等高级别标准，以及《监督、决策程序和处罚手册》《披露规则》《透明度规则》《上市规则》等具体规定。

那么在这一民事制度下，究竟哪些行为被视为市场滥用行为呢？在确定这一点时，需结合 2000 年《金融服务和市场法》和《准则》

---

① 请注意，在编写本修正章节期间，保守党政府对银行和金融服务监管进行了一系列重大改革。2012 年《金融服务法》实施了这些措施。

② 2000 年《金融服务和市场法》，第 119 条。

③ L. 林克雷特，《市场滥用制度：21 世纪制定标准》（2001 年），载《公司律师》，第 22 卷第 9 期，267-272。

④ D. 沙巴洛特和 R. 埃弗雷特，2000 年《金融服务和市场法案》（巴特沃斯新法律指南律商联讯：伦敦，2004 年，270）。

⑤ 这些被称为不被禁止的“安全港”。

⑥ 《市场滥用条例》1. 10 和附件 1。

的相关条款。上文已经概述了2000年《金融服务和市场法》第118条的内容，此处作更详细说明。

《金融服务和市场法》第118条列举了七种市场滥用行为，第一种是内幕交易行为，[①] 是指内幕人员基于内幕信息进行交易或试图交易。第二种行为形式是不当信息披露，即“内幕人员违反职务要求向他人泄露内幕信息”。[②] 第三种行为于2014年被废除。第四种行为涉及“（1）对一个或多个合格投资的供应、需求或价格制造虚假或误导性印象，或（2）使一个或多个这类投资的价格处于异常或人为水平”。[③] 第五种行为包括“通过虚假设备或其他形式的欺诈手段进行交易或下达订单”。[④] 第六种行为包括“通过任何方式传播信息，令他人对合格投资产生虚假或误导性印象，且行为人明知该信息的虚假性或误导性”[⑤]。第七种行为是“（1）可能使市场常规参与者对合格投资的供应、需求或价格产生虚假或误导性印象，或（2）被市场常规参与者为可能扭曲投资市场的行为”。[⑥]

根据民事监管制度，构成市场滥用需同时满足：（1）利用的信息必须是“内幕信息”；（2）由“内幕人员持有”[⑦]。单纯持有内幕信息本身不构成违法。《市场滥用指令》带来的一个重要进步在于证券发行人现在被要求出示能够获得“内幕信息”的内幕人员名单。[⑧]《准则》提供了关于内幕人员特征的更多信息，[⑨] 并规定了一套标准：如果一个人（如被收购目标公司的高级经理）掌握了内幕信息，那么依

① 2000年《金融服务和市场法》，第118（2）条。
② 2000年《金融服务和市场法》，第118（3）条。
③ 2000年《金融服务和市场法》，第118（5）条。
④ 2000年《金融服务和市场法》，第118（6）条。
⑤ 2000年《金融服务和市场法》，第118（7）条。
⑥ 2000年《金融服务和市场法》，第118（8）条。
⑦ 有关市场滥用指令和内幕交易的更详细讨论，请参见本书第四章。
⑧ 见《FCA手册》DTR2.8。
⑨ 《市场滥用条例》1.2.7、1.2.8E和1.2.9G。

照市场滥用规定的要求，他们将被归类为内幕人员。显然，内幕人员的定义核心在于持有内幕信息的状态，因此有理由认为，内幕信息的界定实为追究内幕人员相关责任的关键前提。

2000 年《金融服务和市场法》第 118C 条对内幕信息进行了定义，《准则》对此再次提供了指导。[①] 根据《金融服务和市场法》第 118C（5）条，如果该信息指向已经存在或根据合理预期会出现的情形，或者已经发生或根据合理预期会发生的事件，[②] 并且该信息足够具体，能够就前述情形或事件对合格投资或相关投资价格的潜在影响作出结论，则该信息是精确的。[③] 这不是一个特别明确的条款，可能会引发一些争议。其核心争议在于，内幕信息应达到何种精确度与具体化程度？若标准过于严苛（如要求过于具体），将阻碍金融行为监管局成功追责。学界认为，证券价格往往受到多重因素的影响，过度限制内幕信息的范围将削弱监管实效。[④]

除需满足精确性要求外，内幕信息还必须“可能对符合条件的合格投资或相关投资的价格产生重大影响”[⑤]。与旧的刑事条款类似，这一要求意味着，若被指控市场滥用者的行为仅导致合格投资的价格发生微小（微不足道的）波动，则不适用禁令。至于何种程度构成“重大影响”，是金融行为监管局需要确定的事项。梳理监管机构的执法案例清单，我们可以了解“重大”一词的实务内涵[⑥]。金融行为监管局将考虑理性的投资者可能采取的行动：例如，基于内幕信息引发的

① 《市场滥用条例》1.2.10。

② 2000 年《金融服务和市场法》，第 118C（5）（a）条。

③ 2000 年《金融服务和市场法》，第 118C（5）（b）条。

④ 相关案例，见 J. 海瑞南，《内幕信息的确切定义?》（2008 年），载《国际银行法和条例杂志》，第 23 期第 2 卷，64-70。

⑤ 2000 年《金融服务和市场法》，第 118C（6）条。

⑥ 见金融服务管理局，《金融服务管理局执行通知》，http：//www.fsa.gov.uk/pages/About/What/financial_ crime/market_ abuse/library/notices/index.shtml，2010 年 7 月 1 日。

价格波动越显著，就越有可能认定它在该条款的含义范围内符合“重大”的要求。[①]

另一个关键问题是信息是否已公开。信息唯有在“非公开可获取”时才是内幕信息，[②] 一旦被视为公开可获取，它就不再符合市场滥用信息的范畴。令人欣慰的是，2000 年《金融服务和市场法》第 118C（8）条和《准则》都提供了判定信息是否属于公开可获取的指引与示例。[③]《准则》所举示例是一名乘客在乘坐火车时目睹某工厂着火。如果他打电话给他的经纪人并告诉他出售该工厂的股票，并不构成市场滥用，因为这些信息应是已公开可获取的[④]。然而，当今信息传播形式多种多样，判断信息是否仍属内幕信息或已公开可获取往往存在争议，因为这是一个证据认定问题。不过，有一点是明确的，专业且富有才能的市场分析师与经纪人可免受市场不当行为的指控，前提是其信息来源不被视为内幕信息。经纪人对信息的专业深度分析不会违反监管规定，即使该信息需付费获取且未向整体市场公开。

《市场滥用指令》的创新性要求在于采取更积极主动的预防措施，防止市场滥用。例如，其要求强制建立可疑交易报告制度，[⑤] 尽管该制度对金融业来说并不是一个全新的事物（在反洗钱领域早有应用），但针对可疑市场滥用行为确属新增要求。[⑥]

---

① W. 哈德逊，《金融法》（牛津大学出版社：牛津，2009 年，284）。

② 2000 年《金融服务和市场法》，第 118C（2）（a）条、第 118C（3）（a）条和第 118C（4）（b）条。

③ 详细的可疑交易报告要求载于《监督手册》SUP15. 10。

④ 《市场滥用条例》1. 2. 12E，见本书第四章。

⑤ 《市场滥用指令》第 6. 9 条。

⑥ 详细的可疑交易报告要求载于《监督手册》SUP15. 10。

第五章 市场滥用

新的市场滥用制度被描述为“新颖”[①] “有争议的”[②] 和“新巫术”[③]。这类评论可以说是源于条款所载的民事执法机制。新制度旨在补充1993年《刑事司法法》的刑事条款，与之并行而不是替换和取代这些条款[④]。最初的英国市场滥用制度于2001年生效，但很快就因《市场滥用指令》而启动重大修订。如前所述，《市场滥用指令》旨在设定欧盟市场的最低标准。[⑤] 它是首个通过莱姆法路西程序[⑥]推行的法规，该程序旨在加快欧盟金融服务行动计划中部分条款的实施，同时，由于此前欧盟报告指出，现有的监管制度执行缓慢、僵化且不均衡，因此该程序也致力于统一欧盟打击市场滥用问题的路径。[⑦] 英国融合《市场滥用指令》的市场滥用制度自2005年7月1日起施行。[⑧]

---

① L. 林克莱特，《市场滥用制度：21世纪制定标准》（2001年），载《公司律师》，第22卷第9期，267-272。

② A. 阿尔科克，《市场滥用》（2002年），载《公司律师》，第23卷第5期，142-150。

③ A. 阿尔科克，《市场滥用：新巫术》（2001年），载《新法律杂志》，第151卷，1398。

④ A. 赛克斯，《市场滥用：公民革命》（1999年），载《国际金融市场杂志》，第1卷第2期，59-67。

⑤ 2003/6/EC。

⑥ 莱姆法路西程序是扩大和发展适用于金融服务部门的欧盟条例中的一种方法。关于更详细的讨论，见J. 科菲和J. 奥弗里特·索姆尼尔，《市场滥用指令：首次使用莱姆法路西程序》（2003年），载《国际银行法和条例杂志》，第18卷第9期，370；D. 维特科瓦，《莱姆法路西程序的第3级：实现泛欧监管一致性的有效工具?》（2008年），载《法律和金融市场审查》，第2卷第2期，158。

⑦ J. 汉森，《迅速且充满希望地通过欧盟市场滥用指令》（2007年），载《欧洲商法评论》，第15卷第2期，183-221。

⑧ 《2000年金融服务和市场法（市场滥用）条例（2005年）》，对2000年法案第8部分的修订，S. I. 2005/381.

第三节　市场滥用条例

英国市场滥用监管体系的重要规定之一就是《市场滥用条例》（MAR），自2016年7月3日起在英国适用。[①] 金融行为监管局指出，《市场滥用条例》的目标是“提升市场诚信度与投资者保护水平，同时确保欧盟有一个单一的规则手册和公平的竞争环境，提高证券市场对资本筹集的吸引力”。[②]

《市场滥用条例》的适用范围广泛，涵盖以下情形：

（1）获准在受管制市场交易的金融工具，或已提交受监管市场交易申请的金融工具。

（2）在多边贸易设施上交易的金融工具。

（3）在有组织的交易设施上交易的金融工具。

（4）不属于上述（1）、（2）、（3）项的金融工具。[③]

《市场滥用条例》还载有若干重要要求，包括内幕信息与披露义务、内幕交易与非法披露、市场操纵、市场调查、股份回购方案与稳定措施、公认市场惯例、内幕人员清单、可疑交易及订单报告、管理层交易监管、投资建议，以及举报机制。[④]

---

① 金融行为监管局，《市场滥用条例（MAR）》，2015年5月6日，www.fca.org.uk/firms/markets/market-abuse/mar，2016年1月1日。

② 金融行为监管局，《市场滥用条例（MAR）》，2015年5月6日，www.fca.org.uk/firms/markets/market-abuse/mar，2016年1月1日。

③ 金融行为监管局，《市场滥用条例（MAR）》，2015年5月6日，www.fca.org.uk/firms/markets/market-abuse/mar，2016年1月1日。

④ 金融行为监管局，《市场滥用条例（MAR）》，2015年5月6日，www.fca.org.uk/firms/markets/market-abuse/mar，2016年1月1日。

第四节　市场滥用犯罪的规模

市场滥用犯罪的规模，如同本书中提到的其他类型的金融犯罪一样，是非常难以确定的。然而，英国已经进行了若干尝试以衡量其规模。例如，2006年，金融服务管理局发布了其“市场滥用规模测量报告”①。虽然它无法阐明市场滥用的确切规模，但它确实提出“在28.9%的收购公告和21.7%的富时350指数（FTSE 350）交易公告发布之前就发生了一些可能掌握内幕消息的交易”。② 根据金融服务管理局的观点，此类知情交易可能涉及市场滥用。2007年，金融服务管理局发布了对其2006年测量报告的更新公告。③ 该公告指出，“在富时350指数公司交易公告发布之前，可能存在的知情交易数量大幅下降，只有2%的交易是在知情价格变动之前进行的，而在2002—2003年间，知情交易占比11.1%；1998—2000年间，知情交易占比19.6%。”④ 此外，金融服务管理局在其2010年年度报告中指出，公告发布前的异常价格变动数据集已降至2003年以来的最低水平。⑤ 然而，金融服务管

---

① 金融服务管理局，《FSA公布市场滥用规模衡量标准》，2006年3月17日，http://www.fsa.gov.uk/pages/Library/Communication/PR/2006/020.shtml，2011年11月10日。

② 金融服务管理局，《衡量市场清洁程度FSA不定期文件系列23》（金融服务管理局：伦敦，2006年，24）。

③ 金融服务管理局，《最新衡量市场清洁程度FSA不定期文件系列25》（金融服务管理局：伦敦，2007年）。

④ 金融服务管理局，《FSA公布英国市场清洁程度的最新衡量标准》，2007年3月7日，http://www.fsa.gov.uk/library/communication/pr/2007/031.shtmlm，于2011年12月9日。另见A. 海耶斯，《市场滥用》（2010年），载《合规官员公报》，第75卷（4月刊），1-31。

⑤ 金融服务管理局，《2010—2011年度报告》（金融服务管理局：伦敦，2011年，62）。

理局承认，“2010年秋天是在越来越关注市场滥用的背景下度过的，鉴于该统计数据的性质，无法确定知情交易数量大幅下降背后的确切原因”。[①]

金融服务管理局前首席执行官赫克特·桑特（Hector Sants）指出，市场滥用的程度仍然处于“令人无法接受的高水平”。[②] 他补充道：没有证据表明英国市场比其他主要金融中心更糟糕，但我认为这不应成为我们的基准，我们的目标应当是建立一个让参与者真正相信其洁净和公平的市场。倘若询问市场参与者，他们一定会认同我的观点，即前市场滥用现象过于严重。[③]

第五节　金融机构和监管机构

民事市场滥用制度主要由金融行为监管局执行，因为它的法定目标是根据2000年《金融服务和市场法》减少金融犯罪。根据该法，金融行为监管局被赋予了广泛的执法权力，以确保受监管机构遵守该制度，并对违反该制度的机构实施制裁。因此，可以认为市场滥用制度的主要职能是惩处市场滥用者。为此，2000年《金融服务和市场法》第八部分的标题即为“市场滥用的处罚”。《市场滥用条例》强化了这一点，它要求各成员国的监管机构须努力防止市场滥用的发生。

① 金融服务管理局，《2010—2011年度报告》（金融服务管理局：伦敦，2011年，62）。

② 英国广播公司新闻，《英国市场滥用程度高得令人无法接受》（2010年3月14日星期日，FSABoss说），见 http：//news. bbc. co. uk/1/hi/8566904. stm，2011年10月20日。

③ 安德鲁·凯夫，《市场滥用率高得令人无法接受》（2011年3月13日），2010年，http：//www. telegraph. co. uk/finance/newsbysector/banksandfinance/7436104/Market-abuse-is-unac-ceptably-high-says-FSA-boss. html，2011年12月14日。

这一点可以通过《市场行为准则》中关于“什么构成市场滥用”和“谁实施市场滥用”的示例得以体现。因此，市场参与者应该能够据此判断其行为何时已危险地接近触犯2000年《金融服务和市场法》第八部分所禁止的活动及2012年《金融服务法》所规定的罪行。

市场滥用制度至今仍然在追究市场滥用者的责任方面发挥着至关重要的作用，金融行为监管局有广泛的权力对被指控的市场滥用者进行调查并处以经济处罚。

第六节　可疑交易报告

英国市场滥用制度的最后一部分是通过提交可疑交易报告来报告可疑交易。[①] 然而必须指出的是，市场滥用制度中对可疑交易报告的使用不同于2000年《反恐怖主义法》和2002年《犯罪所得法》所规定的可疑交易报告制度。根据2005年7月1日起在英国实施的《市场滥用条例》，[②] 报告涉嫌市场滥用的交易成为一项义务。此项报告义务适用于符合以下条件的公司：

（1）为客户安排或执行合格投资交易（见2000年《金融服务和市场法》）；

（2）被允许在指定的市场上交易；

（3）有合理理由怀疑该交易可能构成市场滥用。[③]

在确定是否报告该项交易时，公司或个人必须有“合理怀疑理

① 相关评论见E. 赫林·卡内尔，《白领犯罪与欧洲金融危机：对欧盟市场滥用采取强硬态度》(2012年)，载《欧洲法律评论》，第37卷第4期，481-494。

② A. 海耶斯，《市场滥用》（2010年），载《合规官员公报》，75（4月刊），1-31。

③ A. 海耶斯，《市场滥用》（2010年），载《合规官员公报》，75（4月刊），1-31。

由”，此标准与2002年《犯罪所得法》所采用的标准相同。此外，金融行为监管局针对可疑交易报告制定了其自身的规则，即在指定市场上为客户安排或执行合格投资交易的公司，有合理理由怀疑其交易存在市场滥用行为时，必须毫不拖延地通知金融行为监管局。[①]

海耶斯（Hayes）建议，“所有可能接触可疑交易的工作人员都应了解这些义务”。[②] 如果一家公司或个人没有报告可疑交易，金融行为监管局便有权对其处以经济处罚。例如，2009年，金融服务管理局对马克·劳克乌德（Mark Lockwood）处以20000英镑罚款，因为他没能“识别并处理可疑客户指令，导致公司被利用成为内幕交易渠道”，由于他的玩忽职守，公司未能识别该交易是可疑的，并向金融服务管理局报告。[③] 金融服务管理局发布官方声明强调，此案的处罚强调了可疑交易报告制度的重要性。打击市场滥用和内幕交易不仅是监管机构职责，经纪公司更是抵御滥用内幕信息牟利行为的第一道防线。可疑交易报告是金融服务管理局识别市场滥用行为的关键工具。相关从业人士必须明确自身责任，在此类问题上出现失误，金融服务管理局将毫不犹豫地采取行动。[④]

如前所述，在2012年《金融服务法》颁布之后，金融服务管理

---

① 金融服务管理局，《FSA手册（监督）》（金融服务管理局：伦敦，2008年），SUP15.10.2。

② A. 海耶斯，《市场滥用》（2010年），载《合规官员公报》，第75卷（4月刊），1-31。

③ 金融服务管理局，《FSA罚款经纪人没有防止内幕交易》，2009年9月2日，http：//www.fsa.gov.uk/library/communication/pr/2009/115.shtml，2016年1月14日。关于这一点的摘要，见特拉弗斯·史密斯监管调查小组，《FSA执法行动：主题和趋势》（2010年），载《合规官员公报》，76（5月刊），1-32和R. 匹兹和S. 贝兹利，《执行简报》（2009年），载《公司律师》，第30卷第12期，380-381。

④ 金融服务管理局，《经纪人因没有防止内幕交易而被FSA罚款》，2009年9月2日，http：//www.fsa.gov.uk/library/communication/pr/2009/115.shtml，2016年1月14日。

局已被金融行为监管局所取代。金融行为监管局对市场滥用报告要求明确如下：安排或执行特定金融工具交易的公司，必须毫不拖延地向金融行为监管局报告可疑交易。可疑交易是指有合理理由怀疑它可能构成市场滥用的交易，如内幕交易或市场操纵。

正如本书第二章所述，对“怀疑”一词的解释给报告实体带来了诸多难题，为了协助授权公司，金融行为监管局提供了几个可能构成市场滥用的行为示例。以下示例仅指示了可能构成可疑交易的情况：

1. 客户开设账户后立即进行大额交易，或批发客户下达大额订单或异常订单，特别是客户坚持要求该订单必须非常紧急地执行，或必须在客户指定的特定时间之前执行时。

2. 某笔交易明显偏离客户以往的投资行为（如证券类型、投资金额、订单规模、证券持有时间）。

3. 客户特别要求立即执行订单，而不考虑订单的执行价格（排除普通市价单情形）。

4. 在公布与某公司有关的价格敏感信息之前，该公司的股票出现异常交易。

5. 公司雇员的个人账户交易时间点恰好在客户对同一金融工具进行交易及相关下单操作之前。

6. 订单规模相对于该证券市场而言过大，明显会对该证券的供应、需求或价格产生重大影响，特别是此类订单在临近交易日基准时点（如临近收盘时）执行。

7. 某笔交易意图改变持仓估值，而不是减少（增加）该仓位的规模。

8. 某笔交易似乎试图规避市场的交易保障措施（如关于成交量限

制、投标价差参数等方面的措施）。[①]

未按规定报告此类交易将导致的后果将在下文中讨论。

第七节　量刑和追讨

根据2012年《金融服务法》，犯有市场滥用相关刑事罪行的个人可被判处不超过7年的监禁、无限额罚款或两者并罚。[②] 对误导金融行为监管局或审慎监管局（PRA）的行为，最高处罚为罚款。[③] 而对误导竞争与市场管理局的行为，最高可处不超过2年的监禁和（或）罚款。[④] 尽管2000年《金融服务和市场法》将市场滥用界定为一项刑事罪行，但如前文所述，大多数市场滥用行为是在民事市场滥用制度下通过经济处罚处理，而非通过刑事途径。这些执法权力载于2000年《金融服务和市场法》的第十一部分，授权调查机构委派专业人员开展“一般”[⑤] 或“专项”[⑥] 调查。就该法的这一部分而言，“调查机构”指金融行为监管局、审慎监管局，在某些情况下是指国务大臣。[⑦] 专项调查包括对涉嫌内幕交易[⑧]和市场滥用[⑨]案件的调查。要提起纪律处分程序，金融行为监管局必须确信某人实施了市场滥用行为[⑩]，或

① 见金融行为监管局，《FCA手册》，监督：8种可疑交易的迹象（金融行为监管局，伦敦，2015年）。

② 2012年《金融服务法》，第92条。

③ 2000年《金融服务和市场法》，第398（3）条。

④ 1998年《竞争法》，第44（3）条。

⑤ 2000年《金融服务和市场法》，第167条。

⑥ 2000年《金融服务和市场法》，第168条。

⑦ 2000年《金融服务和市场法》，第168（6）条。

⑧ 2000年《金融服务和市场法》，第168（2）（a）条。

⑨ 2000年《金融服务和市场法》，第168（2）（d）条。

⑩ 2000年《金融服务和市场法》，第123（1）（a）条。

者怂恿或要求他人实施该行为①。此类调查的结果将提交给监管决策委员会，以决定是否对个人发起纪律处分。

在实施罚款之前，金融行为监管局必须准备并发布一份关于其罚款意向的声明，即政策声明。② 在该声明发布之前，会公布草案版本并邀请公众发表意见。③ 在确定罚款金额时，此类声明将纳入考量因素之中。一旦罚款金额确定，金融行为监管局必须发出警告通知，其中将载明罚款数额。④ 此时，被点名的个人或公司可以提出相关辩护。如果在考虑所有因素后，仍认为经济处罚是适当的，则金融行为监管局最后会发布决定通知，其中将包含关于罚款金额的最终决定。⑤ 此处的一个重要制衡机制是，如果金融行为监管局决定对某人采取行动，该人可将此事提交金融服务和市场法庭。这是一个独立的法庭，负责审理对金融行为监管局决议的上诉，如有必要，还可以向法院提起上诉。

在证明存在市场滥用行为后，金融行为监管局可根据滥用行为的严重程度采取多种措施。例如，根据2000年《金融服务和市场法》，监管机构有权处以“其认为适当金额的罚款”。⑥ 在确定这一数额时，监管机构必须考虑以下因素：

（1）拟处以罚款的行为是否对相关市场产生了不利影响，如果是，这种影响有多严重？

（2）该行为在多大程度上是故意的或鲁莽的？

（3）拟处以罚款的对象是否是个人？⑦

---

① 2000年《金融服务和市场法》，第123（1）（b）条。

② 2000年《金融服务和市场法》，第124条。

③ 2000年《金融服务和市场法》，第125条。

④ 2000年《金融服务和市场法》，第126（3）条。

⑤ 2000年《金融服务和市场法》，第127条。

⑥ 2000年《金融服务和市场法》，第123（1）条。

⑦ 2000年《金融服务和市场法》，第124（2）条。

除了这些准则外，金融行为监管局①还制定了一项经济处罚政策，为计算罚款数额提供了一个框架，该政策载于《FCA 手册》。这一政策基于以下三项原则：

（1）追缴——公司或个人不应从违规行为中有任何获利；

（2）惩戒——公司或个人应为其不当行为受到惩罚；

（3）威慑——所实施的任何惩罚都应能阻止违规的公司或个人以及其他主体实施进一步或类似的违规行为。

在此框架下，个人需支付的罚款金额由两部分构成：将被追回的非法所得和反映违规行为严重性的罚款。该计算过程具体分为五个步骤。

第一步：去除因市场滥用直接获得的任何经济利益（可以是所获利润，也可以是所避免的损失）。

第二步：确定一个数额，以反映市场滥用行为严重性及其是否与个人职务相关。该数额可基于个人收入的百分比（0%-40%）计算，也可基于所获利润或所避免损失的倍数（0-4）计算。

第三步：可根据任何加重或减轻情节，对第二步得出的数额进行调整。

第四步：在完成第二步和第三步后，若认为适当，可对得出的数额进行上调，以确保罚款具有足够的威慑效力。

第五步：如果用结算折扣的方法，则不适用第一步中去除市场滥用直接获得的任何经济利益的部分。②

针对公司的罚款遵循类似的结构。金融行为监管局将不再考虑个

---

① 金融行为监管局，《FCA 手册》，https：//www. handbook. fca. org. uk/handbook/DEPP/6/5. html，2016 年 1 月 26 日。

② 金融行为监管局，《FCA 手册》，DEPP6. 5 和 6. 5C，https：//www. handbook. fca. org. uk/handbook/DEPP/6/5. html 和 https：//www. handbook. fca. org. uk/hand-book/DEPP/6/5C. html#DES548，2016 年 1 月 26 日。

人收入，而是考虑公司产生的业务收入金额，罚款占这一收入的某个百分比。根据市场滥用行为的严重程度，该罚款比例可在0-20%。[①]

在司法实践中，已有多个案例通过上述框架计算罚款，其中许多案例涉及个人或公司未能及时提交准确的可疑交易报告。例如，在2009年，金融服务管理局因市场滥用违规行为对巴克莱资本证券有限公司（Barclays Capital Securities Limited）和巴克莱银行（Barclays Bank PLC）罚款245万英镑。[②] 2010年，金融服务管理局以同样的理由对法国兴业银行（Societe Generale）伦敦分行罚款15.75万英镑、对德国商业银行（Commerzbank AG）伦敦分行罚款59.5万英镑、对瑞士信贷（Credit Suisse）罚款175万英镑、对Getco欧洲有限公司罚款140万英镑，以及对Instinet欧洲有限公司罚款105万英镑。2012年2月，金融服务管理局对大卫·埃因霍温（David Einhorn）实施了363万英镑的经济处罚，罪名是市场滥用；[③] 他的公司绿光资本（Greenlight Capital Inc）也被罚款365万英镑。[④]

2013年，金融行为监管局接管金融服务管理局，继续沿用民事处罚机制，并针对市场操纵行为处以三次经济处罚：迈克尔·寇莎（Michael Coscia）被罚款597993英镑；[⑤] 斯特凡·查利尼（Stefan

---

① 金融行为监管局，《FCA手册》，DEPP6.5A，https://www.hand-book.fca.org.uk/handbook/DEPP/6/5A.html，2016年1月26日。

② 金融服务管理局，《交易报告案例》，http：//www.fsa.gov.uk/pages/About/What/financial_ crime/market_ abuse/library/index.shtml，2011年10月18日。

③ 金融服务管理局，《最后通知：大卫·埃因霍温》，2012年2月15日，http://webarchive.nation-alarchives.gov.uk/20130301170532/和http://www.fsa.gov.uk/static/pubs/final/david-einhorn.pdf，2016年1月13日。

④ 金融服务管理局，《最后通知：绿光资本股份有限公司》，2012年2月15日，http://webarchive.nationalarchives.gov.uk/20130301170532/and http://www.fsa.gov.uk/static/pubs/final/green-light-capital.pdf，2016年1月13日。

⑤ 金融行为监管局，《最后通知：迈克尔·寇莎》，2013年7月3日，http：//www.fca.org.uk/your-fca/documents/final-notices/2013/michael-coscia，2016年1月13日。

Chaligne）被罚款90万英镑，并被追缴362950欧元的非法所得[①]；帕特里克·塞让（Patrick Sejean）被罚款65万英镑。[②] 2014年，金融行为监管局进一步实施处罚：伊恩·汉南（Ian Hannam）因两起市场滥用事件被罚款45万英镑[③]；以斯威夫特贸易公司（Swift Trade Inc）名义进行交易的“加拿大股份有限公司（Canada Inc）”，被罚款800万英镑，罪名是市场滥用、制造虚假或误导性印象以牟利。[④] 2015年，金融行为监管局针对违反市场滥用制度的行为处以六次经济处罚：达芬奇投资有限公司（Da Vinci Invest Ltd）被罚款146万英镑；[⑤] 迷你世界有限公司（Mineworld Ltd）被罚款500万英镑；[⑥] 杰尔吉·萨博尔奇（Gyorgy Szabolcs）被罚款29万英镑；[⑦] 萨博尔奇·班亚（Szabolcs

---

① 金融行为监管局，《最后通知：斯特凡·查利尼》，2013年1月21日，http：//www. fca. org. uk/your-fca/documents/final-notices/2013/fsa-final-notice-2013-stefan-chaligne，2016年1月13日。

② 金融行为监管局，《最后通知：帕特里克·塞让》，2013年1月24日，http：//www. fca. org. uk/your-fca/documents/final-notices/2013/fsa-final-notice-2013-stefan-chaligne，2016年1月13日。

③ 金融行为监管局，《最后通知：伊恩·汉南》，2014年7月22日，https：//www. fca. org. uk/news/fca-publishes-final-notice-for-ian-hannam，2016年1月13日。

④ 金融行为监管局，《最后通知：加拿大股份有限公司》，2014年1月24日，https：//www. fca. org. uk/your-fca/documents/final-notices/2014/7722656-canada-inc，于2016年1月13日。

⑤ 金融行为监管局，《最后通知：达芬奇投资有限公司》，2015年8月12日，http：//www. fca. org. uk/news/fca-secures-high-court-judgment-awarding-injunction-and-over-7-million-in-penalties，2016年1月13日。

⑥ 金融行为监管局，《最后通知：迷你世界有限公司》，2015年8月12日，http：//www. fca. org. uk/news/fca-secures-high-court-judgment-awarding-injunction-and-over-7-million-in-penalties，2016年1月13日。

⑦ 金融行为监管局，《最后通知：杰尔吉·萨博尔奇》，2015年8月12日，http：//www. fca. org. uk/news/fca-secures-high-court-judgment-awarding-injunction-and-over-7-million-in-penalties，2016年1月13日。

Banya）被罚款 41 万英镑[①]；塔玛斯·庞耶（Tamas Pornye）被罚款 41 万英镑[②]；肯尼斯·乔治·卡弗（Kenneth George Carver）被罚款 35212 英镑[③]。

除经济处罚外，金融行为监管局还有权通过发布声明对违规市场参与者实施公开谴责，[④] 旨在损害其声誉及地位。在某些情况下，这种"点名羞辱"即构成充分的惩处与威慑。此外，金融行为监管局可以向法院申请追偿令，也可以自行下达追偿指令[⑤]。此外，金融行为监管局还可以暂停或限制经裁定实施市场滥用者的未来业务活动，此项措施也是一种附加纪律处分[⑥]。

市场滥用制度中最具争议且令人困惑的要素之一，始终围绕着民事犯罪行为的性质。正如前文所述，2000 年《金融服务和市场法》第八部分的立法意图是采用与 1993 年《刑事司法法》所载刑事条款并行的民事制度。用来描述该机制的术语，如"犯罪"和"起诉"，[⑦] 都是与刑事制裁相关联的词，这进一步加剧了人们理解的混乱。民事制

① 金融行为监管局，《最后通知：萨博尔奇·班亚》，2015 年 8 月 12 日，http://www.fca.org.uk/news/fca-secures-high-court-judgment-awarding-injunction-and-over-7-million-in-penalties，2016 年 1 月 13 日。

② 金融行为监管局，《最后通知：塔玛斯·庞耶》，2015 年 8 月 12 日，http://www.fca.org.uk/news/fca-secures-high-court-judgment-awarding-injunction-and-over-7-million-in-penalties，2016 年 1 月 13 日。

③ 金融行为监管局，《最后通知：肯尼斯·乔治·卡弗》，2015 年 3 月 20 日，http://www.fca.org.uk/news/kenneth-carver-fined-for-insider-dealing，2016 年 1 月 13 日。

④ 2000 年《金融服务和市场法》，第 123 条。

⑤ 2000 年《金融服务和市场法》，第 384 条。

⑥ 金融行为监管局，《FCA 手册》DEPP^A. 1. 3，https://www.hand-book.fca.org.uk/handbook/DEPP/6A/1.html，2016 年 1 月 26 日。

⑦ M. 费尔比，《根据 2000 年〈金融服务和市场法〉执行内幕交易》（2003 年），载《公司律师》，第 24 卷 11 期，334-341。

度的引入迫使金融行为监管局启动额外的咨询程序，[①] 这远超其最初预期。[②] 关于民事制度的核心争议在于：所谓的民事制裁是否与《欧洲人权公约》（通过1998年《人权法》纳入英国法律体系）兼容，当金融行为监管局的决定被提交至金融服务和市场法庭时，此问题即具相关性[③]。2000年《金融服务和市场法》第123条仅要求金融行为监管局“确信”市场滥用或怂恿行为已发生，并未设定较高证明标准。该争议的实质在于：市场滥用制度中的民事处罚能否准确地被界定为民事性质？抑或实质上更接近刑事制裁？综上我们可以看出，争议焦点集中于两个关键问题，即证明市场滥用所需的举证责任低于1993年《刑事司法法》刑事条款的刑事证明标准，以及市场滥用指控是否构成“刑事指控”，从而应适用正当程序保护原则。[④]

尽管民事制度被广泛采用，但金融服务管理局仍然可以提起刑事诉讼。在决定是否提起刑事诉讼时考虑的因素包括：

1. 不当行为的严重性：若不当行为严重，并且起诉可能导致重刑，则刑事诉讼可能更适用。

2. 是否存在受害方：主要看是否有受害者因不当行为而遭受损失。如果没有受害者，就不太可能会提起刑事诉讼。

3. 所受损失的程度和性质：若不当行为导致大量损失和（或）受害者数量巨大，则刑事诉讼的可能性更高。

4. 不当行为对市场的影响：若不当行为严重扭曲或扰乱市场和

---

① 金融服务管理局，《咨询文件10：市场滥用制度的反馈声明》，（1999年）http：//www.fsa.gov.uk/pubs/cp/cp10_ response.pdf，2010年7月5日。

② 金融服务管理局，《磋商文件10：市场滥用第1部分：关于市场行为准则草案的磋商》，1998年，http：//www.fsa.gov.uk/pubs/cp/cp10.pdf，2010年7月5日。

③ C. 孔塞桑，《FSA对市场滥用采取行动的方法》（2007年），载《公司律师》，第29卷第2期，43-45。

④ 此外，人们还担心市场滥用制度缺乏《欧洲人权公约》第7条所要求的确定性。

（或）严重损害人们对市场的信心，则刑事诉讼的可能性更高。

5. 因不当行为而获利或避免损失的程度：若因不当行为而获得了巨额利润或避免了巨大损失，则刑事诉讼的可能性更高。

6. 不当行为持续的风险：若不当行为可能持续，且经济处罚难以起到威慑作用，则刑事诉讼比经济处罚更适当。

7. 既往违规记录：行为人是否曾因市场不当行为被警告或定罪，或者曾因市场不当行为而受到民事或监管处罚。

8. 是否有补救措施：是否已向受害者采取补救措施和（或）是否已采取措施修补引发违规的系统缺陷——如果及时主动采取行动，则刑事诉讼的可能性不高，但嫌疑人不会仅因能够支付赔偿而避免起诉。

9. 刑事诉讼对赔偿受害者的影响：若刑事诉讼可能影响公司或个人的偿付能力，则刑事诉讼的可能性不高。

10. 行为人的配合程度：行为人是否正在或已经自愿配合金融服务管理局采取纠正措施，但履行法定义务不构成免诉理由。

11. 是否涉及欺诈或滥用职权：若个人的不当行为涉及欺诈或滥用职权，则会增加刑事诉讼的可能性。

12. 团体犯罪中的主导作用：若团体实施不当行为且特定个人起主导作用，则该人被提起刑事诉讼的可能性较高。

13. 共犯的配合程度：若不当行为是由两个或两个以上的个人共同实施的，其中一个人提供信息，并在金融服务管理局起诉同伙时给予充分协助，则金融服务管理局将考量此配合行为决定是否起诉该协助者。

14. 个人特殊情况：行为人的个人情况可能影响金融服务管理局是否提起刑事诉讼的决定。[1]

---

① 金融行为监管局，《FCA 手册》，https：//www. handbook. fca. org. uk/handbook/document/EG_ FCRMAML_ 20110701. pdf，2016 年 1 月 26 日。

然而正如前文所述，此类案例极为罕见。自2013年金融行为监管局接管以来，刑事诉讼仅发生在内幕交易案件中。

第八节　未来建议

正如本书第四章所讨论的，英国内幕交易的刑事定罪总体上被认为并不成功，这主要是因为对此类证据疑难案件要求过高的举证责任。因此，有人试图以民事制度的形式解决这一问题，该制度作为2000年《金融服务和市场法》的组成部分，不仅涵盖内幕交易，而且涵盖一切形式的市场滥用。尽管该制度自最初颁布以来已经过了相当长的一段时间，但其成效仍难以评判。这在一定程度上是因为《市场滥用条例》的出台，其在生效仅四年后即要求修法。但可以明确的是，市场滥用的高额罚款依旧显著，再加上金融行为监管局近年来采取的积极策略，尤其是在内幕交易刑事起诉方面的强硬立场，已然使其在遏制内幕交易与市场操纵的行动中初显成效。尽管如此，挑战犹存。市场滥用"无直接受害人"的司法困境以及在证明犯罪行为方面的困难仍持续存在，特别是若金融服务和市场法庭对重要案件适用刑事证据标准，则可能导致民事制度陷入停滞。正如莱德（Rider）所指出的，"对公民自由问题的妥协，已导致民事罪行变得与其意图补救和替代的刑事罪行一样难以证明"①。

① B. 莱德，《可恶的欺诈?》（2010年），载《公司律师》，第31卷第7期，197-198。

第九节　延伸阅读

A. 阿尔科克，《五年的市场滥用》（2007 年），载《公司律师》，第 28 卷第 6 期，163-171。

A. 阿尔科克，《市场滥用》（2002 年），载《公司律师》，第 23 卷第 5 期，142-150。

A. 阿尔科克，《市场滥用：新巫术》（2001 年），载《新法律杂志》，第 151 卷，1398。

R. 亚历山大，《公司犯罪：不择手段?》（2009 年），载《公司律师》，第 30 卷第 11 期，321-322。

P. 巴尔内斯，《内幕交易和市场滥用：英国执法记录》（2011 年），载《国家间法律犯罪与司法杂志》，第 39 卷第 3 期，174-189。

R. 伯格，《反对市场滥用的原则性战线》（2007 年），载《金融监管与合规杂志》，第 15 卷第 3 期，331-336。

R. 伯格和 G. 戴维斯，《什么是新的市场滥用：第 2 部分》（2005 年），载《新法律杂志》，第 155 卷，964。

C. 孔塞桑，《FSA 对市场滥用采取行动的方法》（2007 年），载《公司律师》，第 29 卷第 2 期，43-45。

编辑，《内幕人员小心!》（1993 年），载《公司律师》，第 14 卷第 11 期，202。

M. 费尔比，《金融服务和市场法案第八部分：填补内幕交易的监管空白》（2004 年），载《公司律师》，第 23 卷第 12 期，363-370。

J. 汉森，《迅速且充满希望地通过欧盟市场滥用指令》（2007 年），载《欧洲商法评论》，第 15 卷第 2 期，183-221。

A. 海恩斯，《FSA 决心改善市场清洁度：监禁判决是一个真正的威胁》（2008 年），载《公司律师》，第 29 卷第 12 期，370。

A. 海恩斯,《市场滥用：对其性质和监管的分析》（2007 年），载《公司律师》，第 28 卷第 11 期，323-335。

A. 海恩斯,《市场滥用，北岩和银行救援》（2009 年），载《银行管理杂志》，第 10 卷第 4 期，321-334。

A. 海恩斯,《市场滥用》（2010 年），载《合规官员公报》，第 75 卷（4 月刊），1-31。

A. 海恩斯,《市场滥用案件中的举证责任》（2013 年），载《金融犯罪杂志》，第 20 卷第 4 期，365-392。

J. 海里南,《内幕信息的确切定义》（2008 年），载《国际银行法和条例杂志》，第 23 卷第 2 期，64-70。

E. 赫林 · 卡内尔,《白领犯罪与欧洲金融危机：对欧盟市场滥用采取强硬态度》（2012 年），载《欧洲法律评论》，第 37 卷第 4 期，481-494。

L. 林克雷特,《市场滥用制度：在二十一世纪制定标准》（2001 年），载《公司律师》，第 22 卷第 9 期，267-272。

B. 莱德,《天使害怕的地方!》（2008 年），载《公司律师》，第 29 卷第 9 期，257-258。

M. 桑德勒，M. 布朗，P. 威利斯和 E. 克莱,《市场滥用》（2014 年），载《合规官员公报》，第 118 卷（8 月刊），1-37。

S. 谢赫,《FSMA 市场滥用制度：日落条款审查》（2008 年），载《国际公司和商法审查》，第 19 卷第 7 期，237-236。

E. 斯万,《市场滥用：新的公平义务》（2004 年），载《公司律师》，第 25 卷第 3 期，67-68。

A. 赛克斯,《市场滥用：公民革命》（1999 年），载《国际金融市场杂志》，第 1 卷第 2 期，59-67。

C. 威尔利,《市场滥用更新》（2012 年），载《合规官员公报》，第 93 卷（2 月刊），1-28。

第六章　贿赂和腐败

第一节　介绍

自2010年颁布并实施《反贿赂法》，且诈骗重案办公室（SFO）的职权得到扩展以来，贿赂和腐败问题受到了广泛关注。

贿赂涵盖了非法酬金、敲诈、利益冲突、回扣、商业间谍活动以及佣金或费用等诸多形式。按照经济合作与发展组织（OECD，以下简称经合组织）给出的定义，贿赂是指“为影响公职人员履行职务而提供、承诺或赠送物品或金钱”。[①] 而SFO则给出了更简单的界定：“给予或接受有价值的东西来影响交易”。[②]

由此可见，贿赂包含：金钱利益，如现金、股权、子女教育资助等；以及非金钱利益，如有利媒体报道、商业机会输送等。在国际背景下，贿赂涉及A国向B国官员提供经济或非经济方面的诱惑，以此来获取商业利益。[③]

① 经合组织观察员，《打击贿赂和腐败》（经合组织，2000年），引用R. 桑亚尔和S. 萨曼塔，《国际行贿趋势：反贿赂法律重要吗?》（2011年），载《国家间贸易法和政策杂志》，第10卷第2期，151-164。

② 诈骗重案办公室，《贿赂和腐败》，2011年11月23日。

③ R. 桑亚尔和S. 萨曼塔，《国际行贿趋势：反贿赂法律重要吗?》（2011年），载《国家间贸易法和政策杂志》，第10卷第2期，151-164。

有学者提出，贿赂可划分成两类，即直接贿赂和间接贿赂。[①] 在这两种类型当中，间接贿赂更为常见，它通常是借助代理人或中介机构来实施。这类行为通常发生在各方同意会面，以试图争取竞争优势的情况下。代理人往往从由此产生的额外收益中收取佣金。[②]

比尔（Beale）和埃斯波西托（Esposito）通过以下案例阐释了直接贿赂的构成要件：一家公司针对某国政府提起仲裁，而该国政府以“发现该公司在项目执行期间直接向政府雇员或官员行贿”作为抗辩理由，这便是一项直接贿赂指控。[③]

丹宁（Denning）援引拉蒂默（Latymer）的表述，将贿赂定义为“一种冠冕堂皇的盗窃行为”。[④] 然而，尽管存在此类简洁定义，贿赂仍是一个很难精准界定的法律术语。[⑤] 1889 年《公共机关腐败行为法》、1906 年《预防腐败法》以及 1916 年《预防腐败法》中针对贿赂行为的不同法定定义就充分说明了这一点。2010 年《反贿赂法》的出台对其定义予以了明确，终结了长期以来围绕“贿赂”术语的法律解释争议。

为了深入剖析贿赂和腐败问题，本章首先系统梳理了《反贿赂法》所确立的相关犯罪，随后深入探讨由英国司法部主导制定、诈骗重案办公室（SFO）与英国金融行为监管局（FCA）共同执行的英国反贿赂政策。该政策延续前文所述的治理逻辑，大致可分为三个部分：

---

① K. 比尔和 P. 埃斯波西托，《对贿赂、腐败和洗钱的紧急国际态度》（2009 年），载《仲裁》，第 75 卷第 3 期，360-373。

② K. 比尔和 P. 埃斯波西托，《对贿赂、腐败和洗钱的紧急国际态度》（2009 年），载《仲裁》，第 75 卷第 3 期，360-373。

③ K. 比尔和 P. 埃斯波西托，《对贿赂、腐败和洗钱的紧急国际态度》（2009 年），载《仲裁》，第 75 卷第 3 期，360-373。关于其他贿赂的行为的案例，见 J. 霍德尔，《贿赂作为一种犯罪不法行为》（2011 年），载《法律季刊评论》，第 127 卷第 1 期，37-54。

④ A. 丹宁，《法官的独立性和公正性》（1954 年），载《南非法律杂志》，345。

⑤ 法律委员会，《改革贿赂》（英国文书局，2008 年）。

刑事定罪、监管机构职能配置以及可疑交易报告制度的运用。本章核心目标在于量化评估贿赂犯罪的规模，并检视上述制度的运行效能。最后，本章将评述现有的刑事及民事量刑规则的实践应用。

第二节　什么是贿赂罪?

在2010年《反贿赂法》出台之前，贿赂这一刑事犯罪被纳入1889年《公共机关腐败行为法》、1906年《预防腐败法》以及1916年《预防腐败法》的相关条款当中。[①] 这些法律被形容为“杂乱无序且不尽如人意的大杂烩”[②]，需要用“一套简洁的现代法规来取代，这套法规应能确保英国更有效地履行打击贿赂和腐败的国际义务”[③]。更有批评指出，就履行国际反腐败义务而言，既有成文法条款存在“缺乏一致性、过时且不充分”的缺陷。[④]

毫无疑问，公共生活标准委员会提出的政府应厘清贿赂相关法律的建议推动了英国贿赂法的改革。[⑤] 因此，法律委员会在1998年发布了相关提案，但直到2010年《反贿赂法》颁布，其提案才最终得以落实。[⑥] 其他相关立法措施包括2001年《反恐怖主义、犯罪和安全

① 经合组织，《为执行和执行经合组织〈禁止在国际商业交易中贿赂外国公职人员公约〉而采取的步骤：联合起来促进发展组织》，2010年5月28日，http://www.oecd.org/dataoecd/17/30/48362318.pdf，2012年3月27日。

② 编辑，《2010年反贿赂法》（2010年），载《刑法审查》，第6期，439-440。

③ 编辑，《2010年反贿赂法》（2010年），载《刑法审查》，第6期，439-440。

④ D. 亚伦伯格和N·希金斯，《立法评论——2010年贿赂法案：光打雷不下雨?》（2010年），载《阿奇博得评论》，第5期，6-9。

⑤ 公共生活标准委员会，《第一次报告“公共生活标准”》（CM2850-1，英国文书局：伦敦，1995，43）。

⑥ 法律委员会，《刑法立法：腐败（编号248）》（法律委员会：伦敦，1998年）。

法》以及2008年《刑事司法和移民法》都扩大了反贿赂、反腐败法律的适用范围。然而，直到2011年7月1日《反贿赂法》实施，现行的四种贿赂犯罪才真正被确立下来。

一、贿赂他人罪

2010年《反贿赂法》第1条规定，若行为人向他人提供、承诺或给予经济或其他好处，且符合以下两种情形之一，则构成犯罪。该条款通过“情形一”与“情形二”分别设定构成要件：

情形一：

（1）行为人向他人提供、承诺或给予经济或其他好处；

（2）行为人意图通过该好处：

①诱使他人不正当履行相关职能或活动；

②因他人不正当履行此类职能或活动予以犒赏。[①]

情形二：

（1）行为人向他人提供、承诺或给予经济或其他好处；

（2）行为人明知或认为接受该好处本身即构成相关职能或活动的不正当履行。[②]

基于本法的解释，“职能或活动”被定义为以下几种情况：

（1）任何具有公共性质的职能；

（2）任何与商业活动相关的行为；

（3）在个人履行工作职责过程中实施的行为；

（4）代表某一群体（无论是法人还是非法人）实施的行为。[③]

此外，上述职能或活动还必须满足至少一项特征，即履行职能或

---

① 2010年《反贿赂法》第1（2）条。

② 2010年《反贿赂法》第1（3）条。

③ 2010年《反贿赂法》，第3（2）条。

活动的个人应被期望秉持“诚信”“公正”或“凭借履行职能或活动而处于受信任地位”。[①] 而且，并不要求相关职能或活动必须要在英国境内开展，甚至也不要求其与英国存在任何关联。[②]

该法中需要明确的另一个术语是“不正当履行”。它被认定为与以下情形相关：职能或活动“违背了相关预期”，或者未能开展上述职能或活动本身就“违背了相关预期”。[③] 而这一预期是通过实施所谓的“预期测试”来判定的。该测试被定义为“评估英国合理人对相关类型的职能或活动履行方式的正当性预期”。所以，这是一个需由陪审员裁定的问题。

因此，若行为人通过承诺、承诺或提供金钱、财物或其他利益，意图诱使他人不正当履行职能或活动，又或者明知认可这种行为将构成不法之举，那么其便构成了 2010 年《反贿赂法》第 1 条所述的犯罪。可以说，这项罪名“针对的是那些主动实施贿赂行为的人”。[④]

还需注意的是，这种“不正当履行”行为会因所获得的“好处”而得到回报。2010 年《反贿赂法》规定，不管这个“好处”是参与者之间直接提供、承诺或给予的，还是通过第三方来操作的，都无关紧要。此外，接收提议的人与实际执行相关事务的人是否为同一人，也不重要。[⑤]

伦敦市警察局指出，依据 2010 年《反贿赂法》，如果行为人向他人提供、承诺或给予“经济利益或其他好处，意图诱使他人不正当履行相关职能或活动，或者对他人这种不正当的履行行为予以犒赏”，

---

① 2010 年《反贿赂法》，第 3（3）－（5）条。

② 2010 年《反贿赂法》第 3（6）条。

③ 2010 年《反贿赂法》，第 4（1）条。

④ D. 亚伦伯格和 N·希金斯，《立法评论——2010 年反贿赂法案：光打雷不下雨?》（2010 年），载《阿奇博得评论》，第 5 期，6-9。

⑤ 2010 年《反贿赂法》第 1 条（4）和（5）。

那么就构成了犯罪。[①] 金特尔（Gentle）进一步指出，“若行为人向他人提供、承诺或给予好处，意图让该好处诱使他人不正当履行一项本应公正、诚信履行，或因其处于受信任地位而需公正履行的职能”，则属于违法行为。[②]

二、受贿相关犯罪

2010 年《反贿赂法》第 2 条规定，符合下列四种情形之一者，行为人（R）即构成犯罪：

情形三：

R 请求、同意接受或实际接受财物或其他好处，从而导致相关职能或活动的不正当履行（无论履行人是 R 还是其他人）。[③]

情形四：

（1）R 请求、同意接受或实际接受财物或其他好处；

（2）请求、同意接受或实际接受行为本身就构成了 R 对相关职能或活动的不正当履行。[④]

情形五：

R 请求、同意接受或实际接受财物或其他好处，以此作为对相关职能或活动不正当履行（无论履行人是 R 还是其他人）的犒赏。[⑤]

情形六：

在因 R 请求、同意接受或实际接受财物或其他好处，进而导致相

---

① 伦敦市警察局，《2010 年反贿赂法摘要》，2011 年 11 月 24 日。

② S. 金特尔，《2010 年反贿赂法，第 2 部分：公司犯罪》（2011 年），载《刑法审查》，第 2 期，101-110。

③ 2010 年《反贿赂法》，第 2（2）条。

④ 2010 年《反贿赂法》，第 2（3）条。

⑤ 2010 年《反贿赂法》，第 2（4）条。

关职能或活动被不正当履行的情况下，由 R 本人实施；或由另一人在 R 的要求下，或在 R 同意或默许的情况下实施。[①]

因此，如果行为人怀着让自己或他人不正当履行相关职能或活动的特定目的，请求、同意接受或实际接受某项好处，又或者将好处作为不正当履行职能或活动的犒赏，那么此人便构成 2010 年《反贿赂法》第 2 条所述的犯罪。[②] 可以说，本条“针对的是那些接受或索取贿赂的人”。[③] 仅仅是提出请求、同意接受或实际接受利益的行为，就构成了不正当履行职能或活动，且不论该利益是直接获取还是通过第三方获取的，也不论该利益是给予同一方还是另一方。[④] 这适用于在行为人指示或默许下行事的人已经实施或尚未实施不正当履行职能或活动的情况，无论行为人是否明知履职行为的不当性。

伦敦市警察局指出，依据 2010 年《反贿赂法》，如果行为人请求、同意接受或实际接受财物或其他方面的好处，且意图以此导致其本人或他人不正当履行相关职能或活动，则无论该好处是直接获取还是通过第三方间接获得，亦无论该利益是为其本人还是他人所享有，均构成犯罪。[⑤] 同样，金特尔进一步指出，“从广义上来说，犯罪行为包括行为人请求、同意接受或实际接受好处或预期的好处，以此来不正当履行相关职能”。[⑥]

---

① 2010 年《反贿赂法》，第 2（5）条。

② 2010 年《反贿赂法》，第 2 条。

③ D. 亚伦伯格和 N·希金斯，《立法评论——2010 年反贿赂法案：光打雷不下雨?》（2010 年），载《阿奇博得评论》，第 5 期，6-9。

④ 2010 年《反贿赂法》，第 2（4）－（6）条。

⑤ 伦敦市警方，《2010 年反贿赂法摘要》，http：//www. cityoflondon. police. uk/CityPolice/Departments/ECD/anticorruptionunit/briberyact2010summary. htm，，2011 年 11 月 24 日。

⑥ S. 金特尔，《2010 年反贿赂法，第 2 部分：公司犯罪》（2011 年），载《刑法审查》，第 2 期，101-110。

三、贿赂外国公职人员罪

2010年《反贿赂法》第6条规定，若行为人（P）意图影响外国公职人员（F）履行其公职，且意图通过该行为获取或保有（1）业务，或（2）业务经营中的优势，[①] 那么此人（P）便犯有贿赂外国公职人员（F）的罪行。[②]

关于该法第6条，司法部指出：该条款设立了一项独立的贿赂外国公职人员罪。若行为人向外国公职人员提供、承诺或给予财物或其他好处，意图影响该公职人员履行其公职，以达到保有业务或业务经营中的优势，便构成犯罪。不过，若该外国公职人员所在国家适用成文法允许或要求其职务行为受此好处影响，则不构成犯罪。[③]

因此，如果行为人以获取或保有业务或业务经营中的优势为目的，意图操纵或诱使公职人员在履职中作出特定行为，那么此人便构成犯罪。[④]

伦敦市警察局认为，出现以下情形便构成犯罪：行为人为获取或保有业务，或在业务经营中获得优势，而贿赂外国公职人员以影响其职务行为。但是，只有在行为人直接或通过第三方向外国公职人员提供、承诺或给予任何财物或其他好处，或者应外国公职人员的要求，在其同意或默许下向他人提供、承诺或给予任何财物或其他好处，并且该公职人员所在国适用成文法既不允许也不要求其履职行为受此类

① 2010年《反贿赂法》，第6（2）条。

② 2010年《反贿赂法》，第6（1）条。

③ 司法部，《2010年〈反贿赂法〉指导》（司法部：伦敦，2011年，11）。

④ 2010年《反贿赂法》，第6条。

利益影响时，这一规定才适用。[①]

四、商业组织未能防止贿赂罪

除了个人责任外，2010 年《反贿赂法》还引入了一种新的商业组织刑事责任形式：该法第 7 条规定，如果商业组织的关联人员向他人行贿，且意图为该组织获取或保有业务或商业利益，那么该商业组织也可被判定有罪。从本质上讲，当一个商业组织实施《反贿赂法》第 1 条或第 6 条所规定的贿赂犯罪时，它产生的是一种额外的直接责任，而非替代责任。不过，要承担相应责任，所涉组织必须被认定为“相关商业组织”。其定义如下：

（1）依据英国任何地区的法律成立且开展业务的机构（无论业务是在当地还是在其他地方开展）；

（2）在英国任何地区开展某项业务或部分业务的任何法人团体（不论其成立地点在哪里）；

（c）依据英国任何地区的法律组建且开展业务的合伙机构（无论业务是在当地还是在其他地方开展）；

（d）在英国任何地区开展业务或部分业务的任何合伙机构（无论其成立地点在哪里）。[②]

就本节而言，“关联人员”是指“为该组织提供服务或以该组织名义行事”的个人。[③] 例如，此人可以是该组织的代理人、附属机构

① 伦敦市警方，《2010 年反贿赂法摘要》，http：//www. cityoflondon. police. uk/CityPolice/Departments/ECD/anticorruptionunit/briberyact2010summary. htm，2011 年 11 月 24 日。

② 2010 年《反贿赂法》，第 7（5）条。

③ 2010 年《反贿赂法》，第 8（1）条。

成员或雇员。[①] 此定义强调实质关系而非形式，[②] 若关联人员是该组织的雇员则自动推定成立，但仍必须将所有情况都考虑在内。该法第 7 条的适用范围有意被扩大，目的是涵盖所有可能代表第三方组织实施贿赂行为的个人。然而，要被认定为“关联人员”，“实施行贿行为的人必须正在为该组织提供服务，同时必须有为该组织获取或保有业务，或在业务经营中获得优势的意图”。[③]

由于引入了商业组织刑事责任，2010 年《反贿赂法》第 7 条被描述为一项“另辟蹊径”的重大举措。[④] 司法部规定，依据该法第 7 条：如果商业组织的关联人员为了给该组织获取或保有业务或业务经营中的优势而向他人行贿，那么该商业组织将面临被起诉的可能。[⑤] 值得注意的是，要判定商业组织未能防止贿赂罪成立，法律并不要求证明相关活动是在英国境内还是在其他地方实施的。事实上，甚至都不需要像该法规定的其他贿赂犯罪那样，去证明与英国存在紧密联系。[⑥]

此外，该法第 7 条的存在并不会影响普通法下法人犯罪责任的认定原则。依据普通法的“识别原则”，检察机关除了要证明犯罪行为要素，还必须证明犯罪意图或过错要素，在有可能证明“被视为代表所涉主体决策层的人具备构成犯罪所需的必要过错要素”的情况下，

---

① 2010 年《反贿赂法》，第 8（3）条。

② 司法部，《2010 年〈反贿赂法〉，第 2011/05 号通告》（司法部，2011 年），第 23 段。

③ 司法部，《2010 年〈反贿赂法〉，第 2011/05 号通告》（司法部，2011 年），第 23 段。

④ T. 蒲伯和 T. 韦伯，《立法评论——2010 年反贿赂法》（2010 年），载《国际银行法和条例杂志》，第 25 卷第 10 期，480-483。

⑤ 司法部，《2010 年〈反贿赂法〉指导》（司法部：伦敦，2011 年，15）。

⑥ 司法部，《2010 年〈反贿赂法〉，第 2011/05 号通告》（司法部，2011 年），第 23 段 22 段。

仍应适用普通法，而非 2010 年《反贿赂法》第 7 条。[①]

五、辩护理由

2010 年《反贿赂法》第 7 条所涉罪行有其专属的辩护理由：如果相关商业组织能够证明其已经制定了防止该商业组织的关联人员向他人行贿的“适当程序”[②]，则可针对其指控提出辩护意见。“依照既有判例法，商业组织在诉讼中证明此项辩护理由所需达到的举证标准是盖然性权衡。”[③]

“适当程序”这一表述引发了诸多讨论。司法部依据该法要求发布了相关指南，以协助商业组织遵守《反贿赂法》规定。该指南列出了适当程序的六项核心原则，具体如下：

1. 相称性原则；
2. 高层承诺原则；
3. 风险评估原则；
4. 商业伙伴尽职调查原则；
5. 沟通原则；
6. 监测与审查原则。[④]

诈骗重案办公室（SFO）强调，鉴于存在基于适当程序的辩护理由，2010 年《反贿赂法》第 7 条规定的罪行并非绝对责任罪行。因此，只要具备适当程序，就不构成犯罪。这属于无罪辩护，而不是减

① 司法部，《2010 年〈反贿赂法〉，第 2011/05 号通告》（司法部，2011 年），第 18 段。

② 2010 年《反贿赂法》，第 7 条。

③ 司法部，《2010 年〈反贿赂法〉指导》（司法部：伦敦，2011 年，15）。

④ 司法部，《2010 年〈反贿赂法〉指导》（司法部：伦敦，2011 年，15）。

刑辩护。[①]

除了第 7 条规定的辩护理由之外，2010 年《反贿赂法》还详细说明了适用于该法第 1 条和第 2 条所载贿赂犯罪的一般性辩护理由。该辩护理由同样适用于企图、协助、教唆、指导、促成、共谋实施或煽动实施这些罪行的情形。[②] 此项辩护理由载于该法第 13 条，其规定：被控犯有相关贿赂罪的人，若能证明其行为是出于以下必要目的，则可进行辩护：

（1）正当行使情报部门的任何职能；

（2）在服现役期间正当行使武装部队的任何职能。[③]

设立这一辩护理由的目的在于使情报部门或武装部队能够履行那些在必要时“需要利用经济或其他好处”的合法职能。因此，引入这一辩护理由是为了满足实际操作需求。若要依据此项辩护理由进行辩护，被告需要按照盖然性权衡来证明其行为是必要的。正如司法部议会国务秘书巴赫勋爵（Lord Bach）所解释的那样：“警察及其他执法机构在保护公众免受严重犯罪威胁方面发挥着重要作用。我们的目标是确保这些执法机构在打击严重犯罪时不受阻碍。”[④]

---

① 诈骗重案办公室，理查德·奥德曼，《2010 年反贿赂法演讲——SFO 的方法和国际合规》，2011 年 2 月 9 日，http：//www. sfo. gov. uk/about-us/our-views/director’s-speeches/speeches-2011/the-bribery-act-2010-the-sfo’s-approach-and-international-compliance. aspx，2011 年 11 月 13 日。

② 2010 年《反贿赂法》，第 13（6）条。

③ 2010 年《反贿赂法》，第 13（1）条。

④ 英国国会议事录，HL Vol716，col. GC89，2010 年 1 月 13 日。

第三节 贿赂犯罪的规模

贿赂所构成的威胁不容小觑，正如波普（Pope）和韦布（Webb）的尖锐评论所示："此类行为通过市场扭曲、阻碍公平竞争以及破坏公众信心和商业道德，对企业造成了损害。更令人担忧的是腐败商业文化造成的严重影响——当贿赂与侵吞公款成为常态，受害最深的是该国公民。本应用于改善学校、医院、道路、供水等方面的资金，却被转移到了少数腐败分子手中。这凸显了政府采取行动的必要性。"[①]

尽管贿赂犯罪危害深远，但如同前文所述的所有金融犯罪，精确量化其全球规模面临着方法上的难题。学界普遍认为，全球每年用于贿赂的资金大约有 1 万亿美元。[②] 这一数据也得到了世界银行的佐证。[③] 桑亚尔（Sanyal）和萨曼塔（Samanta）认为："过去 60 年，国际贸易的迅猛发展伴随着贿赂的蔓延。世界银行估算，每年用于贿赂的支出占 30 万亿美元经济总量的 3%（即 1 万亿美元）。而且，其对外资的影响尤为严重。根据世界银行的估算，腐败实质上相当于征收 20%的附加税。"[④] 世界经济论坛估算，腐败的规模约占全球国内生产

---

① T. 蒲伯和 T. 韦伯，《立法评论——2010 年反贿赂法》（2010 年），载《国际银行法和条例杂志》，第 25 卷第 10 期，480-483。

② T. 蒲伯和 T. 韦伯，《立法评论——2010 年反贿赂法》（2010 年），载《国际银行法和条例杂志》，第 25 卷第 10 期，480-483。

③ C. 威廉，《万亿美元贿赂》（2011 年），载《新法律杂志》，第 161 卷，25-26。

④ R. 桑亚尔 l 和 S. 萨曼塔，《国际行贿趋势：反贿赂法律重要吗?》（2011 年），载《国际贸易法和政策杂志》，第 10 卷第 2 期，151-164。

总值的 5%，大约为 2.6 万亿美元，[①] 这使得经商成本增加了约 10%。[②] 欧盟在 2014 年宣称，因腐败造成的年度损失总计达 1.2 亿欧元。[③]

具体来说，有两个专门研究全球贿赂和腐败问题的组织，即世界银行和透明国际。世界银行认为，“腐败是治理不善及公共部门制度缺陷的产物”。[④] 透明国际将腐败定义为“滥用受托权力谋取私利。并认为它损害了所有依赖权力主体诚信的民众权益”[⑤]。

在此背景下，2010 年的《反贿赂法》通过全面审查英国碎片化的陈旧反腐法律，[⑥] 在业界被视为打击白领犯罪的“最为重要的发展举措”。[⑦] 学者阿伦伯格（Aaronberg）和希金斯（Higgins）指出，该法案“为英国提供了世界上最为严苛且影响最深远的反腐败立法”。[⑧] 萨伦斯（Salens）评论称，它有可能“推动英国在国际反贿赂和腐败斗

---

① 《干净的生意才是好生意——企业反腐败案例》（国际商会、透明国际、联合国全球契约和世界经济论坛合作反腐败倡议联合出版，2008 年），http://www.weforum.org/pdf/paci/BusinessCaseAgainstCorruption.pdf，2013 年 8 月 18 日。

② 《2012—2014 年反腐败和横向全球议程理事会》（世界经济论坛，2012 年），http://www.weforum.org/content/global-agenda-council-anti-corruption-transparency-2012-2014，2014 年 2 月 17 日。

③ 詹姆斯·丰塔纳-汗，《因为腐败每年要花费 1200 亿€ 商业成本（研究发现）》（金融时报，2014 年 2 月 3 日），http://www.ft.com/cms/s/0/28f11862-8cf9-11e3-ad57-00144feab7de.html? siteedition=uk#axzz2sLiCCodw，2013 年 2 月 4 日。

④ I. 卡尔，《通过 2003 年联合国反腐败公约打击腐败：解决全球问题的办法？》（2005 年），载《国际贸易法和条例》，第 11 卷第 1 期，24-29。

⑤ 透明国际，《2010 年腐败感知指数》，http://www.transparency.org/policy_research/surveys_ indices/cpi/2010，2011 年 6 月 28 日。

⑥ J. 本斯特德，《咬紧牙关》（2010 年），载《新法律杂志》，第 160 卷，1291-1292。

⑦ 萨伦斯，《反贿赂和腐败：英国推动自己进入全球执法的前沿》，http://www.salans.com/~/media/Assets/Salans/Publications/Salans% 20Client% 20Alert%20UK%20Bribery%20Act%20Implementation%20Date.ashx，2010 年 7 月 24 日。

⑧ D. 亚伦伯格和 N·希金斯，《立法评论——2010 年反贿赂法案：光打雷不下雨？》（2010 年），载《阿奇博德评论》，第 5 卷，6-9。

争中走在前列”[1]

按照 1-10 分的评分标准（10 分代表非常廉洁），透明国际在 2010 年给英国打出了 7.6 分，使其在 178 个国家中位列 20 名。虽然这个结果看似令人满意，但英国仍然落后于丹麦、新西兰、爱尔兰、巴巴多斯和卡塔尔。需要说明的是，排名第一的国家是新加坡，评级为 9.3 分，这表明英国在廉洁方面仍有努力的空间。排名第 23 位的美国评级为 7.1 分。排名垫底的国家是索马里，评级仅为 1.1 分。该评分标准中，低分代表腐败程度高，零分理论上代表完全腐败，因此，这个排名对索马里而言无疑是极为尴尬且不理想的。[2]

第四节 政策背景

英国针对贿赂的政策，与本书所探讨的其他类型的金融犯罪一样，受到了联合国（UN）、欧盟（EU）以及经合组织（OECD）出台的一系列国际立法举措的影响。首批国际举措于 1994 年推出，当时经合组织采纳了一项建议，要求成员国“采取有效措施，遏制、预防并打击与国际商业交易相关的贿赂外国公职人员的行为”。[3] 1997 年，经合组织在《打击国际商业交易中贿赂外国公职人员的公约》（以下简称

---

① 萨伦斯，《反贿赂和腐败：英国推动自己进入全球执法的前沿》，http://www.salans.com/~/media/Assets/Salans/Publications/Salans% 20Client% 20Alert% 20UK%20Bribery%20Act%20Implementation%20Date.ashx，2010 年 7 月 24 日。

② 透明国际，《2010 年腐败感知指数》，http://www.trans-parency.org/policy_research/surveys_ indices/cpi/2010，2011 年 6 月 28 日。

③ S. 谢赫，《2010 年反贿赂法案：商业组织当心！》（2011 年），载《国际公司和商法评论》，第 22 卷第 1 期，1-16。

《公约》）中强化了这一要求。[①] 对此，欧盟于 1995 年在其《欧洲联盟打击涉及欧洲共同体官员或成员国官员腐败公约》中引入了首个与贿赂相关的条款。[②] 1997 年，欧盟批准了《打击涉及欧洲共同体官员或成员国官员的腐败公约》。[③] 此外，2003 年，联合国出台了《反腐败公约》，该公约由联合国毒品和犯罪问题办公室负责管理。[④]

英国于 1997 年签署的《公约》有另外 37 个国家作为签署国，其"确立了具有法律约束力的标准，将国际商业交易中贿赂外国公职人员的行为定为刑事犯罪"[⑤]。它是唯一一项聚焦于贿赂交易供应方，也就是行贿者而非受贿者的国际反腐败文书。[⑥] 经合组织宣称其《公约》成效显著，并报告称"有超过 135 人和若干企业被判犯有海外贿赂罪"。在《公约》实施的前十年，累计罚金达 12.4 亿欧元。[⑦] 有意思的是，该《公约》并没有建立统一的执法机构，执法行动是由各个国家自行开展的。所以，经合组织并不充当全球执法者的角色。英国对此《公约》的初期回应是在 2001 年出台《反恐怖主义、犯罪和安全法》。在能够出台更为全面的反贿赂立法之前，该法只是一种过渡性

① G. 萨塞尔多蒂，《1997 年经合组织关于打击国际商业交易中贿赂外国公职人员的公约》(1999 年)，载《国际商法杂志》，第 1 卷，3-18。

② S. 谢赫，《2010 年反贿赂法案：商业组织当心！》(2011 年)，载《国际公司和商法评论》，第 22 卷第 1 期，1-16。

③ 《打击涉及欧洲共同体官员或成员国官员的腐败公约》，1997 年 5 月 26 日，布鲁塞尔，37I. L. M. 12；OJ1997C195。

④ 关于 2003 年《公约》条款的更详细和批评性评论见 P. 韦伯，《联合国反腐败公约：全球成就还是错失机会?》(2005 年)，载《国际商法杂志》，第 8 卷第 1 期，191-229；M. 库比塞尔，《联合国反腐败公约中的核心刑法规定》(2009 年)，载《国际刑法评论》，第 9 卷第 1 期，139-155。

⑤ G. 萨塞尔多蒂，《1997 年经合组织关于打击国际商业交易中贿赂外国公职人员的公约》(1999 年)，载《国际商法杂志》，第 1 卷，3-18。

⑥ G. 萨塞尔多蒂，《1997 年经合组织关于打击国际商业交易中贿赂外国公职人员的公约》(1999 年)，载《国际商法杂志》，第 1 卷，3-18。

⑦ 经合组织贿赂问题工作组，《2008 年度报告》(经合组织，2008 年，2)。

临时措施。[①] 显然，这一情况随着 2010 年《反贿赂法》的颁布而发生了改变。

英国的反贿赂法律体系改革始于 1998 年法律委员会发布的一份报告。[②] 法律委员会建议“普通法中的贿赂罪以及零散的反腐败成文法规应当由一部现代成文法来取代”[③]。当时的工党政府做出回应，并公布了《反腐败法案草案》，但该法案经联合委员会的立法前审查[④]后遭到否决，[⑤] 随后于 2005 年公布了修订版本。[⑥] 此后，法律委员会在 2007 年又启动了新一轮咨询，并于 2008 年形成最终改革报告。针对该报告，时任司法部部长杰克·斯特劳（Jack Straw）强调了立法的紧迫性[⑦]。他认为，贿赂是一种“癌症”，它侵蚀了公共生活与商业领域赖以维系的诚信与问责原则。打击贿赂犯罪并非可有可无的额外事务，也不是在经济形势严峻时期可以舍弃的选项。我们现行的法律陈旧、复杂且碎片化……一部新的法律将为调查机关和检察机关提供更高效

① M. 拉斐尔，《2010 年反贿赂法指南》（牛津大学出版社：牛津，2010 年）。

② 法律委员会，《刑法立法：腐败（编号 248）》（法律委员会：伦敦，1998 年）。关于本报告的更详细讨论，见 G. 苏利文，《禁止腐败——对法律委员会报告的一些评论》（1998 年），载《刑法评论》，8 月刊，547-555。

③ S. 谢赫，《2010 年反贿赂法案：商业组织当心！》（2011 年），载《国际公司和商法评论》，第 22 卷第 1 期，1-16。

④ 关于腐败法案审查的出色讨论见 A. 肯农，《法案草案的立法前审查》（2004 年），载《公法》，秋季刊，477-494。

⑤ 内政部，《反腐败法的改革和 SFO 在贿赂外国官员案件中的权力》（内政部：伦敦，2005 年）。

⑥ 法律委员会，《改革贿赂：协商》（法律委员会，2007 年）。更详细的讨论，见 P. 艾尔德里奇，《改革贿赂：法律委员会协商文件 185：（1）贿赂改革与法律——卷土重来》（2008 年），载《刑法评论》，第 9 期，671-686。

⑦ 法律委员会，《改革贿赂：协商》（法律委员会，2007 年）。更详细的讨论，见 P. 艾尔德里奇，《改革贿赂：法律委员会协商文件 185：（1）贿赂改革与法律——卷土重来》（2008 年），载《刑法评论》，第 9 期，671-686。

的执法工具。[①]

在该报告发布之后，2009 年政府发布白皮书，最终促成了 2010 年《反贿赂法》的颁布，[②] 在此之前，时任司法国务秘书肯尼斯·克拉克（Kenneth Clarke）指出，该法将“巩固英国在全球反腐败斗争中的领导地位……使英国既能够强有力地遏制腐败，又不致过度增加企业负担。[③]

2010 年《反贿赂法》的相关规定引发了褒贬不一的反响。例如，一些从业者提出，相关条款“步子迈得太大，并担心新的‘黄金标准立法’会对英国的竞争力构成威胁”[④]。还有一些观点对该法增加的起诉权以及英国企业需承担的合规成本攀升表现出担忧。[⑤] 相反，也有人将其描述为“一项重要立法，对公共领域和私人领域的商业行为都有着极为重要的现实意义”[⑥]。亚历山大（Alexander）进一步强调了立法的必要性，认为该法是英国迫切需要的，因为“腐败绝非一种可以容忍的恶行，它是致命的威胁”，[⑦] 并以腐败卫生官员批准使用不安全药物而导致儿童死亡等案例佐证其危害性。

---

① 司法部，《政府欢迎新的反贿赂法建议》，2008 年 11 月 20 日，http://www.wired-gov.net/wg/wg-news-1.nsf/0/329BD09E4E75E8138025750700478C2E? OpenDocument，2011 年 11 月 25 日。

② 司法部，《反贿赂：立法草案》（英国文书局，2009 年）。关于法律草案的优秀评论见 C. 维尔，《反贿赂：法案草案下的公司责任》（2009 年），载《刑法评论》，第 7 期，479-487。

③ 司法部，《英国通过新的反贿赂法案打击腐败》，http://www.justice.gov.uk/news/press-release-300311a.htm，2011 年 11 月 29 日。

④ T. 蒲伯和 T. 韦伯，《立法评论——2010 年反贿赂法》（2010 年），载《国际银行法和条例杂志》，第 25 卷第 10 期，480-483。

⑤ T. 蒲伯和 T. 韦伯，《立法评论——2010 年反贿赂法》（2010 年），载《国际银行法和条例杂志》，第 25 卷第 10 期，480-483。

⑥ 编辑，《2010 年反贿赂法》（2010 年），载《刑法审查》，第 6 期，439-440。

⑦ R. 亚历山大，《2010 年反贿赂法案：站稳脚跟的时间》，（2011 年），载《金融犯罪杂志》，第 18 卷第 2 期，社论。

第五节 金融机构和监管机构

如前文所述，有两个主要的监管机构负责执行2010年《反贿赂法》的相关规定，它们分别是诈骗重案办公室（SFO）和金融行为监管局（FCA）。除此之外，伦敦市警察局也会对贿赂和腐败案件展开调查。[①] 诈骗重案办公室着重强调，“提升认知、开展教育、进行说服以及最终实现预防”，将其作为努力减少此类金融犯罪的一部分举措。[②] 正如本书前几章所概述的那样，依据2000年《金融服务和市场法》，[③] 金融行为监管局负有降低金融犯罪发生率的法定义务。显然，就这一法定目标而言，贿赂属于金融犯罪的范畴。同时，由于贿赂和腐败行为会带来“扭曲市场正常竞争、损害英国的商业声誉、降低对保险及其他行业投资者的吸引力”等不利后果，也威胁到了维护市场信心这一次要法定目标。[④]

英国金融服务管理局（FSA）早在2008年《金融风险展望》中警示：“国际上的反腐败合作以及英国反腐败法律框架的持续发展，可能会提高人们对金融服务行业打击腐败和贿赂行为的关注度，给金融机构带来压力。而金融机构可能随时面临行贿胁迫的风险，尤其是在普遍存在贿赂行为的辖区内开展业务时。[⑤] 此外，金融机构可能会沦

① T. 达西和D. 劳勒，《立法评论——英国的反贿赂法案》（2010年），载《建筑法杂志》，第26卷第2期，146-152。

② C. 蒙泰蒂，《2010年反贿赂法，第3部分：执行》（2011年），载《刑法审查》，第2期，111-121。

③ 2000年《金融服务和市场法》第6（3）条。

④ 金融服务管理局，《商业保险中的反贿赂和腐败，降低向第三方非法支付或引诱的风险》（金融服务管理局：伦敦，2010年，6）。

⑤ 金融服务管理局，《2008年金融风险展望》（金融服务管理局：伦敦，2008年，35）。

为腐败资金洗白或贿赂中转的渠道。”

然而，在此必须着重指出的是，金融行为监管局实际上并不执行2010年《反贿赂法》的规定，其监管权限仅限于“受其监管的机构未能充分应对腐败和贿赂风险（包括涉及第三方代理机构的风险）的情形”。英国金融服务管理局此前曾主张，“其无须掌握腐败行为实质证据即可对机构采取监管措施”。[①]

所以，受金融行为监管局监管的公司必须遵守其《监管手册》中的反贿赂规定，尤其是其中的11项商业原则。这些原则具体如下：

1. 诚信原则。
2. 专业、审慎与勤勉原则。
3. 管理和控制原则。
4. 财务审慎原则。
5. 市场行为原则。
6. 客户利益优先原则。
7. 客户沟通原则。
8. 利益冲突管理原则。
9. 客户信任关系原则。
10. 客户资产保护原则。
11. 监管机构协作原则。

其中，原则1、2、3与贿赂和腐败问题的关联性尤为突出。原则1规定，公司有义务“以诚信开展业务”，其针对性在于防范“经纪公司及其员工自身参与腐败行为”的风险。原则2规定，机构必须“以专业的技能、审慎和勤勉来开展业务”。原则3明确了一项义务，即“机构必须采取合理、审慎的措施，以负责任且有效的方式组织并管

① 金融行为监管局，《一分钟指南：商业保险经纪中的反贿赂和反腐败》，http：//www.fsa.gov.uk/smallfirms/resources/one_ minute_ guides/insurance_ intermed/anti_ bribery.shtml，2011年11月24日。

控其事务，同时建立适当的风险管理体系”。

除了遵循金融行为监管局的商业原则外，金融机构的高级管理层还负有“对金融犯罪风险（包含与贿赂和腐败相关的风险）进行恰当评估的责任”。①

此外，《高级管理安排、系统和控制》（SYSC）第 3. 2. 6R 条规定，机构必须“建立并维护有效的制度与控制措施……以应对机构被用于实施金融犯罪的风险”。② 这意味着机构须系统性评估其参与或协助贿赂和腐败行为的风险，并有义务采取一切合理措施来防止此类风险成为现实。因此，受监管的机构肩负着额外的监管义务。这使得它们有责任制定并维护可用于预防腐败和贿赂的相关政策及程序，确保商业活动诚信合规。③

金特尔指出：“英国金融服务管理局（金融行为监管局的前身）已多次针对违反商业原则第 3 条的行为对受监管机构采取监管行动。”④

无论一家机构违反了这 11 项商业原则中的哪项条款，金融行为监管局都拥有一系列可使用的执法权力。这些内容将在下文的量刑和追讨部分展开讨论。

---

① 金融服务管理局，《商业保险中的反贿赂和腐败，降低向第三方非法支付或引诱的风险》（金融服务管理局：伦敦，2010，10）。

② 金融服务管理局，《全手册——SYSC 高级管理安排、系统和控制》（金融服务管理局：伦敦，2011 年），规则 SYSC3. 2. 6R。

③ 金融服务管理局，《一分钟指南：商业保险经纪中的反贿赂和反腐败》，http：//www. fsa. gov. uk/smallfirms/resources/one_ minute_ guides/insurance_ intermed/anti_ bribery. shtml，2011 年 11 月 24 日。

④ S. 金特尔，《2010 年反贿赂法，第 2 部分：公司犯罪》（2011 年），载《刑法审查》，第 2 期，101-110。

第六节　金融情报

2010年《反贿赂法》不仅旨在追究直接参与贿赂和腐败行为的个人的刑事责任，更通过责任扩展机制将规制范围延伸至间接参与的人。因此，它还涵盖了那些具有掌控权的人员，以及所有参与贿赂行为、代表他人实施贿赂行为，甚至只是默许贿赂行为的组织，甚至涵盖与涉事机构存在多层关联的个人和组织。此类间接参与行为除可能面临针对直接责任主体的追责外，亦可被单独处以经济处罚。所以，该法宽泛的管辖范围极大地加重了商业组织管理此类风险问题的责任。该法律的适用范围涵盖了在英国开展商业活动的任何商业组织，这包含了该组织的任何组成部分，即便其管控机构位于海外，且被指控的贿赂行为发生在海外，亦受其约束。[①] 此举倒逼企业全面审查其现有的反贿赂政策及程序，并确保其关联企业也同样受到约束。

在国际层面，经合组织的《跨国企业准则》[②] 及《打击腐败行为的商业做法》[③] 为企业提供了行动指导，美国的《联邦判决指南》也发挥着指导作用。[④] 在英国，诈骗重案办公室被指定为受理英国国民或在英国注册的机构贿赂外国公职人员相关指控的国家报告点，此举有助于强化跨境腐败治理的关键环节——报告义务。然而，在英国，

① 司法部，《执行反贿赂法》，2010年7月20日，http：//www. justice. gov. uk/news/newsrelease200710a. htm，2011年12月15日。

② 经合组织，《跨国企业准则》，http：//www. oecd. org/document/28/0，3343，en_ 2649_ 34889_ 2397532_ 1_ 1_ 1_ 1，00. html，2010年7月24日。

③ 经合组织，《打击腐败行为的商业做法》，http：//www. oecd. org/datao-ecd/45/32/1922830. pdf，2010年7月24日。

④《美国联邦判决指南，第八章B部分：补救犯罪行为的伤害，以及有效的遵守和道德计划》，http：//www. ussc. gov/2007guid/8b2_ 1. html，2010年7月24日。

报告义务的界定并不明晰。这很大程度上是因为贿赂、腐败或欺诈行为并无法定强制报告义务，这与 2002 年《犯罪所得法》所要求的反洗钱报告义务有所不同。[①] 这种缺陷在反诈骗领域尤为明显，在该领域，国家诈骗情报局（NFIB）虽鼓励“尽最大努力”自愿报告[②]，但由于没有一个集中机构来协调公共部门和私营部门的诈骗情报，使得犯罪分子更容易在不被察觉的情况下实施犯罪，并且能够肆意地再次作案。[③] 在实务中，此类犯罪仍应诉诸警方处理，但制度漏洞亟待填补。[④]

相比之下，英国的另一个重要机构，即负责监管金融服务的金融行为监管局，确实具备强制履行报告义务的权力。[⑤] 受其监管的机构有义务“及时”将“金融行为监管局合理期待获知的与机构相关的任何事项”告知该监管局（《高级管理安排、系统和控制》第 6.3 条“金融犯罪”条款）。[⑥] 这就导致，负责牵头处理反贿赂相关事务并被指定为国家报告点的诈骗重案办公室缺乏强制要求报告的法定授权，而金融行为监管局在其监管领域内，却能够逐步落实反贿赂报告义务。因此，诈骗重案办公室需要解决这种在指定职能和权力方面不一致的

---

① 《美国联邦判决指南，第八章 B 部分：补救犯罪行为的伤害，以及有效的遵守和道德计划》，http：//www. ussc. gov/2007guid/8b2_ 1. html，2010 年 7 月 24 日。

② 国家诈骗情报局，http：//www. lslo. gov. uk/nfa/WhoWe – WorkWith/Pages/NFIB. aspx，2010 年 4 月 22 日。

③ 国家诈骗情报局，http：//www. lslo. gov. uk/nfa/WhoWe – WorkWith/Pages/NFIB. aspx，2010 年 4 月 22 日。

④ 内政部，《记录犯罪的计数规则》，http：//rds. homeoffice. gov. uk/rds/pdfs10/countgeneral10. pdf，2010 年 4 月 29 日。

⑤ 金融服务管理局，《我们做什么：我们监管谁》中指出，“我们监管大多数金融服务市场、交易所和机构。我们设定了他们必须达到的标准，如果他们达不到该标准，我们便可以对机构采取行动”，http：//www. fsa. gov. uk/pages/About/What/Who/index. shtml，2011 年 9 月 27 日。

⑥ 金融服务管理局，《商业原则》，http：//www. fsa. gov. uk/Pages/Library/Communica-tion/PR/1999/099. shtml，2010 年 4 月 29 日。

问题，从而使负责处理贿赂、腐败和诈骗案件的机构也有权将报告上述犯罪行为设定为法定义务。

为了尝试管控此类犯罪，诈骗重案办公室发布了《海外腐败处理办法》。[①] 该文件提供了包括行业特定行为准则在内的指导，如建议"通过协商和解而非刑事起诉"的方式，可使相关方免受欧盟强制性采购规定的影响。[②] 该文件还涵盖机构招待方面的内容，政府承认机构招待属于商业活动的一部分。过去，政府在这方面并未制定足够明确的规范参数，而是将这一问题交由检察官依据自由裁量权和常识来判断。[③] 这样做的最终结果是带来了极大的不确定性，而且这种不确定性很可能会一直持续，直至相关测试案例进入审判阶段才能消除。尽管像带客户去新西兰观看橄榄球世界杯比赛或者去里约热内卢观看奥运会这类奢华的机构招待会受到适度性审查，但司法部部长却表示，"政府并不希望阻止机构通过带客户参加温布尔登网球赛或者一级方程式大奖赛等活动来维系客户关系"。[④] 因此，《海外腐败处理办法》虽然承认机构招待费用和促销支出是商业活动的组成部分，且政府补充说明"招待和促销或类似的业务支出是可以被用作贿赂的"，但并未界定何种程度会逾越界限。[⑤] 这意味着商业机构有义务制定明确的

---

① 诈骗重案办公室，《海外腐败处理办法》，http：//www.sfo.gov.uk/media/107247/approach%20of%20the%20serious%20fraud%20office%20v3.pdf，2010年7月24日。

② 《欧盟公共服务采购指令》2004/18/EC。45.

③ 雷格，《2011年4月生效的反贿赂法：采取行动的时间》，2010年7月23日，http：//www.wragge.com/analysis_ 6175.asp，2010年7月24日。

④ 司法部，《反贿赂法：指导》，2011年3月，http：//www.justice.gov.uk/downloads/guidance/making-reviewing-law/bribery-act-2010-guidance.pdf，2011年5月5日。

⑤ 司法部，《反贿赂法：指导》，2011年3月，http：//www.justice.gov.uk/downloads/guidance/making-reviewing-law/bribery-act-2010-guidance.pdf，2011年5月5日。

程序，并向其员工下达指示，以确保他们的动机不被误解。

第七节　量刑和追讨

一、量刑

若行为人被判定犯有2010年《反贿赂法》第1条、第2条和第6条所列的任何罪行，最高可被判处10年监禁以及/或者处以无限额罚款。对于该法第7条所列罪行，最高处罚为无限额罚款。[①] 虽然诈骗重案办公室可以说是起诉贿赂和腐败案件的主要机构，但依据该法提起诉讼，不仅需要诈骗重案办公室主任本人同意，而且还需得到检察长或者税务海关检控署长的同意。[②] 皇家检察署指出，贿赂是一种严重罪行，并且“起诉贿赂行为符合公共利益”。[③] 在决定是否提起公诉时，皇家检察署会将加重和减轻处罚的因素纳入考量范围。这些因素可能包括涉案金额大小；是否违背了受信任的地位；是否涉及弱势或老年受害者；犯罪行为持续的时长；是否有主动还款行为；以及是否存在残疾、疾病或家庭困难等个人因素。[④]

然而，从过往情况来看，特别是在2010年《反贿赂法》出台之

① 2010年《反贿赂法》第11（3）条。

② 2010年《反贿赂法》，第10条。

③ 皇家检察署，《2010年反贿赂法：诈骗重案办公室主任和检察长的联合起诉指南》，http：//www. cps. gov. uk/legal/a_ to_ c/bribery_ act_ 2010/，2016年2月9日。

④ 皇家检察署，《反贿赂法法律指导》（皇家检察署：伦敦，2008年）。

前，进入审判阶段的贿赂刑事案件寥寥无几，[①] 该状况甚至持续至2008年《德格拉齐亚评估报告》（de Grazia Review）发布之后仍未改观。现存少数案例包括2009年9月的梅比和约翰逊公司案。英国一家建筑公司梅比约翰逊（Mabeyand Johnson）因向外国官员行贿以获取商业合同而被定罪。该公司承认了海外腐败指控，承认为获取价值6000万英镑-7000万英镑的合同通过中间人行贿100万欧元，还违反了联合国针对伊拉克萨达姆·侯赛因“石油换食品计划”的制裁令。该案件最终以辩诉交易结案，除了需缴纳350万英镑的罚款外，还要向加纳、牙买加和伊拉克等国支付总计310万英镑的赔偿款及诉讼费用。值得注意的是，这是英国首次有公司因这类犯罪被定罪，且诈骗重案办公室（SFO）选择对该公司提起诉讼，而非针对实际涉案个人。

不过近年来，贿赂定罪数量开始缓慢增长，或许正因如此，英国现已制定量刑指南来协助法官确定最为恰当的判决。起初，仅有上诉法院的两个案例可供参考，[②] 且这两个案例都是在2010年之前裁定的。[③] 第一个案例是“R诉安德森·马尔科姆·约翰（Anderson Malcolm John）案”，[④] 被告因收受贿赂以换取商业合同而被判处12个月监禁，上诉法院鉴于上诉人此前品行良好且获利相对较少，认为判处6个月监禁更为合适。第二个案例是“R诉弗朗西斯·赫雷尔（Francis Hurell）案”。[⑤] 此判决同样是12个月监禁，被告试图用2000英镑贿赂一名警察，以逃避酒精测试。尽管法院认为贿赂正在执行公务的

---

① D. 亚伦伯格和N·希金斯，《立法评论——2010年反贿赂法案：光打雷不下雨?》（2010年），载《阿奇博得评论》，第5期，6-9。

② 案件评论，《第一家因海外腐败被定罪的英国公司》（2010年），载《公司律师》，第31卷第1期，16。

③ 案件评论，《第一家因海外腐败被定罪的英国公司》（2010年），载《公司律师》，第31卷第1期，16。

④ ［2003］2Cr. App. R. （S）28。

⑤ ［2004］2Cr. App. R. （S）23。

警察的行为性质严重，但还是将判决改为了3个月监禁。

上述案例的判决也可参照适用于马克·杰索普（Mark Jessop）案，他在2011年4月被判处两年监禁，并被责令支付15万英镑赔偿金以及2.5万英镑的起诉费用。这些处罚涉及违反联合国对伊拉克的制裁令（也与“石油换食品计划”有关）、向伊拉克政府提供资金等10项罪行。[①]

其他刑事起诉案例还包括因诺斯佩克有限公司（Innospec Ltd）的前高管丹尼斯·克里森（Dennis Kerrison）、保罗·詹宁斯（Paul Jennings）、米利蒂亚德斯·帕帕克里斯多斯（Militiades Papachristos）和大卫·特纳（David Turner）。2011年10月，他们因向印度尼西亚和伊拉克的公职人员行贿及共谋获取商业合同而被指控犯有贿赂罪。[②] 2012年1月，特纳承认了三项共谋贿赂罪。2012年6月和7月，詹宁斯也承认了三项共谋贿赂罪。2014年6月，克里森和帕帕克里斯多斯均被判定犯有一项共谋罪。[③] 特纳被判处16个月监禁，缓刑2年，并需从事300小时的社区服务工作；克里森、詹宁斯和帕帕克里斯多斯起初分别被判处4年、2年和18个月监禁，不过后来上诉法院将克里森的刑期减至3年；因诺斯佩克有限公司承认向印度尼西亚政府官员行贿，被处以1270万美元罚款。[④]

英国首例公司贿赂外国公职人员刑事定罪案件发生于2014年12

---

① 诈骗重案办公室，《向伊拉克提供医疗货物的供应商因不正当回扣而被判处监禁》（2011年4月13日新闻稿），2011年11月29日。

② 诈骗重案办公室，《Innospec有限公司：另外两名被指控腐败的高管》（新闻稿，2011年10月27日），http://www.sfo.gov.uk/press-room/latest-press-releases/press-releases-2011/innospec-ltd-two-more-executives-charged-with-corruption.aspx，2011年11月29日。

③ 值得注意的是，这些不是2010年《反贿赂法》规定的罪行，而是1977年《刑法》第1条规定的罪行。

④ 诈骗重案办公室，“Innospec有限公司案案件信息”，https://www.sfo.gov.uk/cases/innospec-ltd/，2016年2月10日。

月。史密斯和欧兹曼有限公司（Smith and OuzmanLtd）是一家专门从事安全文件印刷的公司，为获取毛里塔尼亚和肯尼亚的商业合同，该公司累计行贿近50万英镑，被判处贿赂罪。该公司的销售与市场经理尼古拉斯·史密斯被判处3年监禁[①]，董事长克里斯托弗·史密斯被判处18个月监禁，缓刑2年，需从事250小时社区服务工作，并执行3个月的宵禁。[②]

鉴于部分案件涉及的金额相当庞大，再加上近年来刑事定罪数量有所增加，量刑委员会现已出台了一项明确的量刑准则，即《诈骗、贿赂和洗钱犯罪确定准则》[③]，该准则涵盖了2010年《反贿赂法》第1条、第2条和第6条规定的三种贿赂犯罪。这一准则的运作方式在本书第三章中已有详细阐释。

与量刑委员会出台的其他准则一样，法官必须首先评估罪犯的罪责程度，再考虑已经造成或可能造成的危害程度，最终确定罪行的严重程度。高等罪责的情形包括：意图贿赂履行公共职能的高级官员，或者犯罪行为持续了较长时间。中等罪责是指犯罪嫌疑人在群体犯罪中发挥了重要作用，而较低罪责是指犯罪嫌疑人并非出于个人利益而实施犯罪。[④] 犯罪的危害程度被划分为四类，其中第一类最为严重，包括“对个人造成严重损害”[⑤]，以及“严重破坏国家或地方政府、商

---

① 诈骗重案办公室，“史密斯和欧兹曼有限公司案案件信息”，https://www.sfo.gov.uk/cases/smith-ouzman-ltd/，2016年2月10日。

② 诈骗重案办公室，“史密斯和欧兹曼有限公司案案件信息”，https://www.sfo.gov.uk/cases/smith-ouzman-ltd/，2016年2月10日。

③ 量刑委员会，《诈骗、贿赂和洗钱犯罪确定准则》（量刑准则秘书处：伦敦，2014年）。

④ 量刑委员会，《诈骗、贿赂和洗钱犯罪确定准则》（量刑准则秘书处：伦敦，2014年）。

⑤ 量刑委员会，《诈骗、贿赂和洗钱犯罪确定准则》（量刑准则秘书处：伦敦，2014年，42章）。

业或公共服务的正常职能”等要素。[①]

一旦法官确定了罪责程度和危害程度，便可参照该准则，确定处罚的基准刑期以及相应的量刑范围。例如，若罪责程度为中等，危害程度被列为第三类，那么基准刑期为 18 个月监禁，监禁范围则是 26 周至 3 年。最终的刑期会考虑加重或减轻处罚的因素（如罪犯是否协助检方调查以及是否及时认罪等），从基准刑期出发进行刑期的调整。将所有这些因素都考虑周全后，便能确定最为合理的量刑结果。

截至目前，本章所涉及的定罪案例多是依据旧法规定的罪行做出的，也就是 1906 年的《防止腐败法》及 1977 年的《刑法》。不过，在 2014 年 12 月，诈骗重案办公室依据 2010 年《反贿赂法》首次对加里·韦斯特（Gary West）和斯图尔特·斯通（Stuart Stone）进行了定罪。这两人都是可持续发展集团（Sustainable Growth Group）及其子公司的高管，他们与詹姆斯·威尔（James Whale）一同谋划了一场骗局，通过“养老金计划”诱骗人们投资绿色生物燃料产品。[②] 因贿赂罪，韦斯特被判处四年监禁，斯通被判处六年监禁。[③] 此外，在 2016 年 2 月，斯威特集团（Sweett Group）股份有限公司成为首例触犯 2010 年《反贿赂法》第 7 条被判定有罪的企业，罪名是“未能防止旨在获取及保留合同的贿赂行为”。[④] 法院判处斯威特集团股份有限公司支付 225 万英镑，其中包括 140 万英镑的罚款、851152.23 英镑的没收非法

---

① 量刑委员会，《诈骗、贿赂和洗钱犯罪确定准则》（量刑准则秘书处：伦敦，2014 年，42 章）。

② 诈骗重案办公室，《某官员在涉案金额达 2300 万英镑的“绿色生物燃料诈骗”审判中被定罪》（新闻发布 2014 年 12 月 5 日），https：//www.sfo.gov.uk/2014/12/05/city-directors-convicted-23m-green-biofuel-trial/，2016 年 2 月 10 日。

③ 诈骗重案办公室，《某官员在涉案金额达 2300 万英镑“绿色生物燃料诈骗”审判中被判处 28 年》，（新闻发布，2014 年 12 月 8 日）https：//www.sfo.gov.uk/2014/12/08/city-directors-sentenced-28-years-total-23m-green-biofuel-fraud/，2016 年 2 月 10 日。

④ 2010 年《反贿赂法》第 7（1）（b）条。

所得款项，以及诈骗重案办公室的调查费用。诈骗重案办公室指出："英国公司的贿赂行为严重损害了国家商业声誉。此案作为诈骗重案办公室根据《反贿赂法》第 7 条的首例定罪，传递出了一个强烈的信号，即英国企业必须对其员工的行为以及自身商业活动的合法性承担全部责任。"①

贝多（Beddoe）法官在宣判时表示："《反贿赂法》第 7 条的关键在于给那些在全球运营企业施加一项义务，要求他们履行监督职责。不法分子之所以能够长期以这种方式从事违法活动，根源正是企业对其作为及方式的监督失责。"②

截至 2016 年 2 月，诈骗重案办公室还有多项涉及贿赂和腐败问题的未决案件，包括对以下公司的调查：ENRC 有限公司、阿尔斯通网络 UL 有限公司和阿尔斯通电力有限公司、因诺维亚安保 PTY 有限公司、劳斯莱斯公司、索马石油天然气公司，以及标准银行公司。③

自 2010 年《反贿赂法》实施以来，皇家检察署成功起诉的案件数量也颇为稀少，但已形成标志性判例。例如，在"R 诉帕特尔（Patel）案"中，被告是治安法院的一名书记员，他因收受 500 英镑贿赂，未将交通违规信息录入法院数据库而被起诉。后来，帕特尔承认有罪，起初因贿赂和不当行为罪被判处总计 9 年监禁，不过上诉后刑期减至 4 年。依据《反贿赂法》成功起诉的其他案例有："R 诉穆

① 诈骗重案办公室，《Sweett 集团 PLC 根据反贿赂法被定罪后，被判决支付 225 万英镑罚金》，2016 年 2 月 19 日，https：//www. sfo. gov. uk/2016/02/19/sweett-group-plc-sentenced-and-ordered-to-pay-2-3-million-after-bribery-act-conviction/，2016 年 2 月 26 日。

② 诈骗重案办公室，《Sweett 集团 PLC 根据反贿赂法被定罪后，被判决支付 225 万英镑罚金》，2016 年 2 月 19 日，https：//www. sfo. gov. uk/2016/02/19/sweett-group-plc-sentenced-and-ordered-to-pay-2-3-million-after-bribery-act-conviction/，2016 年 2 月 26 日。

③ 诈骗重案办公室，《我们的案件》，https：//www. sfo. gov. uk/our-cases/#aza，2016 年 2 月 10 日。

什塔克（Mushtaq）案”。被告向奥尔德曼委员会的一名驾照考官行贿，企图让其通过自己的驾驶考试。在2012年12月，穆什塔克被判处2个月监禁，缓刑12个月，并被下达了2个月的宵禁令。[①]“R诉李阳案”，2013年4月，研究生李阳在论文未通过后试图贿赂其大学教授，被判定有罪。被告承认犯有贿赂罪和持有仿造火器罪，被判处12个月监禁[②]

另外，除刑事责任外，依据2000年《金融服务和市场法》第206条的规定，金融行为监管局也有权对涉事企业处以民事罚款[③]。例如，2011年7月，当时的金融服务管理局因威利斯有限公司（Willis Limited）反贿赂、反腐败制度及控制措施存在薄弱环节，对其处以689.5万英镑罚款。[④] 经调查，英国金融服务管理局认定威利斯有限公司存在以下问题：

（1）未能建立并记录向海外第三方付款的合理商业依据；

（2）未能确保对海外第三方进行尽职调查，以评估与他们开展业务所涉及的风险；

（3）没有定期充分审查其与第三方的关系，以确认威利斯有限公司是否仍有必要继续维持这种关系。[⑤]

在这一特定案例中，英国金融服务管理局得出结论：“威利斯有限公司未能采取适当措施确保其向海外第三方支付的款项不被用于腐

---

① http：//www.thelawpages.com/court-cases/Mawia-Mushtaq-11023-1.law。

② http：//www.thelawpages.com/court-cases/Yang-Li-10957-1.law。

③ J. 霍德尔，《贿赂作为犯罪不法行为的一种形式》（2011年），载《法律季刊》，第127卷1月刊，37-54。

④ 金融服务管理局，《Willis有限公司因反贿赂和腐败系统和控制缺陷而被FSA罚款689.5万英镑》，2011年7月21日，http：//www.fsa.gov.uk/pages/Library/Communication/PR/2011/066.shtml，2011年11月24日。

⑤ 金融服务管理局，《Willis有限公司因反贿赂和腐败系统和控制缺陷而被FSA罚款689.5万英镑》，2011年7月21日，http：//www.fsa.gov.uk/pages/Library/Communication/PR/2011/066.shtml，2011年11月24日。

败目的。此举尤其令人失望，因为我们已就这一问题多次与业界沟通，并曾针对该领域的违规行为采取过执法行动。[①] 英国金融机构涉足海外腐败行为严重损害了行业信誉。我们针对威利斯有限公司采取的行动表明，金融机构必须建立适当的反贿赂、反腐败制度及控制措施，而且要确保这些制度和控制措施得到充分执行和监督”。

2011 年，英国金融服务管理局对怡安有限公司（Aon Limited）处以 525 万英镑罚款，认定其“未能采取合理措施建立并维护有效的制度和控制措施，以应对向海外公司和个人付款引发的贿赂与腐败风险”，[②] 在此案例中，英国金融服务管理局认定怡安有限公司“未能正确评估其与协助获取业务的海外公司及个人交易时所涉及的风险，也未采取有效控制措施来降低这些风险”。[③]

2013 年，金融行为监管局对韦莱韬悦专业有限公司（JLT Speciality Limited）处以 180 万英镑罚款，因其“对海外付款的贿赂和腐败风险采取了不可接受的放任态度”。[④] 金融行为监管局认定，韦莱韬悦专业有限公司与协助获取新业务的“海外业务引荐人”建立关系之前，未履行适当尽职调查义务。该公司也未充分评估通过现有海外业务引

---

① 金融服务管理局，《Willis 有限公司因反贿赂和腐败系统和控制缺陷而被 FSA 罚款 689.5 万英镑》，2011 年 7 月 21 日，http：//www.fsa.gov.uk/pages/Library/Communication/PR/2011/066.shtml，2011 年 11 月 24 日。

② 金融服务管理局，《JLT 专业有限公司因反贿赂和腐败系统和控制缺陷而被 FSA 罚款 525 万英镑》，2011 年 7 月 21 日，http：//www.fsa.gov.uk/pages/Library/Communication/PR/2011/067.shtml，2011 年 11 月 24 日。

③ 金融服务管理局，《JLT 专业有限公司因反贿赂和腐败系统和控制缺陷而被 FSA 罚款 525 万英镑》，2011 年 7 月 21 日，http：//www.fsa.gov.uk/pages/Library/Communication/PR/2011/067.shtml，2011 年 11 月 24 日。

④ 金融行为监管局，《某公司因对存在贿赂和腐败风险的海外付款采取“不可接受的”做法而被罚款 180 万英镑》，2013 年 12 月 19 日，https：//www.fca.org.uk/news/firm-fined-18million-for-unacceptable-approach-to-bribery-corruption-risks-from-overseas-payments，2016 年 2 月 8 日。

荐人获取新保险业务的潜在风险。①

2014 年，金融行为监管局对贝索有限公司（Besso Limited）罚款 31.5 万英镑，因其“未能合理审慎建立并维护有效的反贿赂、反腐败制度和控制措施”。② 金融行为监管局的结论是：“贝索有限公司未能确保自身具备适当的制度和控制措施，以应对其商业活动中的贿赂和腐败风险。”③

二、追讨

（一）延期起诉协议

除了常规的刑事起诉途径外，2013 年《犯罪和法院法》还为诈骗重案办公室提供了另一个打击那些未能依据 2010 年《反贿赂法》第 7 条防止贿赂行为的公司的重要手段。2013 年《犯罪和法院法》第 45 条规定，④ 诈骗重案办公室及检察长（Directorof Public Prosecutions）

---

① 金融行为监管局，《某公司因对存在贿赂和腐败风险的海外付款采取“不可接受的”做法而被罚款 180 万英镑》，2013 年 12 月 19 日，https：//www.fca.org.uk/news/firm-fined-18million-for-unacceptable-approach-to-bribery-corruption-risks-from-overseas-payments，2016 年 2 月 8 日。

② 金融行为监管局，《Besso 有限公司因反贿赂和腐败系统故障而被罚款》，2014 年 3 月 19 日，https：//www.fca.org.uk/news/besso-limited-fined-for-antibribery-and-corruption-systems-failings，2016 年 2 月 8 日。

③ 金融行为监管局，《Besso 有限公司因反贿赂和腐败系统故障而被罚款》，2014 年 3 月 19 日，https：//www.fca.org.uk/news/besso-limited-fined-for-antibribery-and-corruption-systems-failings，2016 年 2 月 8 日。

④ 2013 年《犯罪和法院法》，第 45 条。

可以采用延期起诉协议（DPA）。[①] 该制度专门适用于涉嫌违反《2010年反贿赂法》第7条“未能防止贿赂”的三类实体，分别是公司、合伙企业及未注册组织。[②] 需要着重说明的是，个人是无法获得延期起诉协议的。

延期起诉协议的首次运用是在2015年11月“诈骗重案办公室诉标准银行案”中。标准银行（Standard Bank Plc）被指控违反了2010年《反贿赂法》第7条，一旦法庭批准使用延期起诉协议，相应的诉讼程序便会停止。基于这一裁定，标准银行同意执行总额为2520万美元的处罚令，另向坦桑尼亚政府支付赔偿款700万美元，并向诈骗重案办公室支付33万英镑的调查费用。时任诈骗重案办公室主席大卫·格林（DavidGreen）表示：“这一具有里程碑意义的延期起诉协议将会成为未来此类协议的参照模板。利维森（Leveson）法官的判决为那些提供咨询服务的公司提供了极具价值的指导。它也印证了诈骗重案办公室的观点，即在本案中，延期起诉协议符合司法公正性要求，其条款公平且合理。本机构对标准银行的坦诚合作与及时响应表示赞赏。”[③]

值得注意的是，延期起诉协议适用不产生刑事定罪效力，标准银

---

① 2013年《犯罪和法院法》，附表第45条，第17.3款。关于SFO为什么会使用DPA的早期评论，请参阅诈骗重案办公室，《CBQC董事大卫·格林在第十届年度公司问责会议上的回应》，2012年6月14日，https：//www. sfo. gov. uk/2012/06/14/10th-annual-corporate-accountability-conference-held-pricewaterhousecoopers/，2012年2月26日。

② 2013年《犯罪和法院法》，第45条，附表4（1）。

③ 诈骗重案办公室，《SFO同意给英国标准银行第一个DPA》，2015年11月30日，https：//www. sfo. gov. uk/2015/11/30/sfo-agrees-first-uk-dpa-with-standard-bank/，2016年2月26日。

行最终未承担贿赂罪刑事责任。[①]

（二）民事追讨令

除了刑事和民事方面的罚款外，法院还可依据2002年《犯罪所得法》第243条下达民事追回令。当基于盖然性优势原则能够确定相关个人或公司持有通过非法行为获取的财产时，便可适用该命令。该命令允许追回此类财产，而且下达这一命令并不要求相关方已被刑事定罪。此类命令的应用案例包括：鲍尔弗·贝蒂（Balfour Beatty）公司，因其非洲子公司在履行埃及建筑合同时存在“付款违规行为”，被责令支付225万英镑罚款；阿美科（AMEC）股份有限公司，因其在履行韩国桥梁建设合同时存在违规付款情况，被追缴近500万英镑。[②]

在2011年2月，诈骗重案办公室对工程集团M. W. 凯洛格（Kellogg）追缴了700万英镑，该集团承认其母公司向尼日利亚政府官员行贿，行贿金额超过1亿英镑。诈骗重案办公室主任在评论此案时表示：“此类情形下提起刑事诉讼并不适宜。我们的核心目标是预防贿赂和腐败行为，并剥夺此类活动所产生的任何非法利益。本案正展现了本机构多元化的执法手段。”[③]

其他民事追回令案例还包括“牛津出版有限公司（Oxford Publishing Ltd）案”，该公司因通过贿赂行为获利，而在2013年被责令支付1895435英镑，同时还被要求支付诈骗重案办公室12500英镑的调查

---

① 关于延期起诉协议的出色评论见M. 比斯格罗夫和M. 威克斯，《延期起诉协议：实际考虑》（2014年），载《刑法审查》，第6期，416-438；F. 马扎库瓦，《法人罪犯谈判司法的理由和目的：英国和美国刑事司法系统的延期和非起诉协议》（2014年），《刑法杂志》，第78卷第3期，249-262。

② T. 多希和D. 劳勒尔，《立法评论——英国反贿赂法案》（2010年），载《建设法律杂志》，第26卷第2期，146-152。

③ J. 拉塞尔，《SFO解决尼日利亚700万英镑的贿赂案》（《电讯报》，2011年），http：//www. telegraph. co. uk/finance/newsbysector/industry/8329298/SFO-settles-Nigeria-bribery-case-for-7m. html，2011年11月29日。

费用。[①]

（三）严重犯罪预防令

根据2007年《严重犯罪法》第一部分，法院可签发严重犯罪预防令（Serious Crime Prevention Order，SCPO）。严重犯罪预防令属于一项民事命令，旨在限制、约束并预防相关人员未来参与严重犯罪，该命令可由高等法院直接签发，也可通过向皇家法院提出申请来获得。要下达此项命令，法院必须基于合理的可能性确信相关人员曾参与严重犯罪活动，并且有合理理由相信下达该命令能够保护公众免受此类犯罪行为的进一步侵害。[②] 倘若相关人员已被判定犯有此类罪行，则此要件自动满足。就该命令而言，该法附表1第一部分对严重犯罪进行了界定，其中包括洗钱、诈骗、腐败及贿赂等行为。该命令可以包含诸多要求、禁令、限制条款，以及法院认为在保护公众免受未来犯罪侵害方面的其他条款。[③] 该法第5条第（3）款详细列举了预防令的内容，比如对工作的限制、在英国境内外出行的限制、通信及与特定人员交往的限制，以及进入某些场所的限制等。命令还可要求当事人在指定的时间或地点回答问题、提供信息及提供文件。[④] 在作出这些要求时，法院必须确保其禁令效果与保护公众免受未来严重犯罪侵害这一目的相契合。然而，值得注意的是，严重犯罪预防令不能要求当事人：

1. 口头回答问题或提供信息；

2. 披露受法律职业特权保护的信息或文件；

---

① 诈骗重案办公室，《牛津出版有限公司因其东非行动的非法行为支付近190万英镑罚款》（新闻发布，2012年7月3日），https：//www. sfo. gov. uk/2012/07/03/oxford-publishing-ltd-pay-almost-1-9-million-settlement-admitting-unlawful-conduct-east-african-operations/，2016年2月10日。

② 2007年《严重犯罪法》，第1（1）条。

③ 2007年《严重犯罪法》，第1（3）条。

④ 2007年《严重犯罪法》，第5（5）条。

3. 提供《警察和刑事证据法》第 11 条所界定的“豁免材料”;

4. 披露任何机密信息或出示银行业务中的保密信息，除非获得信息所有者的同意;

5. 披露违反其他法律禁止性规定的信息，或者回答相关问题。[①]

严重犯罪预防令有效期最长为五年，但其生效时间可延迟至行为人从监禁释放的时间点。法院还可为具体的要求、禁令或限制条款规定不同的起始和截止日期。除了针对特定个人签发该命令外，也可针对法人团体、合伙企业或非法人社团签发严重犯罪预防令。[②]

时任诈骗重案办公室负责人理查德·阿尔德曼（Richard Alderman）在 2009 年 2 月 26 日的一次演讲中阐释了严重犯罪预防令的作用:“它使监管机构能够通过法院命令规制涉严重犯罪者的未来行为。严重犯罪预防令既可以在定罪之前获得，也可以在定罪之后获得。此类命令所能附加的条件几乎是没有限制的。例如，一家公司可能会被要求每半年提交其交易账目以供审查。我对这些命令很感兴趣。无须经过起诉程序，就能从高等法院迅速获取的严重犯罪预防令对我们而言是一个极为重要的执法工具。”[③]

需要特别指出的是，尽管严重犯罪预防令属于民事命令，但是在没有合理理由的情况下违反该命令将会构成刑事犯罪。通过简易程序可对个人判处最长 12 个月的监禁，若经起诉定罪后违反，则可延长至最长 5 年的监禁。[④]

---

① 皇家检察署，《严重犯罪预防令》，http://www.cps.gov.uk/legal/s_to_u/serious_crime_prevention_orders_%28scpo%29_guidance/，2011 年 11 月 29 日。

② 2007 年《严重犯罪法》，第 30 条至 32 条。

③ 卡梅伦·麦肯纳，《诈骗重案办公室》，http://www.law-now.com/law-now/2009/anticorruptionthesfo?cmckreg=true，2011 年 11 月 29 日。

④ 2007 年《严重犯罪法》，第 25 条。

第八节　未来建议

2010年《反贿赂法》相较于1889年《公共机关腐败行为法》、1906年《预防腐败法》和1916年《预防腐败法》中规定的现有罪行而言有了显著改进。值得注意的是，2010年《反贿赂法》要求商业组织建立适当的程序，以防止商业组织的关联人员接受贿赂。倘若一个商业组织未能阻止关联人员代表其实施贿赂行为，那么该组织就构成了犯罪。然而，若商业组织能够证明其已制定“防止商业组织的关联人员从事此类行为的适当程序”，则可避免被起诉。显然，这是金融行为监管局所采用的反洗钱监管体系在反贿赂和反腐败方面的延伸。

更具突破性的是，2010年《反贿赂法》扩展了诈骗重案办公室对贿赂犯罪的起诉权，这也是一个令人欣喜的发展态势。虽然诈骗重案办公室的工作成效仍高度依赖英国政府的财政拨款水平，但随着2010年《反贿赂法》的出台，轻微贿赂定罪案例越来越多。

诈骗重案办公室最为显著的制度实践创新就是延期起诉协议的运用，未来可能延续当前模式，即优先适用延期起诉协议而非提起刑事诉讼，侧重经济处罚而非人身强制措施，此路径与英国洗钱及诈骗案件的处置模式高度趋同。

然而，鉴于贿赂和腐败现象的广泛危害性，我们建议全方位利用所有预防、追讨和起诉的途径。

第九节　延伸阅读

D. 亚伦伯格和 N·希金斯，《立法评论——2010 年反贿赂法案：光打雷不下雨?》（2010 年），载《阿奇博得评论》，第 5 期，6-9。

P. 艾尔德里奇，《改革贿赂：法律委员会协商文件 185：（1）贿赂改革与法律——卷土重来》（2008 年），载《刑法评论》，第 9 期，671-686。

K. 比尔和 P. 埃斯波西托，《对贿赂、腐败和洗钱的紧急国际态度》（2009 年），载《仲裁》，第 75 卷第 3 期，360-373。

编辑，《2010 年反贿赂法》（2010 年），载《刑法审查》，第 6 期，439-440。

S. 金特尔，《2010 年反贿赂法，第 2 部分：公司犯罪》（2011 年），载《刑法审查》，第 2 期，101-110。

法律委员会，《改革贿赂（编号 313）》（法律委员会：伦敦，2007 年）。

司法部，《2010 年〈反贿赂法〉指导》（司法部：伦敦，2011 年）。

T. 蒲伯和 T. 韦伯，《立法评论——2010 年反贿赂法》（2010 年），载《国际银行法和条例杂志》，第 25 卷第 10 期，480-483。

M. 拉斐尔，《2010 年反贿赂法指南》（牛津大学出版社：牛津，2010 年）。

R. 桑亚尔和 S. 萨曼塔，《国际行贿趋势：反贿赂法律重要吗?》（2011 年），载《国家间贸易法和政策杂志》，第 10 卷第 2 期，151-164。

S. 谢赫，《2010 年反贿赂法案：商业组织当心!》（2011 年），载《国际公司和商法评论》，第 22 卷第 1 期，1-16。

C. 维尔，《反贿赂：法案草案下的公司责任》（2009 年），载《刑法评论》，第 7 期，479-487。

第七章 避税和逃税

第一节 介绍

英国的税收制度大体上可划分为向中央政府缴纳的税以及向地方政府缴纳的税两类。中央税涵盖所得税、印花税、遗产税、资本利得税、公司税、国民保险以及针对燃料、酒类和烟草等商品征收的税；地方税则包含市政税和商业税。纳税意味着个人可支配收入的减少，许多人都会设法减轻自身的税务负担。正如格林（Green）所解释的那样，“虽然我们认识到税收是社会运转的动力……但我们不满他人未尽纳税义务”[①]。为明确概念，首先需要对避税和逃税加以区分。避税是指通过合法手段来减轻税负，比如在免税个人储蓄账户（ISA）中存钱或参与养老金计划，或者采用避税方案。虽然避税方案本身并不违法，但其常常会利用税收制度中的漏洞，因而有悖于立法精神。从本质上讲，避税方案往往涉及“扭曲税收制度规则，以获取议会未预期的税收优惠”。逃税则是通过非法手段来逃避纳税。例如，一家公司可能虚报其收入、虚增可抵扣支出，或者将资金隐匿于海外账

① S. P. 格林，《说谎，欺骗和偷窃：白领犯罪的道德理论》（牛津大学出版社：牛津，2007，1）。

户中。

鉴于税法体系庞大且复杂，本章无法涵盖所有逃税形式。因此，本章将着重关注逃缴所得税、增值税以及公司税的相关行为。之所以选择这三个领域，是因为它们对英税务海关总署（HMRC）税收贡献显著。例如，在 2004 年至 2015 年期间，所得税、资本利得税以及国民保险缴款平均占到税务海关总署税收总额的 56%，增值税平均占税收总额的 19%，公司税平均占税收总额的 10%①。

参照其他章节的体例，本章首先审视现有的、涉及上述各类逃税行为的刑事犯罪情况，继而考察将逃税和避税定为犯罪以及相关管制政策的背景，随后评估相关金融机构与监管主体的执法效能，分析量刑政策及实践情况，最后就这一复杂领域提出未来建议。

第二节　什么是避税和逃税罪?

一、逃缴所得税

1970 年《税收管理法》（经 2010 年《税收法》修订，2010 年 4 月 1 日起生效）第 106A 条规定了欺诈性逃税罪。若行为人“明知且参与本人或他人欺诈性逃税行为”，便构成此罪②。不管是何种类型的逃税犯罪，其共同点在于，行为人必须是明知故犯地参与其中。这意

① 税务海关总署，《HMRC 税务和 NI 收据，月度和年度历史记录》（税务海关总署：伦敦，2015 年 6 月 19 日），https：//www. gov. uk/government/uploads/system/uploads/attachment_ data/file/435404/May15_ Receipts_ Bulletin_ v1. pdf。

② 1970 年《税收管理法》，第 106A（1）条。

味着行为人不仅要有确切的认知[①]（并非仅仅是怀疑），而且必须实际参与了逃税行为。此外，这种行为还必须是不诚实的，判定这一点，要采用"戈什（Ghosh）"案中的两阶段测试标准[②]。首先，陪审团必须按照理性且诚实之人的一般标准，判断被告的行为是否属于不诚实行为。如果确属不诚实行为，再进一步判断被告是否意识到其行为符合该不诚实标准。该测试的第一部分是客观判断，第二部分则是主观判断。因此，就逃税行为而言，陪审团会首先判断，按照一般标准，理性且诚实的人是否会参与逃税行为；其次，判断被告是否意识到按照这一标准，自己的逃税行为是不诚实的。

二、逃缴增值税

与欺诈性逃缴增值税相关的罪行规定于1994年《增值税法》第72条，现行版本自2015年3月12日起生效。实际上，该法明确了四种罪行。

第一种罪行规定在该法第72（1）条，若行为人"明知故犯地参与本人或其他任何人的欺诈性逃缴增值税行为"，便构成犯罪。[③] 例如，某人明知有应缴税款却故意不提交纳税申报表，或者编制虚假账目，则构成犯罪。[④] 若行为人为了逃缴增值税而采取某些"措施"，[⑤] 比如个人未按规定妥善记账，或者未向税务海关总署进行增值税注册，

---

① 知识概念由最高法院界定。

② ［1982］Q. B. 1053。

③ 1994年《增值税法》，第72（1）条。

④ 律商联讯，《逃税罪行：概述》，http：//www. lexisnexis. com/uk/lex-ispsl/corporatecrime/document/391421/55KB-9471-F188-N1BB-00000-00/Tax%20evasion%20 offences%E2%80%94overview，2015年7月12日。

⑤ 1994年《增值税法》，第72（1）条。

同样也构成犯罪。[①]

第二种罪行是出于逃缴增值税目的的虚假陈述,[②] 涉及提供虚假信息。若当事人向税务海关总署提供或发送了一份“含有实质性虚假信息”[③] 的文件，并意图欺骗对方，或者当事人发表了一份其明知为虚假的声明，又或者对声明内容的真实性持轻率态度，便构成此罪。例如，隐瞒销售收入或者虚增采购成本等行为即构成犯罪。[④]

该法第72（10）条规定了第三种罪行，当行为人“获取货物或进行交易，或者接受任何服务供应，且有理由相信货物或服务供应的增值税已经或将被逃避缴纳”，就构成犯罪。[⑤]

此外，依据该法第72（8）条，还有一项兜底性条款，实际上就是将任何构成犯罪的行为都囊括在内。其内容为：“若某人在特定期限内的行为必然涉及实施了本节前述条款所规定的一项或多项罪行，那么，无论此人是否知晓罪行的具体情况，依据本条款规定，其均构成犯罪。”[⑥]

---

① 律商联讯，《逃税罪行：概述》，http：//www. lexisnexis. com/uk/lex-ispsl/corporatecrime/document/391421/55KB-9471-F188-N1BB-00000-00/Tax%20evasion%20 offences%E2%80%94overview，2015年7月12日。

② 皇家检察署，《欺诈、虚假会计、欺诈性逃税、为增值税目的虚报、相当于犯罪的行为》，http：//www. cps. gov. uk/legal/s_ to_ u/sentencing_ manual/fraud/，2015年7月12日。

③ 1994年《增值税法》，第72（3）条。

④ 律商联讯，《逃税罪行：概述》，http：//www. lexisnexis. com/uk/lex-ispsl/corporatecrime/document/391421/55KB-9471-F188-N1BB-00000-00/Tax%20evasion%20 offences%E2%80%94overview，2015年7月12日。

⑤ 1994年《增值税法》，第72（10）条。

⑥ 1994年《增值税法》，第72（8）条。

三、逃缴企业所得税

承接上文，读者可能期望本小节将概述欺诈性逃避缴纳企业所得税的罪行。尽管人们认为企业所得税逃税现象严重，但令人意外的是，英国并无专门的欺诈性逃避缴纳企业所得税的罪名。唯一相关的刑事犯罪是普通法中的欺骗公共收入罪。由于它基于普通法，所以并没有成文法定义，不过斯蒂芬（Stephen）所著的《刑事摘要》中给出的定义似乎颇具权威性。书中指出，欺骗是指某人“通过任何欺诈手段骗取他人财产……其性质直接或可能直接影响广大公众的财产”。[①] 在“R 诉莱斯（Less）和德帕洛（Depalo）”案中，也对欺骗公共收入罪作出了定义：“普通法中的欺骗公共收入罪并非一定需要通过言语或行为进行虚假陈述。‘欺骗’可涵盖任何导致税收资金转移或剥夺税务机关应得收入的欺诈行为。也就是说，被告必须蓄意损害或者冒着损害税收相关权利的风险行事。”[②]

这一罪行在很大程度上并未被用于企业所得税方面，因此，对于那些选择逃避缴纳企业所得税的人而言，并没构成真正的刑事犯罪。2015 年 7 月，时任保守党政府公布了其首个预算案，其中大部分内容涉及税收问题。然而，尽管英国已确立全民纳税义务并引入多种征管手段以确保税收合规，但却并未出台任何将逃避缴纳企业所得税定为刑事犯罪的规定。这就导致个人和企业在纳税方面受到了截然不同的对待，尤其是当企业被认为欠税务海关总署更多钱时，这种差异显得尤为不公平。

---

① 詹姆斯·菲次詹姆斯·斯蒂芬，《刑事摘要》第九版（斯威特 & 马克斯韦尔：伦敦，1950 年，362）。

② 未报告，1993 年 3 月 2 日，http：//swarb. co. uk/regina-v-less-and-depalo-cacd-2-mar-1993/。

第三节　逃税犯罪的规模

同所有金融犯罪一样，逃税犯罪存在着庞大的犯罪黑数，即很难确切知晓究竟有多少人和企业在逃避纳税义务。门克斯（Menkes）指出，“隐匿收入的现象可追溯至13世纪的海盗行为以及销赃活动，其创造性发展源于天主教会对高利贷的打击，迫使商人和放贷者隐瞒利息收益。”① 也有学者认为，逃税行为常常与影子经济有所关联。这促使基尔（Khil）和阿切克（Achek）提出：“鉴于逃税行为无法被直接观测到，且与影子经济相关联，研究人员很难对这一变量进行衡量。国际报告通过开展调查来评估个人对逃税行为的看法，以此作为一个国家逃税程度的替代指标。目前已有诸多实证研究采用此类报告的估算数据。”②

皮库尔（Picur）和里亚希-贝尔卡乌伊（Riahi-Belkaoui）指出，“逃税对于各个国家而言都是一个关键难题，若税收遵从度低，便必然导致公共收入减少，严重的甚至可能阻碍经济发展。”③ 尽管存在测算方面的困难，但英国税务海关总署仍尝试对“税收缺口”进行测算。所谓“税收缺口”，是指“英国税务海关总署理论上应征收的税额与实际征收税额之间的差额。理论应缴税款代表所有个人与企业若

---

① M. 门克斯，《逃税问题治理的神圣喜剧》（2015年），载《国际银行法和条例杂志》，第30卷第6期，325-329。

② H. 基尔和I. 阿切克，《逃税的决定因素：文献综述》（2015年），载《国际法律与管理杂志》，第57卷第5期，486-497。关于计算逃税程度的详细评论见F. 施耐德，《全世界145个国家影子经济的规模：1999—2003年期间得出的第一个结果》（劳动研究学院：波恩，2004年）。

③ R. D. 皮库尔和A. 里亚希-贝尔卡乌伊，《官僚主义、腐败和税收合规的影响》（2006年），载《会计和财务审查》，第5卷第2期，174-180。

完全遵守法律条文及议会立法意图（称为立法精神）时应缴纳的税款。”①

因此，税收缺口既包括因故意逃税造成的税收流失，也涵盖了因避税方案导致的税收损失。2012—2013 年，英国税务海关总署估算英国的税收缺口为 340 亿英镑，相当于所有应纳税额的 6.8%。② 该数据呈现出相对稳定的趋势，此前各年度的测算结果如下：2008—2009 年为 360 亿英镑；2009—2010 年为 310 亿英镑；2010—2011 年和 2011—2012 年为 330 亿英镑。③ 在 2012—2013 年 340 亿英镑的税收缺口中，有 124 亿英镑（占比 36%）源于增值税缺口，142 亿英镑（占比 41%）来自所得税、国民保险缴款以及资本利得税缺口，39 亿英镑（占比 11%）出自企业所得税缺口。④ 值得注意的是，税务海关总署承认，税收缺口并非仅仅由犯罪行为造成，据其估算，仅有 41 亿英镑是因逃税而损失，54 亿英镑是因刑事犯罪侵害导致的损失。⑤ 税务海关总署估计，剩余的 245 亿英镑是因各种经济相关行为造成的损失，其中包括避税行为（31 亿英镑）、法律解释分歧（40 亿英镑）、拒付行为（44 亿英镑）、影子经济（59 亿英镑）、未尽合理注意义务（42 亿英镑），以及申报错误（29 亿英镑）。⑥

逃税在其他司法管辖区同样是一个严重的问题，据估算，美国每

---

① 税务海关总署，《衡量 2014 年税收差距》（税务海关总署：伦敦，2014 年，16）。

② 税务海关总署，《衡量 2014 年税收差距》（税务海关总署：伦敦，2014 年，3）。

③ 税务海关总署，《衡量 2014 年税收差距》（税务海关总署：伦敦，2014 年，4）。

④ 税务海关总署，《衡量 2014 年税收差距》（税务海关总署：伦敦，2014 年，11）。

⑤ 税务海关总署，《衡量 2014 年税收差距》（税务海关总署：伦敦，2014 年，13）。

⑥ 税务海关总署，《衡量 2014 年税收差距》（税务海关总署：伦敦，2014 年）。

年流失的税收可能在 300 亿美元到 700 亿美元之间。[①] 然而，这些或是保守估计。公共及商业服务工会（PCSU，税务海关总署多数工作人员所属的工会）宣称，在 2011—2012 财政年度，若采用较税务海关总署更全面的计算范围，税收缺口并非税务海关总署所估算的 223 亿英镑，而是高达 734 亿英镑。这一显著差异源于其在估算时额外纳入了离岸税收流失（65 亿英镑）以及欺诈和其他犯罪行为所涉及的未纳税收益（4300 万英镑），并且将影子经济规模估值从 99 亿英镑大幅提高到了 403 亿英镑。[②] 这种差异在 2013—2014 财政年度同样有所体现，当时税务海关总署估算税收缺口为 340 亿英镑，[③] 而公共及商业服务工会则声称该数字为 1194 亿英镑。[④]

此外，就企业所得税而言，摩根士丹利资本国际公司（MSCI）在 2008 年至 2012 年期间开展的研究显示：在 MSCI 全球指数涵盖的 995 家企业中，约有 4%的企业平均纳税额不到其收入的 10%，21.4%的企业所缴纳税款远低于其创收所在国家的平均税率。[⑤] 许多涉事企业通过将公司设立在避税国家来实现这一目的，所以它们实施的是避税行为而非严格意义上的逃税行为。但如前文所述，此类做法依然违背了法律精神，更为关键的是，这使得各国流失了巨额财政收入。

---

① J. 席默尔，《逃税和避税类型》（2008 年），载《洗钱控制杂志》，第 11 卷第 2 期，123-134。

② 理查德·墨菲，《2014 年税收差距：逃税——以及可以做些什么》（公共和商业服务联盟：伦敦，2015 年）。

③ 税务海关总署，《衡量 2014 年税收差距》（税务海关总署：伦敦，2014 年，3）。

④ 理查德·墨菲，《2014 年税收差距：逃税——以及可以做些什么》（公共和商业服务联盟：伦敦，2015 年）。

⑤ 摩根士丹利资本国际公司，《摩根士丹利世界中的“税收差距”》（摩根士丹利企业系统集团研究：伦敦，2013 年），https://www.msci.com/resources/factsheets/MSCI_ESG_Research_Issue_Brief_The_Tax_Gap_in_the_MSCI_World.pdf。

第四节 政策背景

英国打击逃税和避税的政策主要由财政部和税务海关总署负责管理。罗兹（Rhodes）和琼斯（Jones）认为，“1997 年，政府明确表示，‘税收犯罪与其他任何犯罪一样属于犯罪行为’，因此，因逃税而获得的收益被视为犯罪所得”。[①] 在 2010 年至 2015 年期间，联合政府试图通过实施一系列重要的政策举措来解决避税问题。例如，2010 年 5 月，联合政府宣称将“竭尽全力防止避税”[②]，随后发布了《应对避税问题》政策文件，该文件概述了联合政府针对避税行为的应对策略。[③] 在该政策文件中，英国财政部宣布其反避税战略基于以下三项措施：

（1）从源头预防避税；

（2）对持续存在的避税行为及早发现；

（3）通过立法变革以及诉讼手段来抵制避税行为。[④]

英国财政部并不满足于这些措施，其于 2012 年 12 月表示，“仍有太多人非法逃税，或者利用激进的避税手段来规避应尽的纳税义务”，进而阐明了政府针对这类人群采取行动的决心。[⑤] 在此声明之后，

---

① J. 罗德斯和 S. 琼斯，《2002 年犯罪所得法和逃税》（2004 年），载《私人客户业务》，第 1 期，51-59。

② 英国政府，《联盟：我们的政府方案》（英国政府：伦敦，2010 年，10）。

③ 财政部，《处理避税》（英国财政部：伦敦，2011 年）。

④ 财政部，《处理避税问题》（英国财政部：伦敦，2011 年）。

⑤ 财政部，《财政大臣于 2012 年 12 月 5 日向议会发表了秋季声明》，https：//www. gov. uk/government/speeches/autumn-statement-2012-chancellors-statement，2016 年 3 月 15 日。

2012 年 12 月公布了英国税务海关总署应对逃税问题的相关举措,[①] 以及一份题为《营造公平的税务环境》的报告。该报告展示了税务海关总署自 2010 年以来打击逃税和避税方面的成功案例。[②] 此外，税务海关总署还出台了离岸逃税应对战略“无处可藏”，明确了其应对离岸逃税问题的方法。[③] 税务海关总署指出，这一战略旨在确保：

（1）不存在任何让英国纳税人能够放心地向税务海关总署隐匿其收入和资产的司法管辖区；

（2）使潜在离岸逃税者认清风险失衡的现实；

（3）推动离岸逃税者主动补缴税款，并持续守法；

（4）对未主动申报者实施侦查，并执行严厉的制裁；

（5）彻底铲除离岸逃税协助者的生存空间。[④]

在 2010 年至 2015 年期间，联合政府向税务海关总署额外提供了 9.17 亿英镑资金，以期“到 2015 年每年能产生 70 亿英镑的额外合规收入”。[⑤] 此后，政府又于 2012 年宣布，将再向税务海关总署拨款 7700 万英镑，用于打击逃税和避税行为。紧接着，2013 年 6 月举行的八国集团（G8）峰会宣布引入一系列措施，旨在提高国际税收的透明度，以应对逃税和避税问题。[⑥] 峰会期间，八国集团领导人要求经济合作与发展组织（OECD）制定一个模板，以便全球企业能够向相关税务机关报告其利润产生地以及在全球各地的纳税情况。如此一来，

① 税务海关总署，《打击逃税：HMRC 的方法》（税务海关总署：伦敦，2012 年）。

② 税务海关总署，《调整税收竞争领域合规进度报告：2013 年 3 月》（税务海关总署：伦敦，2013 年）。

③ 税务海关总署，《不再有避风港 2014》（税务海关总署：伦敦，2014 年）。

④ 税务海关总署，《不再有避风港 2014》（税务海关总署：伦敦，2014 年，3）。

⑤ 英国政府，《2010—2015 年政府政策：打击逃税和避税》（英国政府：伦敦，2015 年）。

⑥ 英国政府，《2010—2015 年政府政策：打击逃税和避税》（英国政府：伦敦，2015 年）。

便为税务机关提供了一个打击防范跨国公司避税的新工具。[①] 作为此次八国集团峰会的成果，英国政府制订了一项新的行动计划。该计划实施了多项策略，具体包括：

1. 收集并分享有关洗钱和恐怖主义融资风险的更多信息。

2. 确保2006年《公司法》和2007年《反洗钱条例》能够强制公司披露其实际所有者的身份。

3. 确保主管部门能够获取有关信托基金的重要信息，并对这些信息进行共享。

4. 审查公司透明度情况。

5. 协助海外领土和皇家属地落实金融行动特别工作组的相关建议。

6. 提升国际信息交换的合作水平。[②]

英国税务海关总署试图通过在展开调查前告知人们所欠税款金额的方式，鼓励人们履行纳税义务。联合政府宣称，这一自愿申报计划已让税务海关总署成功征收到6.1亿英镑税款。

英国打击逃税政策的另一个重要方面在于，具备起诉违反税收法规人员的能力。税务海关总署表示，在2010年至2015年间，因逃税而被起诉的人数稳步增长，从2010—2011年的165人增加至2012—013年的565人，到2014—2015年增加到了1165人，定罪率由此增长

① 英国政府，《2010—2015年政府政策：打击逃税和避税》（英国政府：伦敦，2015年）。

② 编辑，《打击逃税和洗钱的计划》（2013年），载《公司律师》，第34卷第9期，281。

了 58%[①]

此外，联合政府在预防和限制大型跨国公司避税方面取得了一定进展。其指出，一些大型跨国公司通过所谓的“税基侵蚀和利润转移”（BEPS）手段，将利润从其产生地转移走，从而逃避部分纳税义务。[②] 联合政府进一步表示，“国际企业税收标准一直难以跟上全球商业实践的变化步伐，线上贸易所占份额正日益增大”。[③] 经济合作与发展组织着重强调了“税基侵蚀和利润转移”问题的严重性，并于 2016 年 2 月宣布已“商定了一个新框架，能让所有感兴趣的国家和司法管辖区共同努力更新国际税收规则”。[④]

此外，联合政府采取的另一项重要措施是建立并随后扩大的税务海关总署“富人行动组”。[⑤] 富人行动组旨在针对那些采用避税方案、实际税率相对于总收入过低、未能按时提交自我评估纳税申报表、逃

---

① P. 伯威克和 R. 麦肯，《HMRC 对逃税者采取强硬态度》，2013 年 1 月 30 日，http：//www. ftadviser. com/2013/01/30/regulation/regulators/hmrc-gets-tough-with-tax-evaders- Q91OcHU1vzMC1ZfI7UKFjN/article. html，2016 年 3 月 17 日；V. 霍德尔，《HMRC 在定罪率上升 58% 后加紧打击逃税活动》，2015 年 12 月 14 日，http：//www. ft. com/cms/s/0/4ff76fa0- a030 - 11e5 - 8613 - 08e211ea5317. html # axzz439zaVfkO，accessed 17 March2016，2016 年 3 月 17 日。

② 英国政府，《2010—2015 年政府政策：打击逃税和避税》（英国政府：伦敦，2015 年）。

③ 英国政府，《2010—2015 年政府政策：打击逃税和避税》（英国政府：伦敦，2015 年）。

④ 经合组织，《让所有感兴趣的国家和司法管辖区共同努力更新国际税收规则》，2016 年 2 月 23 日，http：//www. oecd. org/tax/all-interested-countries-and-jurisdictions-to-be-invited-to-join-global-efforts-led-by-the-oecd-and-g20-to-close-international-tax-loopholes. htm，2016 年 3 月 15 日。关于经合组织为处理税基侵蚀和利润转移（BEPS）而采取的措施，见经合组织《税基侵蚀和利润转移行动计划》（经合组织，2013 年）。

⑤ 税务海关总署，《HMRC 招募了 100 名新的检查员》，2013 年 1 月 16 日，https：//www. gov. uk/government/news/hmrc-s - affluent - unit - recruits - 100 - new - inspectors，2015 年 3 月 16 日。

避缴纳印花税、拥有瑞士银行账户以及/或者持有境外房产投资的富有个人。[①] 事实证明，该行动组成效显著，其2014年的追缴金额较2013年增长了60%。[②] 品诚梅森（Pinsent Masons）发布的报告指出，该部门在2013—2014年通过调查追缴了1.372亿英镑的额外税款，相较于2012—2013年的8570万英镑有所增长。[③] 鉴于这一成功经验，政府向该行动组提供了更多资金，使其能够再招聘100名税务稽查员。[④] 由此可见，防止和追回流失税款似乎是政府工作议程中的优先事项，这与英国的反诈战略形成了鲜明对比——自2010年以来，英国诈骗重案办公室（SFO）所获资金持续减少。尽管我们并非认为当前政府聚焦于逃税问题本身是件坏事，但其为何未将同等关注度扩展至所有金融犯罪领域，确实值得深思。

英国打击逃税政策的另一重要发展在于其职权范围得到了扩展，涵盖了打击离岸逃税与避税问题。例如，2012年2月，英国财政部宣布了一项关于改进国际税收合规以及实施2010年美国《海外账户税收

---

① 税务海关总署，《HMRC招募了100名新的检查员》，2013年1月16日，https://www.gov.uk/government/news/hmrc-s-affluent-unit-recruits-100-new-inspectors，2015年3月16日。

② 英国广播公司新闻，《税务海关总署行动组的税收追缴政策成效显著》，2015年1月20日，http://www.bbc.co.uk/news/business-30973191，2015年3月16日。

③ 平森·梅森，《通过税务海关总署对"中产阶层"的调查，征收的税收金额额外增加了60%，达到了1.372亿英镑》http://www.pinsentmasons.com/en/media/press-releases/2015/amount-of-extra-tax-collected-via-hmrc-investigations-into-mass-affluent-jumps-60-to-1372-million-1/，2015年3月16日。

④ 税务海关总署，《HMRC招募了100名新的检查员》，2013年1月16日，https://www.gov.uk/government/news/hmrc-s-affluent-unit-recruits-100-new-inspectors，2016年3月15日。

合规法案》的政府间办法的联合声明。[①] 2010 年的这部法案旨在针对持有海外账户的美国纳税人的不合规行为，重点关注美国纳税人对部分外国金融账户、海外资产以及其拥有重大权益的金融账户的报告情况。[②] 这一措施最初由英国、法国、德国、意大利和西班牙共同推行，这些国家于 2012 年 7 月宣布发布一项新协议以实施 2010 年《海外账户税收合规法案》。[③] 2013 年，英国税务海关总署获得了超过 1.5 亿英镑的预算，用于打击避税和逃税问题，并减少税收抵免制度中的欺诈、差错和债务问题。[④] 由此可见，英国的逃税打击政策是基于诸多关键理念制定的，其中包括与其他国家开展高层次的国际合作，以及为英国海外领土提供建议和指导等。该政策主要由财政部负责制定，但由税务海关总署具体执行。税务海关总署还制定了若干具有创新性的税收征管机制，比如设立富人行动组。

第五节 金融机构和监管机构

英国打击逃税和避税问题的主要机构是税务海关总署。按照国家

① 财政部，《关于改进国际税务合规和执行 FATCA 的政府间办法的联合声明》，2012 年 2 月 8 日，https：//www.gov.uk/government/news/joint-statement-regarding-an-intergovernmental-approach-to-improving-inter-national-tax-compliance-and-implementing-fatca，2016 年 3 月 15 日。更详细的讨论，见英国政府，《改进税务合规和执行 FATCA 的政府间示范协定：[美利坚合众国政府] 和 [FATCA 伙伴政府] 之间关于改进国际税务合规和执行 FATCA 的协定》（英国政府：伦敦，2012 年）。

② 国税局，《外国账户税收遵守法》，n/d，https：//www.irs.gov/Businesses/Corporations/Foreign-Account-Tax-Compliance-Act-FATCA，2016 年 3 月 16 日。

③ 财政部，《G5 FATCA 协议加强了英国应对逃税的能力》，2012 年 7 月 26 日，https：//www.gov.uk/government/news/g5-fatca-agreement-strengthens-uk-ability-to-tackle-tax-evasion，2016 年 3 月 15 日。

④ 英国政府，《2010—2015 年政府政策：打击逃税和避税》（英国政府：伦敦，2015 年）。

审计署的界定，税务海关总署的主要职能在于“管理税收制度，包括对税收风险进行管控，降低此类风险”。[①] 此外，它还负责测算税收缺口（如前文所述），并对造成这一缺口的行为加以评估。税务海关总署致力于征收税款，并履行海关机关的职责。其管辖范围涵盖但不限于所得税、关税、增值税以及国民保险等。[②] 再者，它还肩负着“通过税款征收、确保合规以及强制执法等活动，保障资金流入国库”的责任。[③]

税务海关总署是依据 2005 年《税务及海关专员法》设立的，[④] 这部法律将税务局与海关总署进行了合并精简。税务海关总署被视为牵头制定税收战略与政策的核心机构，并主导政策的维护与实施，这种决策安排被称为“政策协作机制”。[⑤] 税务海关总署有着一系列战略目标，其中包括：最大化税收征缴；严厉打击避税和逃税行为；为纳税人优化税收及缴费相关事务；以及打造并运营一个专业、高效且具有敬业精神的机构组织。[⑥]

因此，税务海关总署针对违反英国税法的行为采取了三方面应对策略。其一，积极推动人们遵守税法规定。其二，致力于防止个人和企业在处理税务事务时出现差错。其三，当个人和企业税务计算发生

---

① 国家审计署，《打击税收欺诈：税务海关总署如何应对逃税、影子经济和犯罪攻击》（国家审计署：伦敦，2015，6）。

② 税务海关总署，《关于我们》，https：//www. gov. uk/government/organisations/hm-reve-nue-customs/about，2016 年 3 月 17 日。

③ 税务海关总署，《关于我们》，https：//www. gov. uk/government/organisations/hm-reve-nue-customs/about，2016 年 3 月 17 日。

④ 2005 年《税收和海关专员法》，第 4 条。一些简短的讨论，见 J. 琼斯，《税务海关总署》（2005 年），载《英国税收评论》，第 3 期，270-271。

⑤ 税务海关总署，《关于我们》，https：//www. gov. uk/government/organisations/hm-reve-nue-customs/about，2016 年 3 月 17 日。

⑥ 更详细的讨论见税务海关总署，《单一部门计划 2015—2020 年》（税务海关总署：伦敦，2016 年）。

错误时及时做出应对。①

正如本书第二章所述，为打击金融犯罪而引入的最重要的立法之一便是2002年《犯罪所得法》（POCA）。除了将洗钱行为定为刑事犯罪的相关规定之外，这部法律还对受监管部门应承担的反洗钱报告义务进行了修订。2002年《犯罪所得法》得到了2007年《反洗钱条例》的有力支撑，该条例明确规定税务海关总署是货币服务企业、高价值交易商、信托或公司服务提供商、会计服务供应商以及房地产中介的监管机构。②

第六节 量刑和追讨

被判定犯有欺诈性逃避缴纳所得税罪的人员，最高可被判处7年监禁以及（或者）处以无限额罚款。③ 欺诈性逃避缴纳增值税罪的惩处也是如此。④ 由于欺骗公共收入罪属于普通法规定的罪行，其量刑并未在成文法中明确规定。与其他罪行不同，法院对此罪拥有不受限

---

① 国家审计署，《打击税收欺诈：税务海关总署如何应对逃税、影子经济和犯罪攻击》（国家审计署：伦敦，2015，6）。关于税务海关总署职权的更详细讨论，见J. 柯林斯和M. 皮金，《金融法案注释：刑事调查和税务海关总署权力——第82-87条和附表22》（2007年），载《英国税收评论》，第5期，562-570。

② 2007年《洗钱条例》，第1条。更详细的讨论见J. 费雪，《英国反洗钱披露制度和税收征收》（2010年），载《英国税收评论》，第3期，235-266；M. 高德比，《英国法律规定的反洗钱报告要求：衡量有效性和改革的必要性》（2013年），载《商业法杂志》，第4期，367-397。

③ 1970年《税收管理法》，第106A（2）条。

④ 1994年《增值税法》，第72（1）条。

制的量刑权，最高可判处终身监禁。[①] 若将上述两项成文法规定的罪行与本书所考量的其他刑事犯罪的最高刑罚进行对比，同时将最高刑罚作为衡量犯罪危害程度的指标，那么可以看出，政府似乎已针对金融犯罪设定了危害程度等级。具体排名如下：洗钱和恐怖主义融资位列榜首（最高可判 14 年监禁）；诈骗、贿赂以及腐败居中（最高可判 10 年监禁）；内幕交易、市场滥用以及逃税则处于末位（最高可判 7 年监禁）。

尽管逃税和避税方案自古以来便已存在，但对此类“违法者”提起公诉并予以判刑的意愿在过去几年才真正受到重视。正如前文所述，2010 年，作为开支审查解决方案的一部分，英国税务海关总署获得了 9 亿英镑预算，计划在四年内用于解决避税和逃税问题，其目标是让税务海关总署“将刑事案件的起诉数量增加五倍”。[②] 统计数据显示，自 2010—2011 年以来，逃税和避税的定罪人数稳步上升，从当年的 280 人增加至 2011—2012 年的 401 人、2012—2013 年的 522 人，以及 2013—2014 年的 682 人。[③] 鉴于此前工党政府执政时期的起点数量仅为 107 人，[④] 这一“五倍”目标不仅在起诉数量上得以实现，在最终定罪数量上也已达成。遗憾的是，税务海关总署并未记录成功起诉后追回的具体金额，[⑤] 我们仅可推测该数额已达数百万英镑。鉴于政府持续强调在税收方面遵循法律精神的重要性，可以预见此类犯罪的定罪率将持续攀升，特别是在 2015 年 7 月的预算案中，时任财政大臣乔

---

① 皇家检察署，《欺骗公共收入（违反普通法）》，http://www.cps.gov.uk/legal/s_to_u/sentencing_manual/cheating_the_revenue_(contrary_to_common_law)/，2016 年 3 月 16 日。

② 皇家检察署，《克尔·斯塔默的“起诉逃税”演讲》，http://www.cps.gov.uk/news/articles/prosecuting_tax_evasion/，2016 年 3 月 16 日。

③ 英国议会文件，HC Deb，2014 年 5 月 14 日，c681W。

④ 英国议会文件，HC Deb，2013 年 3 月 26 日，c1466。

⑤ 英国议会文件，HC Deb，2014 年 5 月 14 日，c681W。

治·奥斯本（George Osborne）为税务海关总署提供了7.5亿英镑预算，用以应对税收欺诈、离岸信托以及影子经济问题。据估计，这笔投入将带来72亿英镑的额外税收收入。①

尽管近几年才着重对逃税者进行起诉，但关于这一问题的量刑准则其实已经存在了一段时间。在《总检察长参考案例（1999年第86号和第87号）》中②，总检察长明确了七项加重税收与消费税欺诈罪行的情节，分别是“欺诈手段复杂且持续三年以上、滥用旨在促进职业培训的计划、违背信任、通过欺诈手段获取资金、税收损失总额较大、被告个人有非法获利，以及在接受审计的文件中隐瞒欺诈行为”。③ 上诉法院参考了包括桑希尔（Thomhill）、④ 阿里-巴伊（Ali-bhai）⑤ 及阿齐兹（Aziz）⑥ 等诸多权威判例裁定后认为，如果被告的逃税行为持续了一段时间，那么他不仅应当补缴所欠税款并缴纳罚款，还应被判处监禁。刑期的长短将取决于“多项因素，包括逃税金额、逃税行为持续的时间、为掩盖欺诈行为所做的努力、是否牵涉并腐化他人、被告的品性、其个人获利的程度、是否认罪，以及追回款项的情况”。⑦

除判例法外，量刑委员会也制定了一项权威性准则，该准则涵盖

---

① G. 奥斯本，《2015年夏季预算演讲》，https：//www. gov. uk/government/speeches/chancellor-george-osbornes-summer-budget-2015-speech，2016年3月16日。

② 2001年由英国上诉法院刑事分庭作出的一份量刑判决，收录在1Cr. App. R.（S）141 CA（刑事部）。

③ 总检察长参考资料（1999年第86号和87号），l. R. 58。

④ 1980年由英国上诉法院刑事分庭作出的一份量刑判决，收录在2 Cr. App. R.（S）320。

⑤ 1992年由英国上诉法院刑事分庭作出的一份量刑判决，收录在13 Cr. App. R.（S）682。

⑥ 1996年由英国上诉法院刑事分庭作出的一份量刑判决，收录在1 Cr. App. R.（S）265。

⑦ 总检察长参考资料（1999年第86和87号），l. R. 59。

诈骗、贿赂以及洗钱犯罪，自 2014 年 10 月 1 日起生效。正如本书第二章、第三章及第六章所述，量刑委员会制定的量刑准则对所有法院均具有强制约束力，而且“一旦准则发布，援引以往案例就应当作为例外情况，而非常规做法”。[①] 就所得税欺诈而言，该准则涵盖了欺诈性逃税以及增值税犯罪的相关内容。与量刑委员会发布的所有准则相同，量刑时的首要步骤是考量罪犯的罪责程度以及已经造成或可能造成的危害的程度，后者还包括给税务海关总署造成的预期损失或实际损失。罪责程度分为三个层级：高、中、低。高罪责的情节包括，在团体犯罪中起主导作用、滥用权力或受信任地位，以及有重大预谋行为；若是偶发犯罪或者行为人对税收欺诈的认知程度有限，则可归为较轻的罪责。[②] 危害程度分为七类，其中第一类对应涉案金额在 5000 万英镑及以上的犯罪，第四类对应涉案金额在 500 万英镑至 200 万英镑的犯罪，第七类对应涉案金额低于 2 万英镑的犯罪。在对罪责程度和危害程度进行评估后，量刑法官会参照一张量刑表[③]来计算出最为恰当的判决结果。例如，如果是第四类犯罪，且罪责程度被认定为较高，那么其基准刑期便是五年零六个月监禁，量刑范围在四年至六年零六个月监禁。犯罪中呈现的高罪责情节数量以及欺诈行为的危害程度，将决定法官的量刑是低于、等于还是高于其基准刑期。此结论亦可能受到其他加重处罚因素的影响，比如前科记录、在保释期间所犯的罪行、多重欺诈行为、试图隐瞒或销毁证据，以及错误地将责任归咎于他人等。减刑因素（用于减轻量刑）同样会影响刑期长短，包括患有严重疾病、年龄因素或心智不成熟、有悔过表现，以及存在学习

---

① 唐（罗丝）[2007] 英格兰和威尔士上诉法院刑事庭 561。

② 量刑委员会，《诈骗、贿赂和洗钱犯罪确定准则》（量刑准则秘书处：伦敦，2014 年）。

③ 量刑委员会，《诈骗、贿赂和洗钱犯罪确定准则》（量刑准则秘书处：伦敦，2014 年，23）。

障碍或精神障碍等。[①] 此后，量刑法官还会考量是否存在其他能够减刑的因素，如协助检方起诉和（或）主动认罪等。最后，如果涉及多项罪行，则会对整体量刑产生影响。

针对欺骗公共收入罪的量刑指导方针较为稀缺，这很大程度上是因为此类罪行很少被指控。在2009年《欺诈量刑确定准则》[②] 中曾提及过这一罪行，但此后，《诈骗、贿赂和洗钱犯罪确定准则》撤销了相关规定。最新的指导方针未涵盖欺骗公共收入这一内容。因此，量刑人员不得不依赖皇家检察署（CPS）提供的加重和减轻处罚因素清单以及少数上诉案件的判例来确定量刑。[③]

典型的量刑示例包括："R诉罗汉·珀沙德（Rohan Pershad）案"。珀沙德是一名御用大律师，其在2013年因长达12年未缴纳增值税被判定犯有欺骗公共收入罪。这笔本应向税务海关总署缴纳的税款金额达624579英镑。[④] 2013年2月，珀沙德被判处三年半监禁。该案件是皇家检察署与税务海关总署设立专门调查逃税律师的特别工作组

---

① 量刑委员会，《诈骗、贿赂和洗钱犯罪确定准则》（量刑准则秘书处：伦敦，2014年，25）。

② "本准则不涵盖欺骗公共收入的普通法罪行，因为该罪名一般只适用于非常严重的罪行和不寻常的罪行"。由于这类案件较为罕见，因此也没有提出如何对被判定犯有这类罪行的罪犯判刑的具体建议。在对欺骗公共收入罪的罪犯量刑时，法院可参考对税务海关总署进行欺诈的量刑准则，但仅可作为参考，因为针对该类罪行可能需要更高的基准刑期。

③ 详情见：皇家检察署，《欺骗公共收入（违反普通法）》，http://www.cps.gov.uk/legal/s_to_u/sentencing_manual/cheating_the_revenue_(contrary_to_common_law)/，2016年3月16日。

④ 皇家检察署，《御用大律师被定罪60万英镑增值税欺诈》，http://www.cps.gov.uk/news/latest_news/qc_convicted_of_gbp_600k_vat_fraud/index.html，2016年3月16日。

之后，提起的首例公诉。[①] 2014 年 9 月，约翰·伍尔芬登（John Woolfenden）因逃缴增值税以及未申报在线交易所得资金，被判处两年监禁。伍尔芬登是一名易贝（eBay）商户，未对其通过网络销售所获取的收入进行申报。在六年时间里，他的年营业额约为 140 万英镑，累计逃避缴纳税款 299752. 93 英镑。[②] 在上述两个案例中，相关量刑准则均未发挥作用，但查看相应量刑参考表格时会发现，法院的判决结果与准则的指导原则似乎差距不大。就被告的罪责情况而言，珀沙德被判处了三年半监禁，意味着应将其归入第四类危害程度罪行的中等罪责范围；而对被判处两年监禁的伍尔芬登来说，应将其划归第五类危害程度罪行的中等罪责范围。

在逃缴所得税方面，典型案例包括“R 诉梅尔文·卡雷斯韦尔（Melvyn Careswell）案”。水管工梅尔文·卡雷斯韦尔在 2012 年 7 月因逃缴约 5 万英镑税款，被判处 12 个月监禁。他经营自己的管道公司已有五年时间，却未曾向税务海关总署登记其收入情况。[③] 2011 年，水管工群体成为税务海关总署重点关注的对象，当年 8 月，有五名水管工被捕，另有 600 名水管工接受税务海关总署的调查，其中部分人员欠缴税款高达 15 万英镑。[④] 针对特定地区和特定行业发起调查专项行

① R. 莫里-韦斯特，《律师因 60 万英镑税收欺诈而被判刑》（《电讯报》，2013 年 2 月 26 日），http：//www.telegraph.co.uk/finance/personalfinance/9895308/Barrister-sentenced-for-600000-tax-fraud.html，2016 年 3 月 16 日。

② 皇家检察署，《嫌疑人因 eBay 逃税共计近 300 万英镑被判刑》，http：//www.cps.gov.uk/news/latest_ news/man_ sentenced_ for_ ebay_ tax_ evasion_ totalling_ almost_ gbp300000/index.html，2016 年 3 月 16 日。

③ I. 考伊，《水管工因逃税被判入狱，税务海关总署的收入增加》（《电讯报》，2012 年 7 月 27 日），http://blogs.telegraph.co.uk/finance/ianmcowie/100019166/plumber-jailed-for-tax-evasion-as-hmrc-receipts-rise/，2016 年 3 月 12 日。

④ I. 考伊，《税务海关总署清除逃税，是时候投案自首了吗?》（《电讯报》，2011 年 8 月 17 日），http：//blogs.telegraph.co.uk/finance/ianmcowie/100011592/time-to-come-clean-as-hmrc-flushes-out-tax-evasion/，2016 年 3 月 13 日。

动是税务海关总署的常规执法手段，其他案例包括2013年对中部地区运输业的调查①，以及对约克郡和亨伯地区餐饮业的调查。②

回到量刑问题，2015年1月，扎赫尔·索玛尼（Zaher Somani）因逃缴所得税被判处三年半监禁。在长达七年的时间里，他一直在纳税申报表中低报收入，欠缴税务海关总署税款约250000.93英镑。③ 在此期间，索玛尼正担任治安法官，所以负责量刑的法官詹姆斯·桑普森（James Sampson）评论道："他佯装是一个正直诚实的人。"④ 这无疑会被视作一项加重处罚的因素，参照量刑委员会的指导意见来看⑤，其行为完全应被认定为高度罪责。此外，2015年5月，个体经营者安东尼·刘易斯（Anthony Lewis）因未向税务海关总署进行税务和国民保险登记，犯有五项欺诈性逃缴所得税罪，被判处18个月监禁。在2008年11月至2014年5月间，刘易斯累计欠缴税务海关总署税款87148英镑。⑥ 这些量刑案例的有趣之处在于，它们均紧密遵循了量刑委员会的准则，即使那些在准则发布前判处的案例也不例外。

如前文所述，英国税务海关总署和皇家检察署传统上并未广泛使

① 税务海关总署，《打击在中部地区的运输者》，https：//www.gov.uk/government/news/crackdown-on-hauliers-in-the-midlands，2016年3月11日。

② 税务海关总署，《税务工作队打击东北地区餐馆》，https：//www.gov.uk/government/news/tax-taskforce-to-crack-down-on-restaurants-in-the-north-east，于2016年3月16日。

③ http：//www.dailymail.co.uk/news/article-2934295/Former-magistrate-fiddled-tax-returns-evade-250-000-income-tax-send-children-private-schools-gamble-caml.

④ 在线邮件，《前地方法官篡改了他的纳税申报表，以逃缴25万英镑的所得税，这样他就可以把他的孩子送到私立学校，在赌场里赌博》，http://www.dailymail.co.uk/news/article-2934295/Former-magistrate-fiddled-tax-returns-evade-250-000-income-tax-send-children-private-schools-gamble-casinos.html，2016年3月13日。

⑤ 量刑委员会，《诈骗、贿赂和洗钱犯罪确定准则》（量刑委员会：伦敦，2014年，23）。

⑥ 税务海关总署，《诺丁汉推销员因税务欺诈而入狱》，http://www.mynewsdesk.com/uk/hm-revenue-customs-hmrc/pressreleases/nottingham-salesman-jailed-for-tax-fraud-1159766，2016年3月13日。

用“欺骗公共收入”这一罪名。而当使用这一罪名时，通常仅限于那些备受瞩目的诈骗案或者涉及知名人士的案件，并且在此种情况下，最高七年的刑罚显然是不够的。例如，某增值税欺诈案中，税务海关总署遭受的损失高达1.07亿英镑，被视为主谋的被告人被判处17年监禁。[①]

近几年，英国政府一直在严厉打击那些违反法律精神的避税方案。其中有一种被称为“税率提升器”的避税方案，可以在集团内不同公司之间人为地转移资金，以便就其“海外利润”申请税收减免。如此一来，这些公司便可声称这些海外利润已在境外纳税，进而规避企业所得税。[②] 近期因使用此类避税方案而收到税务缴款通知两家大型公司分别是耐斯特集团有限公司（Next Brand Ltd）和半岛东方轮船航运公司（Peninsular & Oriental Steam Navigation Company，简称P&O）。2015年5月，税务初审法庭（FTT）[③] 维持了税务海关总署对耐斯特集团追缴2240万英镑税款的要求；2015年6月，税务上诉法庭（UT）[④] 维持了初审法庭的裁决，即税务海关总署要求半岛东方轮船航运公司补缴1400万英镑税款的做法是正确的。对于税务海关总署来说，这两起案件极其重要。参考该判例，税务海关总署如今从另外20家有类似行为的公司那里追回了1.4亿英镑税款。[⑤] 而且，当半岛东方轮船航运公司和耐斯特集团收到税务缴款通知时，约70个使用“税

---

① 斯皮尔斯，《欺骗税务海关总署可能导致终身监禁》，http://www.spearswms.com/news/cheating-hmrc-could-lead-to-life-in-jail/#.VZ4oO03bK70，2016年3月12日。

② 税务海关总署，《服装巨头Next避税案件败诉》，https://www.gov.uk/government/news/clothing-giant-next-loses-tax-avoidance-case，2016年3月12日。

③ Next集团有限公司［2015］TC04368。

④ 半岛东方轮船航运公司诉R&C公司（2015）UKUT0312。

⑤ CCH日报，《P&O损失1400万英镑双重税收减免“税率提升器”案》，https://www.accountancylive.com/po-loses-%C2%A314m-double-tax-relief-rate-booster-case，2016年3月11日。

率提升器”避税方案的公司选择承认欠税并补缴，以避免面临法庭诉讼。税务海关总署宣称，此举已额外追回 5 亿英镑税款。[①] 因此，仅这两起案件就有潜力确保追回超过 6.76 亿英镑的未缴税款，这还不包括因判决威慑作用而即将补缴的任何税款。

其他在涉避税方案上诉中败诉的公司包括：布里斯托尔和西部公司（Bristoland West，涉案金额 3000 万英镑）[②]、大地证券公司（Land Securitiesplc，涉案金额 6000 万英镑）[③]、福卡斯普鲁斯有限公司（Vocalspruce Ltd，涉案金额 8800 万英镑）、阿比兰公司（Abbeyland，涉案金额 5000 万英镑），以及世界卫生大会（WHA，涉案金额 6 亿英镑）。2013 年，税务海关总署共追缴了近 12 亿英镑的企业所得税欠款。[④]

个人的避税行为同样是关注焦点，诸如吉米·卡尔（Jimmy Carr）、[⑤] 克里斯·莫伊尔斯（Chris Moyles）[⑥] 和达维娜·麦考尔（Davi-

---

① 税务海关总署，《服装巨头 Next 公司避税案败诉》，https：//www.gov.uk/government/news/clothing-giant-next-loses-tax-avoidance-case，2016 年 3 月 12 日。

② 税务海关总署，《布里斯托尔和西部公司避税案败诉》，https://www.gov.uk/government/news/bristol-and-west-loses-corporation-tax-avoidance-case，2016 年 3 月 16 日。

③ 税务海关总署，《大地证券公司 6000 万英镑避税案在法庭上败诉》，https://www.gov.uk/government/news/morgan-stanley-s-60m-tax-avoidance-scheme-beaten-in-court，2016 年 3 月 16 日。

④ 税务海关总署，《HMRC 在法庭上的胜利已经保护了超过 10 亿英镑税收》，https：//www.gov.uk/government/news/hmrc-wins-in-court-have-protected-over-1-billion，2016 年 3 月 16 日。

⑤ BBC 新闻，《吉米·卡尔和避税的道德问题》，http：//www.bbc.co.uk/news/magazine-18537051，2016 年 3 月 16 日。

⑥ E. 亚历山大，《克里斯·莫伊尔斯可能在避税案上诉失败后面临“巨额税单”》（独立报，2014 年 10 月 1 日），可查阅 http：//www.independent.co.uk/news/people/chris-moyles-could-face-huge-tax-bill-after-tax-avoidance-appeal-fails-9766651.html，2016 年 3 月 16 日查阅。

na McCall)[①] 等名人都因此登上了新闻头条。另外，接招乐队（Take That）的成员加里·巴洛（Gary Barlow）、霍华德·唐纳德（Howard Donald）和马克·欧文（Mark Owen）在 2014 年向税务初审法庭（FTT）提起的上诉中败诉，他们参与的名为“破冰者”的避税方案被法院否定。三人与其经纪人乔纳森·怀尔德（Jonathan Wild）同为拉克斯代尔有限责任合伙人制公司（Larkdale LLP）的合伙人，共同投资于“破冰者”方案，并利用该方案向税务海关总署隐瞒了 6300 万英镑收入。在 2014 年 5 月 9 日的判决中，比肖普（Bishopp）法官指出，该方案“是一个众所周知的避税方案”。[②] 据说，奥运跨栏运动员科林·杰克逊（Colin Jackson）也通过一个名为斯帕克代尔有限责任合伙人制公司（Sparkdale LLP）投资了“破冰者”方案。斯帕克代尔公司申报了 9399878 英镑的亏损，其成员随后可利用该亏损抵销其个人税款。[③]

除了开展刑事诉讼之外，英国税务海关总署还决定通过其“头号通缉名单”来对逃税者进行“点名羞辱”。2016 年 3 月，人们可通过雅虎旗下的图片分享网站 Flickr[④] 查看该名单，上面展示了 33 张税务海关总署“头号通缉”的逃税者照片以及 7 张已被逮捕入狱者的照片。每张照片背后都附有个人档案，包括姓名、年龄段、国籍、对纳税人造成的预估损失以及罪行的简要情况等内容。[⑤] 该名单自 2012 年

---

① 星期日泰晤士报，《明星们将面临电影税收减免的巨额开支》，http：//www. thesundaytimes. co. uk/sto/news/uk_ news/People/article1513839. ece，2016 年 3 月 16 日。

② 独立报，《名人隐藏 3. 4 亿英镑的“破冰者”避税方案》，http://www. independent. co. uk/news/uk/home-news/celebrities-hid-340m-in-icebreaker-tax-avoidance-schem

③ BBC 新闻，《科林·杰克逊参与避税方案》，http：//www. bbc. co. uk/news/uk-wales-27411490，2016 年 3 月 16 日。

④ 见 https：//www. flickr. com/photos/hmrcgovuk/sets/72157631087785530/。

⑤ 举例见：https：//www. flickr. com/photos/hmrcgovuk/14854540497/in/album-7215763108785530/。

启用，名单收录对象均为欠缴税务海关总署超过2.5万英镑税款的人。[1] 此外，自2010年4月起，税务海关总署还公布了那些被其认定为故意拖欠税款者的详细信息。这些人之所以受到处罚，要么是因为“在纳税申报中故意填错信息”，要么是由于“故意不履行纳税义务”。[2] 针对这些故意欠缴增值税和消费税的人，“通缉名单”的最低门槛同样为2.5万英镑。[3] 2016年3月，该名单上有19项记录（2015年5月曾为37项记录），其中包含公司或个人的名称、公司业务或个人所从事的职业、地址、违约日期、罚款金额以及应缴税款总额等信息。[4] 公布此类信息的依据是2009年《财政法》第94条，其目的在于“震慑故意拖欠税款者，让依法纳税者安心，并鼓励那些未按规定纳税者主动补缴税款”。[5]

与本书所探讨的其他金融犯罪情况相同，在进行量刑时，法官还必须考量是否应当下达辅助命令，以协助追回所造成的损失。若经审查情况适宜，法院可依法下达没收令（详见本书第二章内容）、赔偿令（向相关受害人支付款项）、财务报告令（详见本书第三章内容），还可以取消犯罪者担任公司董事的资格（详见本书第三章内容）。如果罪行严重，法院也可考虑将犯罪者驱逐出境。[6]

---

① 税务海关总署，《HMRC的逃税者名单》，https：//www.gov.uk/government/news/tax-cheats-named-by-hmrc，2016年3月16日。

② 税务海关总署，《故意逃税者的公开信息》，https：//www.gov.uk/government/publications/publishing-details-of-deliberate-tax-defaulters-pddd#history，2016年3月16日。

③ 2009年《财政法》，第94条。

④ 2009年《财政法》，第94条。

⑤ 2009年《财政法》，第94条。

⑥ 皇家检察署，《欺诈性逃税》，http：//www.cps.gov.uk/legal/s_to_u/sentencing_manual/revenue_offences_fraudulent_evasion_of_income_tax/index.html，2016年3月16日。

表 7-1　近期欺诈性逃税案件

罪行：欺诈性逃税

法规：1970 年《税收管理法》第 106A 条

最高刑罚：7 年监禁

姓名	日期	刑期	简要案情
弗雷多·盖德斯（Fredo Guedes）	2016 年 1 月 19 日	2 年 8 个月监禁	被告承认其在 2006 年至 2013 年间逃缴所得税 131359. 99 英镑、社保 18968. 84 英镑及增值税 96699. 78 英镑。他使用已失效的增值税号向客户收取增值税。法官指出："你通过欺诈性手段获取了本应用于公共服务管理的公共资金。你心里很清楚，自己挣得越多，通过非法手段获取的资金就越多。"①
安德鲁·托马斯·亨利·詹金斯（Andrew Thomas Henry Jenkins）	2015 年 8 月 17 日	1 年监禁	被告承认逃缴所得税和社保。在解释量刑时，法官表示："此类案件必须施加足以震慑他人的惩处措施。你欺诈税收机关巨额款项，而且完全知晓行为性质……你声称自己以为'收入'是指扣除税收和国家保险后的金额，但我觉得这个解释完全不可信。你分文未缴税款，任何理智之人都会认为这是不诚实的行为。"②

① http：//www. thelawpages. com/court-cases/Fredo-Guedes-16752-1. law.

② http：//www. thelawpages. com/court - cases/Anthony - Thomas - Henry - Jenkins - 15866-1. law.

续表

姓名	日期	刑期	简要案情
杰森·安德鲁·史密斯(Jason Andrew Smith)	2014 年 12 月 16 日	9 个月监禁	被告承认在其作为自雇销售员的 5 年期间未曾纳税。他成立了一家服务公司，并且知晓纳税责任，因此被判定存在欺诈故意
可汗·穆罕默德·苏雷曼(Khan Mohammed Suleman)	2014 年 4 月 4 日	4 年监禁	被告承认其逃缴所得税以及欺骗公共收入长达 9 年，逃税总额累计超 44.5 万英镑
马克·霍桑(Mark Hawthorn)	2013 年 8 月 22 日	6 个月监禁	被告承认两项逃缴所得税和社保的行为，逃税总额达 3759 英镑。他一边领取多项社会福利保障金，一边却不为自己的收入纳税
巴比尔·巴登(Balbir Baden)	2010 年 7 月 28 日	1 年 3 个月监禁	被告欺诈性逃税达 27 万英镑。法官表示：“每位自雇从业者都应以诚信为本，而你的行为不仅表现出对税法的藐视，更侵蚀了维系税收体系的社会契约。”①

① http://www.thelawpages.com/court-cases/Balbir-Baden-5391-1.law.

表 7-2　近期欺诈性逃缴增值税案件

罪行：欺诈性逃缴增值税

法规：1994 年《增值税法》第 72 条

最高刑期：7 年监禁

姓名	日期	刑期	简要案情
林赛·斯托纳姆（Lindsey Stoneham）	2015 年 9 月 21 日	3 年 6 个月监禁	被告承认在 18 个月内逃缴增值税，总额达 428409 英镑。法官表示："无论从哪个角度来看，你在这一阶段所实施的犯罪行为，都是经过精心谋划的，具有高度的复杂性与预谋性。"①
特伦斯·罗伯特·约翰·珀杜（Terence Robert John Perdue）	2015 年 7 月 31 日	1 年 6 个月监禁以及 7 年禁止担任公司董事	被告承认逃缴增值税及违反环境法规。其收到了超 330 万英镑的款项，但蓄意欠缴 32.7 万英镑税款。法官称："你明知自己行为的性质，在这种情况下，本人判定应立即判处监禁。"②
帕雷什·维亚斯（Paresh Vyas）	2015 年 6 月 17 日	5 年监禁	被告承认逃缴增值税达 1313，500 英镑
萨诸·波帕特（Sarju Popat）	2015 年 6 月 17 日	5 年 6 个月监禁以及 8 年禁止担任公司董事	被告与帕雷什·维亚斯和玛诺基·维亚斯（下述）共同涉及上述案件。他们在哈罗区某汽车公司工作期间，售出 160 余辆豪华汽车，并向客户收取了相应的增值税，但其仅就利润部分申报了税款

① http：//www. thelawpages. com/court-cases/Lindsey-Stoneham-16087-1. law.

② http：//www. thelawpages. com/court - cases/Terrance - Robert - John - Perdue - 15750-1. law.

续表

姓名	日期	刑期	简要案情
玛诺基·维亚斯（Manoj Vyas）	2015年6月17日	4年监禁以及8年禁止担任公司董事	与上述萨诸·波帕特、帕雷什·维亚斯情况相同
尼尔·安东尼·蕾丝法兰斯（Neil Anthony Lesfrance）	2015年5月8日	3年监禁	被告承认提交虚假的增值税退税申报，虚报金额近47000英镑
马耶特·欧玛·法鲁克（Mayet Omar Farooq）	2014年11月17日	1年6个月监禁以及100英镑受害者附加费	被告承认骗取增值税退税。他注册了一家虚假的出租车公司，并骗退季度增值税总额达35771英镑。法官指出："自始至终这就是一场欺诈性勾当……你被贪婪的欲望彻底蒙蔽了双眼。"①

第七节　未来建议

英国的税收制度长期遭受批评，尤其是2015年2月，举报人埃尔韦·法尔恰尼（Herve Falciani）披露汇丰银行（HSBC）向其国际客户承诺，无论是否存在未申报资产的迹象，都不会向多国税务机关披露所持账户的详细信息。② 这一指控导致英国税务海关总署的执法效

① http://www.thelawpages.com/court-cases/Omar-Farooq-Mayet-14397-1.law。

② 国际调查记者联合会，《银行巨头汇丰银行庇护与独裁者和军火商有关的黑暗现金》，2015年2月8日，http://www.icij.org/。

能面临更为严格的审视。[①] 这并不让人意外，毕竟汇丰银行有约 7000 名涉事客户，而税务海关总署仅向皇家检察署提交了一起刑事起诉，而且该银行也未曾面临任何制裁。

为解决这些问题，政府公布了一系列改革方案，旨在确立一种新的企业犯罪类型，即“企业未预防协助逃税罪”。[②] 2015 年 7 月，政府提出了以下建议：

1. 设立一项新的刑事犯罪条款，若企业未能采取充分措施防止其代理人为纳税人逃税提供便利，将构成刑事犯罪。

2. 对离岸逃税者加大经济处罚力度，如基于逃税者所涉资产的价值来进行处罚，同时扩大对离岸逃税者公开点名的范围。

3. 基于协助纳税人逃税的数额设定罚金，并公开此类协助者的身份信息。

4. 设立一项新的、更易证明的刑事罪名，简化离岸逃税起诉程序。[③]

在这些提案公布后，一些评论员呼吁政府尽快引入这一新的刑事犯罪规定。然而，英国特许税务学会（CIOT）主席表示：“特许税务学会支持采取有针对性的措施打击逃税行为，并且认为税务专业人员在协助人们履行纳税义务方面起着重要作用。我们认为，鉴于近期的部长声明，政府和税务海关总署亟须阐明创设企业逃税刑事罪名的公共政策依据。我们始终坚持——现行法律在此领域已足够完备，而部

---

① 关于银行税收状况和责任的评论见 R. 科利尔，《意图、银行、政治和法律：英国银行税收业务守则》（2014 年），载《英国税收评论》，第 4 期，478-508。

② 编辑，《呼吁设立企业逃税法》（2016 年），载《公司律师》，第 37 卷第 1 期，8。

③ 税务海关总署，《打击离岸逃税：未能防止逃税的新企业罪名》（税务海关总署：伦敦，2015 年）。

长声明似乎也支持这一观点。”①

不过，在本书撰写时（2016年初），该提案尚未取得实质进展。所以，在“企业未预防协助逃税罪”这一新的企业逃税刑事罪名出台前，税务海关总署很可能会继续行使其刑事和民事执法权力。一旦该提案被引入，有望将逃税提升至与洗钱、贿赂同等的犯罪层级，最终让逃税行为能像其他类型的金融犯罪一样被严肃对待。

第八节 延伸阅读

P. 奥德里奇和 A. 芒福德，《逃税和2002年犯罪所得法》（2005年），载《法律研究》，第25卷第3期，353-373。

阿农，《打击逃税：委员会建议在欧盟内部扩大信息交流》（2013年），载《欧盟动态聚焦》，第309期，1-3。

A. 巴瑞，《审查逃税和洗钱》（1999年），载《洗钱控制杂志》，第2卷第4期，326-330。

M. 贝尔，《金钱捉迷藏：洗钱或逃税——我们真正追求的是哪些钱?》（2002年），载《金融犯罪杂志》，第9卷第3期，259-267。

M. 博伊利，S. 帕克和 J. 斯丹诺维兹，《洗钱和逃税：确定最优审计和检查以发现国际贸易中的异常价格》（2004年），载《金融犯罪杂志》，第12卷第2期，123-130。

M. 布里奇斯，《逃税：犯罪本身——与洗钱的关系》（1996年），载《金融犯罪杂志》，第4卷第2期，161-168。

M. 布里奇斯和 P. 格林，《逃税和洗钱——一个简单明了的案件》

① 英国特许税务学会，“新闻稿：英国特许税务学会希望设立企业逃税法”，http://www.tax.org.uk/media-centre/press-releases/press-release-chartered-institute-taxation-wants-clarity-future-law，2016年3月13日。

(1999 年)，载《洗钱控制杂志》，第 3 卷第 1 期，51-56。

M. 布里奇斯和 P. 格林，《偷税漏税：关于犯罪所得辩论的最新情况》(2000 年)，载《洗钱控制杂志》，第 3 卷第 4 期，371-372。

P. 伯勒尔，《通过洗钱立法防止逃税》(2000 年)，载《洗钱控制杂志》，第 3 卷第 4 期，304-308。

编辑，《呼吁设立企业逃税法》(2016 年)，载《公司律师》，第 37 卷第 1 期，8。

编辑，《打击逃税和洗钱的计划》(2013 年)，载《公司律师》，第 34 卷第 9 期，281。

M. 门克斯，《逃税问题治理的神圣喜剧》(2015 年)，载《国际银行法和条例杂志》，第 30 卷第 6 期，325-329。

K. 奥利弗，《国际税收：逃税是洗钱的上游犯罪》(2002 年)，载《国际法律从业者》，第 27 卷第 2 期，55-63。

J. 罗德斯和 S. 琼斯，《2002 年犯罪所得法和逃税》(2004 年)，载《私人客户业务》，第 1 期，51-59。

N. 莱德和 S. 波顿，《汇丰银行和逃税丑闻：起诉白领罪犯和联合政府的遗产》(2015 年)，载《刑事律师》，第 226 卷，3-4。

J. 席默尔，《逃税和避税类型》(2008 年)，载《洗钱控制杂志》，第 11 卷第 2 期，123-134。

N. 沃特斯特，《逃税的使命蠕变》(2016 年)，载《律师杂志》，第 160 卷第 1 期。

第八章　结论和建议

这本书已经对英国应对金融犯罪的政策及立法尝试进行了详尽且批判性的审视。英国在很大程度上致力于实施联合国所有金融犯罪公约及欧盟的立法措施，由此构建了一套总体健全且时而激进的金融犯罪立法体系。这反映在多个监管机构与执法机构的设立上，它们肩负着执行庞杂法律框架的艰巨任务。本书的第一章首先阐述了准确定义金融犯罪的难度，以及准确识别本书所考量的各类金融犯罪的实际规模的困难。笔者强调了埃德温·萨瑟兰（Edwin Sutherland）教授对白领犯罪开创性定义的重要性，同时指出该定义所引发的诸多批评。此外，本书第一章综述了试图估算各类金融犯罪规模的研究与报告。必须指出的是，尽管联合国和欧盟推出了许多国际立法文书，但目前仍未形成对金融犯罪的国际统一定义。

第一节　洗钱

本书第二章探讨了洗钱犯罪的危害性，并阐述了英国如何全面实施联合国和欧盟的反洗钱措施。英国已完全履行《维也纳公约》和《巴勒莫公约》规定的国际义务，并满足欧盟反洗钱指令所规定的要求。事实上，英国的反洗钱措施已超越其国际义务范畴，甚至有观点认为，英国在实施欧盟反洗钱指令时，不仅满足国际义务，还对国内立法进行了“镀金”式强化。

洗钱的刑事立法起源可以追溯到1986年《毒品交易犯罪法》，此后，2002年《犯罪所得法》更新和编纂了相关立法框架。2002年《犯罪所得法》第七部分所规定的刑事罪名已被更频繁地使用，洗钱起诉与定罪数量也有所增加。该法案标志着英国洗钱治理进入了新纪元——单一法典化时代。其所界定的违法行为范围极为广泛，符合金融行动特别工作组（FATF）的基准及联合国和欧盟的国际标准。曾经的金融服务管理局（FSA），现金融行为监管局（FCA）的介入，是降低洗钱影响的创新性尝试。这是英国金融监管机构首次被赋予如此具体的职能。然而，城市监管机构构建的制度成本高昂且时有冗余，但至少试图通过实施一个更灵活的制度来减轻反洗钱负担。例如，《FCA手册》中《高级管理安排、系统和控制》（SYSC）章节规定了广泛的“预置策略”。如果一家授权公司违反了金融行为监管局的规定，它可能会受到城市监管机构的惩罚，即使在没有洗钱证据的情况下，金融行为监管局仍可对遵守反洗钱规定程度较低的公司处以经济处罚。金融行为监管局延续了金融服务管理局针对反洗钱报告官（MLRO）采用的“可信威慑”政策，即对违法机构和反洗钱报告官都处以罚款，这对双方都可能产生不利影响。然而，金融行为监管局一直未能充分行使其执法权，尤其是刑事起诉权。这是令人费解的，因为金融行为监管局的刑事起诉权不仅受2000年《金融服务和市场法》授权，还得到了R诉Rollins案中的最高法院判决支持。

洗钱领域最重大进展是2013年《犯罪和法院法》设立的国家犯罪局（NCA）。该机构不仅是英国的金融情报机构（FIU），同时管理着资产追缴制度。

然而，与美国相比，这些措施的实效相形见绌，因为英国成功定罪的洗钱案件很少。英国的司法协助机制总体框架较为完善，并遵守了大多数国际法律文书和金融行动特别工作组的相关建议。金融行为监管局采取的“预置策略”和2007年《反洗钱条例》的严苛要求，共同构成了英国反洗钱预防性措施的核心。然而，这些措施面临双重挑战：一方面实施成本高昂，另一方面制度设计存在过度复杂化倾向，但它们至少试图通过采取基于风险的方法来简化合规义务。其中，可疑活动报告（SAR）制度尤其给金融机构带来了繁重的行政负担，直接导致记录保存、报告提交及内部监控等合规要求大幅增加。鉴于英国政府对洗钱犯罪的强硬治理立场，强制报告要求的进一步扩张是不可避免的。然而，鉴于洗钱犯罪起诉的难度，可疑活动报告的提交是否会产生任何影响值得怀疑。反过来讲，考虑到每年提交的可疑活动报告的巨大数量，该制度还可能引发“大海捞针”式治理的困境。预计反洗钱领域的下一个重大发展将是欧盟第四项反洗钱指令的实施。所有成员国须在2017年6月前全面实施该指令。

第二节 诈骗

2006年《诈骗审查》出版后，英国的反诈骗政策加快了步伐，但仍处于不断变化的状态。英国仅有一部《诈骗法》（2006年），该法案将不同类型的诈骗活动定为犯罪，并赋予检方新的权力以打击诈骗。然而，英国亟须对反诈骗机构进行改革，因为目前没有一个机构在打击诈骗方面发挥主导作用；相反，有太多机构在履行相同职能。由于缺乏统一管理这些机构的政府部门，这种状况正进一步恶化。例如，英国财政部负责制定和实施英国的反洗钱和反恐怖主义融资政策，但却没有制定专门的反诈骗政策。此外，内政部还负责处理与有组织犯罪有关的问题，但在打击诈骗方面却无能为力。因此，建议成立一个单一的政府部门负责处理所有类型的金融犯罪。鉴于英国财政部在反洗钱和反恐怖主义融资方面的经验，这一任务交给它似乎更合乎逻辑。

在反诈骗机构之间职能重叠方面，诈骗重案办公室（SFO）和金融行为监管局都有能力对诈骗行为进行调查和提起诉讼。同时，国家诈骗管理局（NFA）获得了3年期预算共2900万英镑，用于打击诈骗产业。笔者认为，英国政府应建立一个统一的金融犯罪机构，整合上述机构的职能。可以说，这一进程已经开始，包括国家犯罪小队、国家犯罪情报局、资产追讨署和严重有组织犯罪署在内的几个机构已并入国家犯罪局。规定报告义务的主要立法是2002年《犯罪所得法》，根据该法，诈骗案件应向国家犯罪局报告。然而，在某些情况下，诈骗指控需要向银行和警察报告，而受监管部门则向金融行为监管局报告。

回顾"英国宇航系统公司（BAE Systems Plc）被指控腐败事件"，其结果引发了公众对诈骗重案办公室独立性的质疑。诈骗重案办公室自20世纪80年代成立以来，曾因多起引人注目的失败起诉而受到批评。然而，英国现在有了一项单一的《诈骗法》，诈骗重案办公室的表现和成效无疑将得到改善。诈骗检控署的成立是对英国执法武器库的一个可喜补充，从现有定罪率来看已展现出良好势头。然而，国家诈骗管理局的设立值得审视，因其职能常与金融行为监管局和诈骗重案办公室重叠。鉴于此，笔者强烈建议将涉嫌诈骗案件的管理职能划归国家犯罪局统筹负责。

第三节　内幕交易

英国内幕交易的刑事定罪总体上被认为并不成功，根源在于此类证据疑难案件中需要很高的举证责任。为应对此困局，2000年《金融服务和市场法》引入了民事制度。然而，即便在民事制度实施九年后，其成效仍难评判，这在一定程度上是因为《市场滥用条例》在生效仅四年后即要求修法。为此，金融行为监管局采取了更为激进的策略，特别是在对内幕交易提起刑事诉讼方面取得了一定的成功。然而，也有人认为，这种成功在很大程度上得益于联合政府在 2012 年废除了金融服务管理局。即便如此，未来之路仍需跨越重重挑战。例如，内幕交易常被视为一种“无受害者犯罪”，且仍存在罪行证明的难题，特别是若金融服务和市场法庭对重要案件适用刑事证据标准，则可能导致民事制度陷入停滞。

第四节　市场滥用

自英国引入金融监管制度以来，市场滥用制度总体运行有效。该制度曾由英国金融服务管理局主导，现由金融行为监管局承接，始终以构建可信的威慑策略为目标。值得关注的是，2007—2008 年金融危机爆发后，监管机构实施的经济处罚数量呈下降趋势，这或与前期针对市场操纵及外汇操纵行为开出的创纪录罚单存在一定关联。市场滥用制度与 1993 年《刑事司法法》中的内幕交易条款协同使用，共同构建了一套普适性较强的监管体系。需特别说明的是，由于 2016 年 7 月出台了《市场滥用条例》，本书撰写期间，英国市场滥用制度的未来走向仍存在不确定性。

第五节　贿赂和腐败

在 2010 年《反贿赂法》，标志着预防贿赂犯罪议题获得了重大政治关注。外界普遍认为，这部法律显著完善了 1889 年《公共机关腐败行为法》、1906 年《预防腐败法》和 1916 年《预防腐败法》等传统法律所规制的犯罪体系。值得注意的是，2010 年《反贿赂法》要求企业建立适当程序，防范与其相关联的人员实施贿赂行为。若商业组织未能阻止关联人员代表其实施贿赂行为，那么该组织就构成了犯罪。然而，若商业组织能够证明其已制定“防止商业组织的关联人员从事此类行为的适当程序”，则可避免被起诉。很明显，这是金融行为监管局所采用的反洗钱监管体系在反贿赂和反腐败方面的延伸。

2010 年《反贿赂法》也扩大了诈骗重案办公室的起诉权，使其可追诉贿赂指控。即使如此，诈骗重案办公室的执法效能依旧取决于政府的拨款水平。然而，自 2010 年大选以来，作为财政紧缩政策的一部分，诈骗重案办公室的预算被持续削减。其年度预算在 2008—2009 年度为 5320 万英镑，在 2013—2014 年度为 3210 万英镑，在 2014—2015 年度为 3080 万英镑。在金融犯罪案件激增且诈骗重案办公室的职责扩展至执行 2010 年《反贿赂法》的背景下，削减诈骗重案办公室预算的决定必然受到质疑和批评。然而，根据 2013 年《犯罪和法院法》，诈骗重案办公室获得了一项新的反贿赂和反腐败权力：延期起诉协议。诈骗重案办公室极有可能持续运用这一手段，有望通过该机制减少此类金融犯罪。

第六节　避税和逃税

这与本章讨论的其他类型金融犯罪类似，避税和逃税在过去五年间已成为社会广泛关注的焦点。这种关注部分源于媒体对跨国企业低税负现象的持续报道，以及英国税务海关总署（HMRC）税收征管效能不足的问题。本书的第七章已明确指出，税收缺口严重削弱了英国打击逃税（避税）政策的效力。例如，2015 年 11 月，国家审计署报告指出，因税务欺诈导致的年税收损失高达160亿英镑。[①] 相较于本书所述其他金融犯罪，英国对避税和逃税的打击力度相对薄弱。典型例证如“汇丰银行案件”。举报人埃尔韦·法尔恰尼（Herve Falciani）披露汇丰银行帮助大量客户避免纳税。该银行有约7000名涉事客户，而税务海关总署仅向皇家检察署提交了一起刑事起诉。这一处理方式促使公众认为：此类犯罪尚未被列为执法机构的优先打击重点。为解决这些问题，政府公布了一系列改革方案，旨在确立一种新的企业犯罪类型，即“企业未预防协助逃税罪”，期望能借此改变现状。[②] 然而，必须指出，这并不是一种创新的举措，因为在反洗钱和反贿赂领域已有类似罪名。此外，正如本书对其他金融犯罪的讨论所示，制定必要罪名是一回事，检控机关实际运用这些罪名又是另一回事。因此，这一举措能否如英国反洗钱和反贿赂监管措施般落地实施仍有待观察。即便如此，税务海关总署是否会将执法重心对准“易于追责的企业”，而非真正造成英国税收流失的大型跨国企业，犹未可知。

第七节 结语

英国对金融犯罪的立场正以前所未有的速度演变和发展。在反洗钱领域将发生的最重大的变化是第四项反洗钱指令的实施，在该指令中，英国可能会再次声称其只是在现有制度基础上进行强化。今后几年，英国可能会接受对其反洗钱和反恐怖主义融资立法的新一轮相互评估报告，这将对英国金融犯罪议程的有效性进行全面而深入的审查。

① 国家审计署，《打击税收欺诈：税务海关总署如何应对逃税、影子经济和犯罪攻击》（国家审计署：伦敦，2015）。

② 编辑，《呼吁设立企业逃税法》，（2016年），载《公司律师》，第37卷第1期，8。

自本书第一版问世以来，我们看到英国监管机构采取了一种执法策略，要么倾向于实施经济处罚，要么倾向于延期起诉协议。在此背景下，诈骗重案办公室还是成功地将汤姆·海耶斯（Tom Hayes）操纵伦敦银行同业拆借利率（London Interbank Offered Rate）的行为定罪，尽管其余8名被告均被陪审团宣告无罪。本书第一版结尾曾提出，支持设立一个统一负责金融犯罪事务的专门机构。然而，这一问题至今尚未解决。据媒体报道，保守党政府正尝试将现行相关机构纳入内政部管理的国家犯罪局，而非由财政部主导。我们会持续关注哪个部门将主导英国金融犯罪治理议程，并期待未来的决策走向。